不良・ヒーロー・左傾

教育と逸脱の社会学

稲垣恭子
竹内　洋　編

人文書院

目次

II

III

不良・ヒーロー・左傾

——教育と逸脱の社会学——

プロブレマチックとしての不良青年
——序論にかえて

稲垣恭子

シャルルヴィル
修辞学級担任
イザンバール先生

先生

あなたがアルチュールのためにしてくださっている一切のことについて、私はこの上ない感謝の念を抱いております。あなたはあの子に惜しみなく忠告を与えてくださいますし、授業以外にもいろいろ宿題を出してくださっていますが、こういったお心遣いは、私どもにとって過分のものでございます。

けれども、私にはどうにも承服しかねることがひとつございます。たとえば、あなたがあの子に二、三日前にお貸しになった本（V・ユゴー『レ・ミゼラブル』）のような書物を読むことです。

子供たちの目に触れさせようとする書物を選ぶときには、大いに気を配らなくてはならないことを、先生、あなたは私などよりもよく御存知のはずです。ですから、アルチュールはあなたの御存じないうちにあの本を手にしたものと思いました。あの子にこのような読書を許すことが危険なのは、申し上げるまでもございません。

一八七〇年五月四日

ランボー未亡人

これは、シャルルヴィルの高等中学校に通う息子アルチュール・ランボーの読書について、母親のランボー未亡人が教師イザンバールにあてて書いた手紙である。手紙のあて先になっている修辞学級担任の教師だったイザンバールは、まだ若い二十一歳の時に、赴任したシャルルヴィルの高等中学校に在籍していたアルチュール・ランボーと意気投合し、短い期間ではあったが読書や議論を通じて教師としてだけでなく友人として、教室の中でも外でもランボーの理解者だった人である。このイザンバールの回想によれば、放浪と放蕩の詩人として知られるアルチュール・ランボーも、最初の印象はごく当たり前の「模範生」だったようである。「私の目に映ったランボーは、今も目に浮かぶようであるが、教室前方の教卓の正面に席を占めた、小柄で内気そうな、まるで夢みる『親指小僧』といった風の生徒だった。—この内気そうな、様子がまた曲者なのだが。—それは、少し堅苦しいところのある、賢いがしかし多少生気に欠ける感じのする修辞学級生で、爪は清潔、ノートに汚点ひとつなく、提出される宿題は驚くほど正確で、成績は修辞上の理想といえるほどのものであった。要するにあの模範的で非の打ちどころのない、怪物じみた子供たちのうちのひとりであって、競争試験用に飼育された家畜、あるいは高等中学校の『囚人』としての典型を、最高度に具現する存在だったのである」（ドラエー、イザンバール他著、宇佐美斉編訳『素顔のランボー――同時代の回想と証言』筑摩書房、一九九一年、一二六頁）。

しかしすぐに、そうした「模範生」の外見の下に情熱と野心に溢れる内面をもった少年であることを知ったこの教師は、既に夥しい量の読書をしている少年ランボーにさらに本を貸し与え、互いに議論に熱中していったようである。冒頭にあげた母親の手紙は、そうした状況の中で書かれたものである。母親が危惧した理由が、『レ・ミゼラブル』が反宗教的で禁書に指定されているらしいということだったということにも驚かされるが、実はイザンバールがランボーに貸し与えたのは『レ・ミゼラブル』ではなく、フランソワ・ヴィヨンをテーマにした作文を書く際の参考資料としての『パリのノートル・ダム』だったのである。さらに、この宿題のためにきわめて背徳的な作品であるバンヴィルの散文劇『ガランゴワール』も貸していたらしい。母親が知ったらどうなっただろうか。

十九世紀から二十世紀にかけては、若者の行動や性向に関して社会的な注目と関心が集められた時期であった。ランボーの母親の場合は特殊であったとしても、中等学校に通う十代の青年の粗暴さや反抗性が問題にされ、彼らが「逸脱」しないように日常生活の細かなところまで監視の目が注がれるようになる。寄宿生の場合は、生活全体がスケジュールに基づいて管理され、読書や生活時間まで細かく規律化されていた。コルバンによれば、一八六四年のチュールの中等学校では、夏は午前五時、冬は午前五時半に起床し午後九時半に就寝するまでの間、五クラスの授業の他に六時間以上の自習が課されており、あわせて十一時間以上の間、黙って椅子に座った状態で過ごすことになっていたという（Caron, Jean-Claude, : Young People in School : Middle and High School Students in France and Europe. p 139 In Levi, J and Jean-Claude Schmitt(eds): *A History of Young People*. V. 2. The Belknap Press of Harvard Univ. Press. 1997）。中等学校は、次代のエリート予備軍を育成するところとして重要な位置を占めるようになる一方、そこに通う生徒の生活全体に細かな監視と管理の目を注ぐようになっていったのである。

主として中産階級の子弟たちが中等教育機関に囲いこまれていったのと平行して、都会の街角にたむろする労働者の若者は、社会的・政治的不安を増幅する「粗暴な若者」として社会のまなざしを集める存在になっていった。たとえば、労働を嫌って都会の街角でたむろして暮らす遊び好きの若者の一団は、二十世紀初頭には「アパッシュ Apache」と呼ばれ、新聞や雑誌は彼らのさまざまな行動をひとくくりにして「パリのアパッシュ Paris Apache」という大見出しをつけて報道したが、それは若者への恐怖を増幅させ、若者の放浪や放蕩への社会的関心と安全を求めるメンタリティを強めていったのである（Perrot, M., Worker Youth :From the Workshop to the Factory. In Levi, J and J-C. Schmitt(eds), op. cit.）。「若者」をめぐるさまざまな報告や記事は、その実態の記述というよりもむしろ表象なのであり、そこには若者という存在が喚起する社会的、性的、政治的不安が映し出されているのを読み取ることができるのである。

中でも、当時ひじょうに広範囲に見られた若者の失踪や旅立ちへの関心、放浪という性癖が、不安定で旅に心を奪われた「生まれながらの放浪者」である青春期に特有の病理とみなされるようになる。放浪癖、失踪、移動性などはそれだけで「犯罪への危険性」を孕むものとみなされるようになったのである。また、政治的な騒動の担い手の多くが若者であり、時にはブルジョワの若者と労働者の若者や浮浪児、ボヘミアンが合流するという状況がしばしば取りざたされ、それがまた若者に対する社会の怖れを増大させていったというのである。「十九世紀は若者に怖れを抱いたが、特に放浪や放蕩的な行動や反抗的精神をもつ労働者の若者を怖れた」のである（M・ペロー「社会が若者に怖れを抱くとき―十九世紀のフランス」『思想』10、一九八八年）。

放浪学生や徒弟修業の旅など若者の移動が徐々に消失していく中で、さまざまな階層の人間が合流し混交する放浪や移動は逸脱視されるようになるか、あるいはそれが既に非日常性を帯び始めているが故に過度にロマン化されることになるのである。学校時代は読書家の模範生でありながら、放浪と放蕩によってさまざまな境界を侵犯していったランボーの生涯は、一方では逸脱者として、また一方ではそれが故に天才の名をさらに高めることになったともいえるかもしれない。

若者をめぐる社会史・歴史社会学的研究の重要なテーマのひとつは、こうした若者への社会の関心の高まりと、それに伴う逸脱や非行概念の成立、さらに学校教育、特に中等教育との関連を明らかにしようとすることである。よく知られているように、アリエスは徒弟奉公に出ている職人や農村地域に住む大多数の若者だけでなく、十六世紀以前には学生の喧嘩や決闘、飲酒の習慣や性の放縦、また放浪学生の盗みやかっぱらい、物乞いなどの振る舞いが日常的なものであったことを記述しながら、各階層、各年齢層に広く見られる習俗であったこうしたふるまいが徐々に危険なものとして注目されはじめ、「逸脱」として認識されるようになったことを指摘している。また一方で、教育の対象として学校に囲い込むことによって成立する子ども期の延長された結果として成立する青年期が、文学上のテーマとして、また道徳や政治の関心の的として二十世紀にはその存在が重視されていったことを指摘し、「老化し、硬直化した社会を活性化しうるような新しい価値をひそめているもの」として期待される「青年」の誕生についても記述している(P・アリエス著、杉山光信・杉山恵美子訳『〈子供〉の誕生―アンシャン・レジーム期の子供と家族生活』みすず書房、一九六八年)。

「青年」の誕生と若者の逸脱へのまなざしと制度化過程について、アリエスは特に関連づけて論じているわけではなかったが、ギリスはこうした視点をふまえて、青年概念と非行概念が平行して成立していった過程を描き出そうとしている。ギリスは、青年の地位の変化を五段階に分けて論じていく中で、工業化以前の共同体的な社会において、祭りや性秩序の維持において重要な役割を担う自律的な存在であった若者集団の習俗や行動が、都市化と工業化の進展した都市においては、粗暴で反社会的な「非行」行為として規制されていくようになったと指摘している。そして、そうした「すさんだ若者たち」として認識されたのは、主に都市に成立しつつあった労働者階級の若者たちであり、彼らの文化が「逸脱」として排除されていく一方で、中産階級の子弟たちが中等教育機関に囲い込まれていくことによって、中産階級的な価値を体現した「青年」が一般化していくようになっていったと論じている。この視点は、十九世紀半ば以降、若者が社会から隔離された公教育機関＝中等教育機関の中に囲い込まれていくことによって、若者の地位が変化していったことを指摘したマスグローブの研究とも重なっている（Musgrove, F., *Youth and Social Order*, RKP, 1964）。ギリスはさらに、二十世紀に入ってから逸脱や非行がさまざまに定義され、青少年問題が労働者階級に限らずあらゆる階層の子弟の問題として認識されていく過程を、ドイツとイギリスを中心に詳述し、たとえば一九一四年頃までには単なる「ぶらぶら歩き」が補導の対象になっていったことも指摘している（J・ギリス著、北本正章訳『〈若者〉の社会史—ヨーロッパにおける家族と年齢集団の変貌』新曜社、一九八五年）。

ペローも同様の視点から、カーニヴァルや結婚式などの祝祭、シャリヴァリにみられるような性的秩序維持に関する権限をもっていた若者と若者集団が、十九世紀には不安と怖れの対象としてクローズアップされていったと述べる。生物学的な関心の高まりによって、若者の身体や行動についてのさまざまな言説が生み出され、青春期における性の危険性が繰り返し取り上げられるようになる。また衛生学的な観点からは清潔や性的純潔が説かれるようになっていく。そうした社会的不安に対応して、司法は若者のもつ激情や欲動、情熱、本性の不安定性を犯罪への傾向として解釈し、若者を潜在的に危険なカテゴリーとして焦点づけていくようになったと指摘している。ペローは、若者の性や犯罪、政治的行動についての夥しい数の言説が出現することに注目し、生物学、医学を中心とする科学的知識の普及や、犯罪学における科学的探究の進展、そして抗議行動へと駆り立てていく政治的状況が、「怖れを巻き起こす危険な若者」を浮かび上がらせていく過程を分析したのである（前掲論文）。

対象とする時期や地域は異なるが、これらの研究は、十九世紀のヨーロッパ社会において若者が人々の意識の対象として浮かび上がってくる過程に注目し、それへの期待や不安、怖れといった感情のあり方と、それに伴う司法・教育システムの制度化の過程とを関連づけて分析しようとした点で、基本的には共通の関心の上に立っている。十九世紀は、多くの若者が学校教育の中に囲い込まれることによって青年期が制度化されていった時期であり、また特に十九世紀後半から二十世紀前半にかけては、それにともなって逸脱や非行といった概念が明確化され、逸脱、非行の定義や範囲の広がりとともにそれをめぐる司法・教育システムが制度化されていった時代でもあったのである。

一方また、若者をめぐる歴史研究の中には、若者に対する社会の側の期待や怖れといった感情のあり方と、時には対応し、時にはまた対立しながら形成され維持されてきた若者集団の独自の伝統を掘り起こそうとする関心も読み取ることができる。ギリスは、若者についての研究が、若者を規制するエージェントである教育や刑罰、福祉の諸制度を扱った研究に偏っていて、「肝心かなめの若者自身の反応を取り上げた研究」（前掲書 p. v）があまり見られないと指摘し、「若者たちを代弁してしゃべろうとする大人たちの声と横顔ばかりでなく、若者たち自身の声と横顔をも把握する」（同書 p. viii〜ix）方法を重視するべきであると述べている。それによって、マッツァが「若者の伝統」と呼び、あるいはケニストンが「脱青年期」において一般化した若者の「異議申し立て」の中に見出したような、若者の自律的な文化の連続性を若者文化や逸脱行為の再検討によって導き出そうとしているのである。ペローもまた、若者、特に労働者階級の若者の自己表現は、自伝や手記などの資料であってもステレオタイプ化した言説から完全に免れているわけではないとしながらも、注意深くそうした資料を分析しながら若者の文化の内実を明らかにしようとしている（前掲書）。

そこには、若者の行動や態度に対する期待や不安が創り出す表象やそれに伴う諸制度と、それに順応しあるいは抵抗しながら独自の文化を創り出していく若者の文化のせめぎあいやそれによって変化する関係のダイナミズムが射程に入れられているのである。

本書は、こうした若者の社会史・歴史社会学的研究の基本的な前提と出発点を共有しながら、日本、ドイツ、フランス、アメリカのそれぞれの社会的文脈における逸脱と教育をめぐる諸現象を、さまざまな角度から歴史社会学的に考察しようとしている。しかし、若者への統制的関心の網の目とそれに対する若者の側の抵抗とその文化の自律性といった図式とは必ずしも相容れないような、さまざまなアプローチがここでは試みられている。本書の中では、特定の時期に、若者の存在や彼らの行動や態度に逸脱あるいは教育のまなざしが向けられるようになっていく社会的文脈に着目したもの、それに伴う司法・教育システムの成立過程を中心に考察したものから、そうした社会的関心とまなざしの中で若者とくに学生・生徒がどのように変容していくのかを、身体や感情・感性の変化という角度からとらえようとしたもの、またそうした変化に対する学生・生徒の側の反応や新しい行動様式のあり方を、これまでとは異なった角度から再検討しようとするものなど、アプローチは多様である。

この中では、若者をめぐる社会的関心とそれに伴う諸システムの変容というマクロな分析と同時に、具体的、個別的な分析の中では、そうした社会的関心が必ずしも国家の統制的関心だけで説明されるようなものではなかったことや、都市と農村部で関心のあり方が異なっていたことなど、非行概念の成立をめぐるヴァリエーションが検討されている。また、学校行事や男女交際などの慣習や儀礼の分析や学校の記憶などの分析を通して、教育を媒介することによって身体や感情がどのように創りかえられていくことになるのかについても独自の角度から探究されている。さらにまた、学生文化や生徒文化の具体的な分析の中から、学生・生徒の政治的行動や反抗的行動がカウンターカルチャーというよりも、むしろ支配的文化のヴァリエーションといえるようなものがあることや、あるいは逆に支配的文化の中に適応しながらそれに必ずしも従属しないサブカルチャーを形成している場合もあることなども論じられている。

本書では、不良や逸脱の定義やアプローチは必ずしも統一されているわけではない。むしろそうしたことは意図的に回避されている。本書がめざしているのは、若者への社会の統制的関心とそれに対する若者の側の抵抗や反抗という図式に限定されず、むしろさまざまな切り口からそうした図式に挑戦し、逸脱と教育をめぐる多様でダイナミックな関係を読み解いていく視点と論点を提出することである。

第Ⅰ部は、主として学生の文化と逸脱に関する論文が収録されている。第一章では、大正末期から昭和初期にかけて問題になった学生の左傾化をめぐる議論とその実態を分析している。その中でまず、高等学校が学生の左傾化の母体となっていたことが指摘され、マルクス主義が教養主義の高級バージョンとして存在していたという論述によって学生左傾化の性質が考察されている。一方、左傾運動による処分は、いち早く左傾運動から撤退した高校生や帝大生よりも、専門学校生や女子学生に厳しかったことも指摘されており、左傾学生のイメージと学歴との間にかなりのバイアスが存在していたことも示唆されている。

第二章は、明治四十年代のユースカルチャー、特に「雄弁」と「冒険」が渾然一体となった学生文化に焦点をあてて論じている。ここでは、その〈雄弁的＝冒険的なもの〉の来し方行く末に、三つの局面から光を当てている。まず雑誌メディアの編集者として両者を繋ぐ位置にあった河岡潮風に着目し、冒険小説に親しみ、演説の稽古に励むというスタイルが当時の最も知的センスに恵まれた少年たちにも受容されていたことを例示し、それを増幅・尖鋭化させた末の意図せざる歴史的帰結を考察している。

第三章では、明治前期ににわかにその数を増していった「学生」という社会的カテゴリーに焦点をあて、「書生」から「学生」への変化について論じている。ここでは特に、坪内逍遙の小説『当世書生気質』の登場人物にスポットをあて、近世以来の娯楽・養生法としてのお花見の習俗、また、近代的な身体鍛錬としての「運動会」を分析することによって、彼らの身体観・道徳観をめぐる葛藤がどのようなものであったのか、そして、やがて彼らの気質や身体を標的にしてなされる風流＝軟弱、豪胆＝蛮風というレッテル貼りがどのような構図のもとで行なわれたのかについての仮説を提示している。

第四章は、「女学生」の不良化問題、堕落問題をめぐる言説を分析することによって、女学生に対する社会の表象と、それに対する女学生の側の反応を考察している。「不良」女学生、「堕落」女学生といった女学生への非難が必ずしもその非行・逸脱行為によってではなく、むしろ女学生文化のもつ境界融合的な性質に対する知識人や教育者のリアクションとして形成されたものであったこと、「不良」女学生の自意識はそれに対して内なる抵抗を試みるものであった可能性などが示唆されている。

第II部では、教育を媒介とした習慣や身体、感覚の変化を中心に教育と逸脱の関係を論じたものが収録されている。第五章では、一九二〇年〜三〇年代に盛んに論じられた「青少年不良化」問題の中でも、特にこれまであまり論じられることのなかった「田舎の不良」に着目して、その実態と彼らに対する社会の視線を分析・考察している。その中で、農村青少年の不良化問題の中心が風紀問題であり、少し前までは許容されていた行動や習慣が問題視されるようになったことや、良家の子女を不良との接触から守ろうとする警戒心が、過剰なまでに風紀を取り締まろうとする関心をつくったことが指摘されている。

第六章では、明治以降における盆踊りの禁止と復興のプロセスを題材にしながら、規範意識や行動様式、感覚の変化などをあとづけようとしている。一時的・流動的な共同性といった盆踊りの内包する反秩序性と若者文化の自律性が、盆踊りの禁止と復興の中で教育の論理をむしろ支えるものへと変質していったことを論じている。

第七章では、「男女交際」をめぐる言説を辿りながら、それが実質的には学校モラルとしての男女交際論から始まり、徐々に一般社会を包括する倫理的枠組として明治末年までに成立していった過程を検討している。国民全般を射程に入れた平等な人間関係を目指した福沢諭吉の「男女交際」論は、明治女学校を経由して中流階層の社会的認知を獲得しながら学校モラルとしての「純潔な男女交際」へと読みかえられていき、さらに明治三十年代に始まる哲学者たちの社会改良運動によって青年一般さらに社会一般のモラルになっていったことが指摘されている。

第八章では、同窓会という場を対象として、同窓生の身体の中に刻まれる記憶の維持、変容、再構築のメカニズムが分析されている。その中で、戦時期に女学校生活を送り、戦後の大きな規範の変化を経験した卒業生を対象にして、戦時期という特殊な時期に身体化された文化を、学校生活を回想する中で現在の規範に照らしてコントロールしていくプロセスが考察されている。

第III部は、ドイツ・フランス・アメリカを対象として、逸脱と教育の諸問題を照射している。第九章は、白バラ運動と並ぶ、第三帝国における青年抵抗運動のヒーローとして言及されることの多い「エーデルヴァイス海賊団」を中心に、彼らの文化を再検討している。「エーデルヴァイス海賊団」がナチズムの戦時統制に逆らって徒党を組み、ヒトラー・ユーゲントを襲撃したことは事実であるが、一方彼らがナチズム以前と以後のドイツ社会において「不良少年」と目されていたこともまた事実である。ここでは敢えて、この海賊団を「落ちこぼれ文化」の社会史に位置づけ、サブカルチャーにおける「抵抗／反抗／非行」の実態を新たな角度から考察している。

第十章では、封印令状が、国家による統制よりも放蕩的なわが子の監禁を家族が願い出ることによる場合が多かったことに着目し、十八世紀フランスにおける子どもの逸脱と家族・国家の関係を、封印令状の分析をもとに論じている。その背景には地域共同体の衰退と家族の変化があることを指摘しながら、封印令状が、国王の威信を確認すると同時に失墜させる奇妙な制度であり、国王の権威を支えていた政治的身体、癒しの身体が消失していくのに代わって公教育が成立していくことが示唆されている。

第十一章では、アメリカにおける「非行少年」概念とその処遇の展開過程について、主に十八

〜十九世紀前半を中心に論述されている。そこでは、定義が明確にできる犯罪少年に対する刑罰だけでなく、浮浪少年という曖昧な概念の化合物として「非行少年」という概念が成立する過程が、当時の社会的・経済的状況や家族と子どもをめぐる価値観の変化と絡めて詳述されている。その中で、浮浪少年に典型的に示されるような曖昧な部分をどうとらえ処遇するかが「非行」概念を膨らませたり変容させながら柔軟に運用していく鍵になるものであったことが指摘されている。

I

第一章　「左傾学生」の群像

竹内　洋

左傾学生の時代

「左傾」は、戦前活躍した評論家新居格《にいいたる》（一八八八～一九五一）によって大正時代につくられた造語である。「左傾」は「赤化」とおなじように、マルクス主義などの「左」翼思想に「傾《かぶく》」ことである。したがって左傾学生とはマルクス主義などの左翼思想にコミットした左翼学生のことである。

しかし、こうした左傾学生の具体像はいまとなってはつかみにくいかもしれない。そこで、戦前、旧制高等学校教授や東京帝国大学の学生主事であり、左傾学生と接触が多かった人の筆をかりて、あらかじめ左傾学生のイメージを得ておきたい。そこでは左傾学生についてつぎのように描出されている。

「襟のボタンをはづした学生の激越なアヂ演説、花火のやうに投上げられる色とりどりの宣伝ビラ、暴風のやうな学生大会の喊声、狂乱のやうなデモ行進のスクラム。初めは雑誌『社会問題研究』の愛読ぐらゐであつたものが、薄暗い下宿の二階の読書会《アール・エス》となり、真夜中のガリ版のカット、ビラ印刷となり、そのうちオルグとか何班のキヤツプとかいふ肩書がつき、学内騒乱の一役を受持ち、更にメーデーに参加し工場に連絡するといふやうに進むのが普通個人の左傾コースであつた……。学生のみの、学内問題中心の運動から、次第に外部との連関を深くし、共産青年同盟、更には党の一翼の運動とも発展した。」（大室貞一郎「新しき岩場ー学生の過去（下）」『改造』一九四一年一月号）

とはいっても社会主義やマルクス主義が明治時代から多くの学生の魂をとらえたわけではない。明治三十八年に河上肇は読売新聞に「社会主義評論」を書いたが、当時の学生たちは、この論文の東京帝大教授攻撃を痛快がるだけで、「議論の本質たる社会主義に共鳴するものは殆んどなかった」（吉野作造「日本学生運動史」『岩波講座　教育科学第十五冊』一九三二年）のである。大正時代半ばまでの社会主義者やマルクス主義者は、しばしばごろつきや無頼漢の代名詞だった。せいぜいが、「労働者上がり」の教養や運動とみなされがちだった。マルクス主義が大学生や旧制高校生を中心に学歴エリートの間にひろがりはじめたのは、大正時代半ばからだった。だから左傾学生の用語が使われるようになるのはこのころからである。

それには、つぎのような事情がある。ひとつは、大正時代半ばから「インテリゲンチャ」（のちに短縮形の「インテリ」）やその訳語である「知識階級」という社会的類型が浸透しはじめたことによる。インテリゲンチャはボボルキンというロシアの無名作家の造語で、一八六〇年代にロシア語になった。ボボルキンよりも十年以上も前（一八四六年）にベリンスキーがあるいはさらにそれよりも前（一八四四年）にポーランドのある作家がインテリゲンチャという用語を使っていたという説もある（Karabel, J., Towards a theory of intellectuals and politics, *Theory and Society*, Vol. 25, 1996）が、いずれにしても十九世紀半ばにはロシアやポーランドにおいてインテリゲンチャという用語が使われていた。インテリゲンチャは教育があるが、現在の秩序の中に充分な居場所がなく、現在の政治体制に対する不満や反抗的精神をもった知識人の謂である。こうしたインテリゲンチャという社会的類型は、ロシア革命の成功とソビエト連邦の誕生とともに脚光を浴びることになり、わが国にも輸入され、現在の体制に批判をする教育ある人々という規範性をおびた社会的類型が立ちあがったのである。

日露戦争後、鬱勃たる学歴エリートは煩悶青年や余計者という居心地の悪い場所に蟄居したが、大正デモクラシーの空気を栄養分としながら反体制インテリゲンチャという能動的社会類型が提出されたのである。こうして大正七年に東京帝国大学に新人会ができた。新人会は東京帝国大学法学部学生有士を中心に「人類解放」と「現代日本の合理的改造運動」を綱領にして大正七年に結成された研究・運動団体である。さらに大正九年に森戸辰夫が『経済学研究』第一巻一号に「クロポトキンの社会思想研究」を発表した。当局は「朝憲を紊乱」「国体に反する」（新聞紙法四二条）とし、この雑誌を回収し、執筆者森戸辰夫に休職を命じ、三ヶ月の禁固に処した。事件は帝国大学教授の「赤化」として当時の新聞や雑誌に大きく報道された。しかし、そう報道されればされるほどマルクス主義はひろがりはじめる。帝国大学教授が社会主義についての論文を書いたことは社会主義の威信を一挙にたかめることになった。社会主義は壮士あがりのならず者やごろつき集団あるいは在野知識人の運動ではなく、正統派知識人の思想であり、運動だということになったからである。

新人会とほぼ同じころ京都帝大に労働問題を労働者とともに研究する労学会ができる。早稲田大学に「民人同盟会」や「建設者同盟」、法政大学に「扶信会」、第一高等学校に「社会思想研究会」ができる。大正十一年には新人会をはじめとしていま述べた学生団体を含む、大学・高校・専門学校の社会科学研究会の全国的組織である学生聯合会（学聯）も発足する。

社会主義やマルクス主義は壮士上がりのならず者やごろつき集団の思想や運動ではなく、インテリ（学歴貴族）の耀ける思想や社会運動に成りあがった。ここらあたり「野卑」や「淫猥」とされた小説が、帝国大学教師だった夏目漱石が小説に手を染め、また専業小説家となることによって、小説が知識人の嗜みとして格上げされていった過程と相同である。

こういう時代思潮は学生やインテリの読書傾向にすばやく影響をあたえた。それまでは、トルストイ、ニーチェ、ショウペンハウアー、漱石などが読まれていたのが、トレンディーな読書はデモクラシーものにうつり、さらにマルクスや社会主義にうつる。大正の読書界の空気を観察したエッセイは、大正七年まではデモクラシーものの新刊書が読書界の中心だったが、大正八年の読書界の「新緑の衣は、マルクスの名であつて、デモクラシーは旧套」「マルクスの名が兎も角も我が読書界の中心題目となるに至つた」（大庭柯公「読書界を支配する力」『太陽』一九一九年八月号）という。

河上肇の『社会問題研究』の初号や高畠素之訳の『資本論解説』（カウツキー）は、飛ぶように売れた。ブームに便乗して、『社会主義倫理学』などの絶版本が再版されるというようなことにもおよんだ。そして、このあと枚挙に遑がないほどのマルクス主義や社会主義関係の雑誌や書籍、翻訳書が刊行されていく。

『中央公論』など老舗総合雑誌をモデルにして大正八年に創刊された新興総合雑誌『改造』は、創刊号から三号までは発行部数の三割程度の売れ行きで低迷した。低迷を破って、爆発的な売れ行きを示すようになったのは、四号（大正八年七月号）からである。『改造』四号は「労働問題社会主義」の特集号とし、以後、マルクス主義や社会主義を含む社会科学路線に切り替えることによって、『中央公論』につぐ総合雑誌になった。『改造』や『中央公論』などを中心にしたメジャーな知的ジャーナリズムでマルクス主義の紹介がさかんに行なわれるようになる。プロレタリア作家の作品も掲載される。知的ジャーナリズムでマルクス主義が紹介されることによってマルクス主義者やシンパがふえていき、またマルクス主義者やシンパの増大によって知的ジャーナリズムでマルクス主義者やプロレタリア作家の作品の掲載がなされるという循環がおこった。

知識青年における阿部次郎的教養主義からマルクス主義への変化を同時代の証言でみておこう。桑原武夫（元京大人文科学研究所所長）は、大正六年に京都府立第一中学校に入学し、大正十一年に第三高等学校に入学しているが、『三太郎の日記』や『愛と認識との出発』などが読まれている哲学教養的文化主義に反撥し、大正デモクラシー的なものに引かれていたこと、三高に社会主義者の荒畑寒村が講演にやってきて、「人格主義などというバカげたことをほざく阿部次郎の、ツラの皮をひんむいてやりたい」という乱暴な言葉を聞いても、反感を覚えなかった（「大正五〇年」『文藝春秋』一九六二年一月号)、と書いている。

大正時代の終りには、「最も頭の良い学生は社会科学を研究し、次の連中が哲学宗教に没頭し、三番目のものは文学にはしり、最下位に属するものが反動学生」(「秀才と学問」『東京朝日新聞』一九二六年九月二十日)とさえいわれている。昭和初期にはジャーナリズム市場はマルクス主義者によって独占されているとか、左翼化すればするほど雑誌が売れるといわれるようになる。新聞の見出しにも「左傾」「赤化」「赤い手」「極左分子」「赤い分子」「赤色」「赤い女性」などの活字が踊った。マルクス主義を読んで理解しない学生は「馬鹿」であり、読んで実践しない学生は「意気地なし」となる。

左翼思想や運動と連動して授業料値上げ反対や学友会解散反対などをスローガンに同盟休校などの学校騒動も頻繁になる。左傾学生の時代は「学生騒動慢性時代」(大正十五年から昭和六年)(菊川忠雄『学生社会運動史』中央公論社、一九三一年)でもあった。そして、こうした学校騒動の背後では左翼学生の指導者が糸を引いているとみなされていた。

図1は大正十四年から昭和十五年までの学生(大学・高校・専門学校・中等学校)の左傾事件数、検挙者数、起訴者数、(学校による)処分者数の推移を年度ごとにみたものである。事件数、検挙者数、起訴者数、処分者数のいずれの指標においても昭和三年からの増加傾向がいちじるしいが、昭和三年は三・一五事件(三月十五日未明から一道三府二七県にわたって共産党、労働組合評議会、無産青年同盟関係者など千六百人の一斉検挙)があり、左翼運動の興隆の一方で司法当局による左翼活動家検挙がきびしくおこなわれだしたときである。事件数と処分者数は昭和六年、検挙者数は昭和七

年、起訴者数は昭和八年がピークで、昭和九年以後、いずれの指標においても急速に退潮する。

　文部省は、こうした左傾の風潮や左傾学生増大に手をこまねいていたわけではない。左傾教授を依願退官に追い込んだり、新人会などの学内の社会科学研究会を解散させたりした。昭和三年十月には専門学務局内に思想問題に対処する学生課を新設し（四年に学生部、九年に思想局、十二年に教学局に格上げされた）、直轄の大学・高校・専門学校に学生（生徒）主事を設置するとともに、学生生徒の思想講習、善導講師の派遣、善導書籍の刊行をおこなう。また、一般学生生徒の生活調査や処分されたり検挙されたりした左傾学生生徒調査をおこなっている。

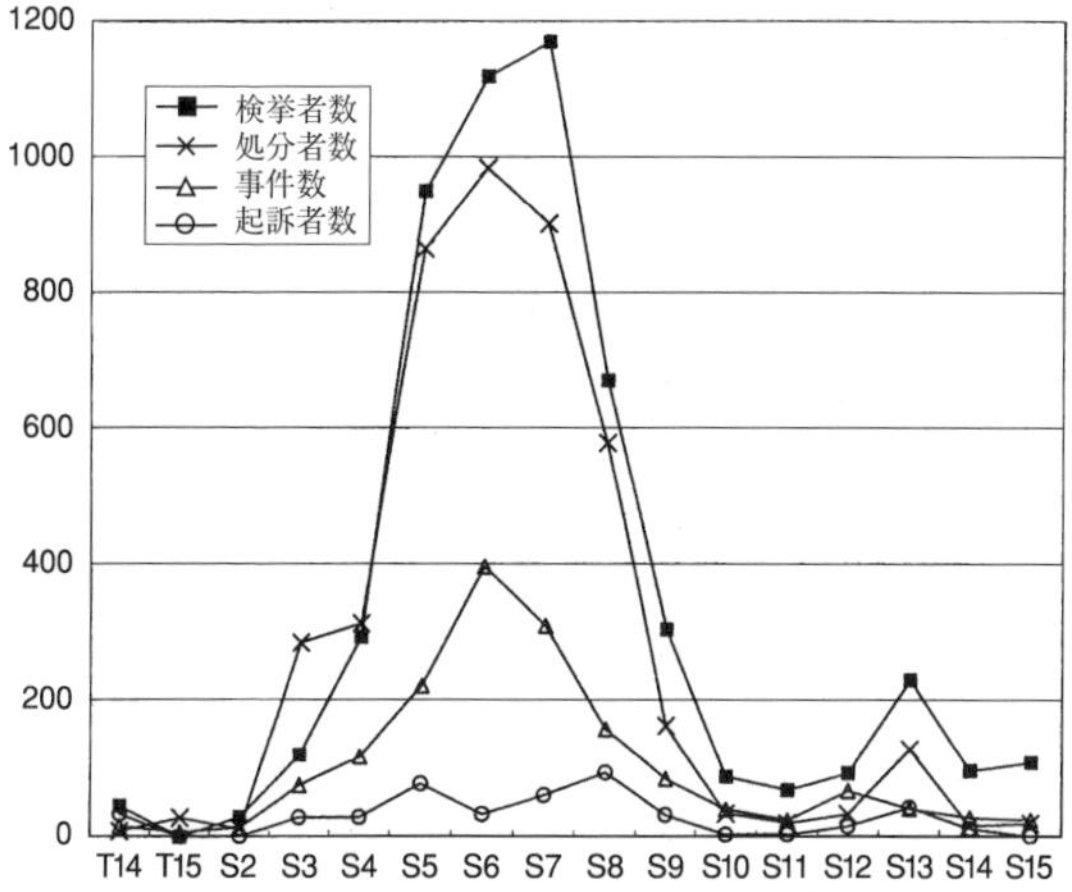

図Ⅰ　左傾学生の事件・検挙・起訴・処分
（昭和15年度思想特別研究員 検事松村禎彦報告書『最近における左翼学生運動（主として学生グループ関係）』）

　小論は、この時期に文部省を中心におこなわれたいくつかの左傾学生生徒調査を資料に左傾学生群の肖像を描くことを試みる。肖像の描出は三つの視点からなされる。

　ひとつは、大正末期から昭和初期にかけて検挙されたり、処分を受けた左傾学生の輪郭を描くことである。かれらは、成績がわるかったり、貧困な家庭の出身者だったのか、それとも逆に成績がよく富裕な家庭の出身者だったのか。ふたつめは、母集団にあたる学生数を考慮しながらどのような学校類型（高等学校・専門学校・大学）が左翼運動による検挙学生を多く輩出したのか。それはどうしてなのか。三つめは、左傾学生は司法当局や学校から処分を受けたが、そうした処分に学校差はなかったのかどうか、男女差はなかったのかどうか。あったとしたら、どのような差があり、なぜそういう処分の軽重の差がでたのだろうか。

健康・家庭・成績は？

左傾学生になんらかの特徴はあるのだろうかという最初の課題からみよう。特徴があるという論者がいる。すでにみたように、昭和初期は左傾学生は学校関係者、父母にとって頭痛の種であった。そうした人々のために左傾学生の多数と接触経験のある論者（藤村一雄は筆名で、前某帝国大学学生監という説がある。向坂逸郎「学生とマルクシズム」『経済往来』一九三〇年五月号）が講話をもとにしながら、『学生思想問題雑話』（日本評論社、一九三〇年）を書いている。この論者は左傾学生の特徴をつぎのように描く。

第一の特徴には「家庭の欠陥」があげられている。左傾学生には父母がないもの、またはいずれかがいないものが多いというのである。父母ともにいても家庭が和楽を欠いている場合も左傾学生にみられる特徴である。こういう家庭に生育した学生は幼少時から憂鬱な気分をもっている。知識を得るにともなって、憂鬱な感情は社会や人生への批判となっていき、超常識的な理論や行動に及んでいく。第二の特徴は、「不健康」である。左傾学生は容貌が病的である。呼吸器系統に疾患があることが多い。こうした病気の診断を受けたときに、どん底へ突き落とされたような絶望感に打ちひしがれる。おもいきったことをしたいという心になる。このときマルクス主義などに接すると、その破壊的英雄的な理論にひかれ熱烈な共産主義者になっていく。第三は、「貧乏」である。経済的困窮について、はじめのうちは不運な生まれとおもっているが、世の中の現状と比較したり、あるいは豊かで贅沢をし華やかな生活をしている学生を目の当たりにすると、自分の惨めさを痛感することになる。有産階級や資本家階級だけが恵まれている不平等と不合理な社会に目覚めてくる。そうしたときにマルクス主義の簡単なパンフレットなどに接すると、「これだっ」となり、以後社会科学の研究に入り込んでいくことになる。もちろんこの論者は家庭に欠陥がある学生や不健康、貧困な学生がすべて左傾化するといっているのではない。左傾学生にそうした社会的属性の学生が相対的に多いのだ、といっている。

藤村説とまるで反対のことをいう人もいる。『学生思想問題雑話』が刊行された数年後、昭和八年に有産階級の父兄のために出された『左翼思想運動に関し子女を持つ家庭への注意』(日本工業倶楽部調査課、一九三三年)である。この小冊子は、「赤」に走る個人的特異性に、「年齢、二十一歳から二十六歳迄」「頭脳明晰、学力優秀にして而も勉強家たること」とならんで、「家庭豊かにして両親健在且つ父は正業についてゐる」とあり、「其の識別に至つては一入困難なものが有る」としている。また第一高等学校で昭和二年から昭和六年までの被罰生徒九一人のうちの八四人を調査しまとめた報告書もある。この報告書は、つぎのように結論を出している。左傾活動による被罰生徒は世間でいわれるように「健康状態、家族関係、貧富、職業等より来るものにあらず」(「第一高等学校に於ける思想的理由による被罰生徒に関する調査」）と。被罰生徒は物の見方が一面的ではあるが、概ね「頭脳明晰」であるともいっている。被罰生徒を「頭脳明晰」と判断したのは、左傾活動による被罰生徒は活動をすることによって成績がさがっていってはいるが、入学直後の一学期の成績をみると、三〇％の被罰生徒が上位四分の一（二五％）に、六〇％が真中（五〇％）より上にあったことによっている。では藤村説と工業倶楽部調査・一高調査説のどちらが正しいのだろうか。

第一高等学校調査は調査対象者数が限定されている。そこで左傾学生を大量に調査した（文部省）『左傾学生生徒の身上及び悔悛状況に関する調査』（以下「身上」調査と呼ぶ）によって成績、健康状態、家庭の経済状態、親子関係などについてみることにしよう。

「身上」調査は、大正十三―昭和七年度の左傾思想事件に関連した学生生徒三四三六人の調査である。内訳は、帝国大学五六四人、大学八六五人、高等学校一二三二人、専門学校四七四人、実業学校二一一人、高等師範学校九〇人。ただし「身上」調査においては、左傾学生と比較すべき対照群としての一般学生のデータがそえられているわけではない。そこで一般学生のデータとして昭和十三年に文部省教学局によって実施された「学生生徒生活調査」や昭和四年におこなわれた「東京帝国大学生生活調査」を併用しながら考察していくことにしたい。ただし一般学生のデータとして使用する調査（「学生生徒生活調査」「東京帝国大学学生生活調査」）は特定の時期や特定の大学についておこなわれた調査であり、そのかぎり対照群としてあくまで大雑把なデータでしかないことはあらかじめ注意したい。

最初に成績についてみよう。表1は入学直前（後）と処分直前の試験成績である。処分直前は優が大幅に減り、不可が大幅に増えている。左翼活動によって授業に出席しなかったり、勉強時間が不足するから当然の結果である。そこで、左傾化する前と考えてよい入学直前（後）をみると、優と良で半数以上（五三・四％）を占めている。成績はむしろよい者が多い。さきの一高調査において、被罰生徒に成績優秀者が多いというデータとあわせれば、すくなくとも成績が悪い者が左傾化したとはいえない。左傾学生に成績の悪い者が多かったのはあくまで左翼活動をした結果のことである。

健康状態はどうだろうか。不健康が多いのだろうか。表2をみると、強壮と中等で八四％を占めており、虚弱は九％である。〔　〕内の％は、昭和十三年の文部省教学局「学生生徒生活調査」の該当数字である。ただし、〔　〕内の数字はあくまで自己申告によるものである。自己申告であれば、健康状態を「普通」と申告する者が多くなる。そういう注意がいるが、該当パーセントをそのまま比較すると、「虚弱」は左傾学生に多いが、他方で「強壮」も左傾学生に多い。左傾学生にとくに不健康のものが多かったとまではいえない。

左傾学生貧困説はどうだろうか。表3のように、帝国大学や高等学校に富裕な者が多く、高等師範に貧困な者が多いが、これは左傾学生の特徴とはいいがたい。前者（帝国大学や高等学校）に富裕な学生が後者（高等師範学校）に貧困な学生がおおかった（「学生生徒生活調査」によれば、学資支給容易の割合は、帝大三四％、高校五一％であるときに、高師二一％）からである。左傾学生全体でみると、貧困のカテゴリーに入る者は、一六％ほどで、八四％は中等か富裕である。これだけでも、左傾学生貧困説は退けられる。しかし、当時の学生全体が国民全体からみれば、普通や富裕に偏っ

表１　学業成績　（　）内％以下同様

	優	良	可	不可	不明
入学直前（後）の試験成績	432 (12.6)	1406 (40.9)	1131 (32.9)	139 (4.0)	328 (9.6)
処分直前の試験成績	264 (7.7)	1289 (37.5)	1257 (36.6)	316 (9.2)	310 (9.0)

表２　健康状態

健康状態種別	強壮	中等	虚弱	不明
総　計	1342 (39.1)〔28.6〕	1536 (44.7)〔67.5〕	305 (8.8)〔3.9〕	253 (7.4)〔0〕

表３　家計状態

	貧困	普通	富裕	不明
帝国大学	68 (12.1)	215 (38.1)	104 (18.4)	177 (31.4)
大　　学	104 (12.0)	495 (57.2)	125 (14.5)	141 (16.3)
高等学校	175 (14.2)	783 (63.6)	244 (19.8)	30 (2.4)
専門学校	78 (16.5)	322 (67.9)	59 (12.4)	14 (3.2)
実業専門学校	28 (13.3)	145 (68.6)	29 (13.8)	9 (4.3)
高等師範学校	31 (34.4)	51 (56.7)	6 (6.7)	2 (2.2)
計	484 (14.1)	2011 (58.5)	567 (16.5)	374 (10.9)

（表1～3は『左傾学生生徒の身上及び悔悛状況に関する調査』より）

ていたのだから、学生全体からみて貧困層に多かったのか、富裕層に多かったのかをみる必要がある。しかし、左傾学生調査と同じ基準で富裕、普通、貧困を調査したデータはみつからない。父兄の職業でみることにしよう。

表4は左傾学生の父兄の職業を分類したものである。〔 〕内の％は東京帝国大学生活調査（昭和四年）である。対照群は東京帝国大学生だけでそれも一年度だけのデータだから、厳密な比較とは遠いが、手がかりとはなるだろう。左傾学生の職業に大きな片寄りがみられない。左傾学生に商業がやや少なく、ホワイトカラー（雑業）が多いところに着目すれば、左傾学生は学生層のなかの

表4　父兄の職業

職業名	学生生徒数
工業及び鉱業	170 (5.0)〔3.8〕
（内訳）　醸造業	42
その他	128
土木建築	60
商　　業	481 (14.0)〔21.3〕
（内訳）　料理屋旅館貸座敷業	48
呉服屋	41
その他	392
農林業	606 (17.6)〔16.0〕
水産業	12 (0.4)〔0.2〕
雑　　業	1270 (37.0)〔33.9〕
（内訳）　会社員	311
医　師	204
官吏（大学、高専関係職員を含む）	194
中等学校、小学校教員	170
公吏（市町村関係職員名誉職等）	90
神職及び僧侶	75
銀行員	65
弁護士	45
その他	116

相対的に豊かな層の印象さえでてくる。すくなくとも左傾学生が学生全体のなかで貧困層に多かったという説は棄却されるだろう。

「家庭の欠陥」説はどうだろうか。家庭内に和楽があるかどうかなどの家庭文化についてのデータはない。調査されているのは、父母の有無などの親子関係の形態的特徴である。表5がこれである。括弧の中の数値はさきにみた東京帝国大学生活調査によるものである。東京帝国大学調査は実父母と養父母の区別がなされておらず、単に父母と書かれて調査されている。「身上」調査は養父養母を区別している。したがって左傾学生調査のほうの父母あり、父あり、母ありは実父母に限定されるから、養父母との区別が明確でない東京帝国大学調査（表5の〔　〕）よりも少なくなる。そのことを斟酌すれば、左傾学生の親子関係の形態が一般学生と異なっているわけではない。両親ともにいない者は一般学生（帝国大学生）で四・三％であるときに左傾学生では、一・九％でしかない（高等学校生や専門学校生は帝国大学生よりも三年ほど年齢が若いことも考慮しなければならないが）。左傾学生における「家庭の欠陥」説も否定される。

表5　親子関係

親子関係	学生生徒数
実父母ある者	2087 (60.7)〔62.3〕
実母のみの者	457 (13.3)〔17.9〕
実父のみの者	134 (3.9)〔7.4〕
両親共になき者	64 (1.9)〔4.3〕

とすれば、さきの藤村説は、なんら実態を反映したものではなく原因帰属のための俗耳に入りやすい言説ということになる。ただ、そうかといって日本工業倶楽部の冊子にいわれているような、左傾学生が有産階級出身者に片寄っているという論説も事態を極端化しているのではないだろうか。たしかに、出身階層をみれば、当時の左傾学生は中流以上に片寄っていたことは事実であるが、大

学をはじめとする学生の出身階級が中流以上だったからにすぎない。

左傾学生の特徴を健康や貧富、家庭状況や成績などで描出することはできないことがわかった。別の視点から左傾学生の特徴をみていくことにしよう。左傾学生・生徒調査が学校類型別を使っていることに着目して、さらに読みこんでいくことにしよう。

左傾培養器

大正十四年から昭和八年までの高等教育学生・生徒の検挙者数は四一一五人。内訳は、大学が五六・五％、高等学校二九％、専門学校一四・五％である。しかし、大学生や専門学校生徒は多く、高等学校生徒は少ない。したがって学校類型別の実数にもとづく検挙者比率は、あくまで検挙学生全体に占める率（「占有率」）である。学校類型別の在学生数を分母にした検挙者「輩出率」を計算することにしよう。それが図2である。昭和八年を例外としていずれの年度も高等学校の検挙学生率がもっとも大きい。専門学校の検挙学生率は高等学校や大学の十分の一前後である。もっとも多くの高校生が検挙された昭和五年は五三人に一人の高校生が左翼活動で検挙されたということになる。左傾学生は司法当局から検挙されただけでなく、学校から処分を受けたが、同じように学校類型別処分率を在校生数によって年度別に計算したものが表6である。昭和八年の公立大学を例外として処分率も高等学校が大きい。昭和五年の官立高校では三八人に一人の生徒が左翼活動で学校から処分を受けたことになる。
昭和三—五年の治安維持法違反による検挙者のうちの学生あるいは高等教育卒業者・中退者の二

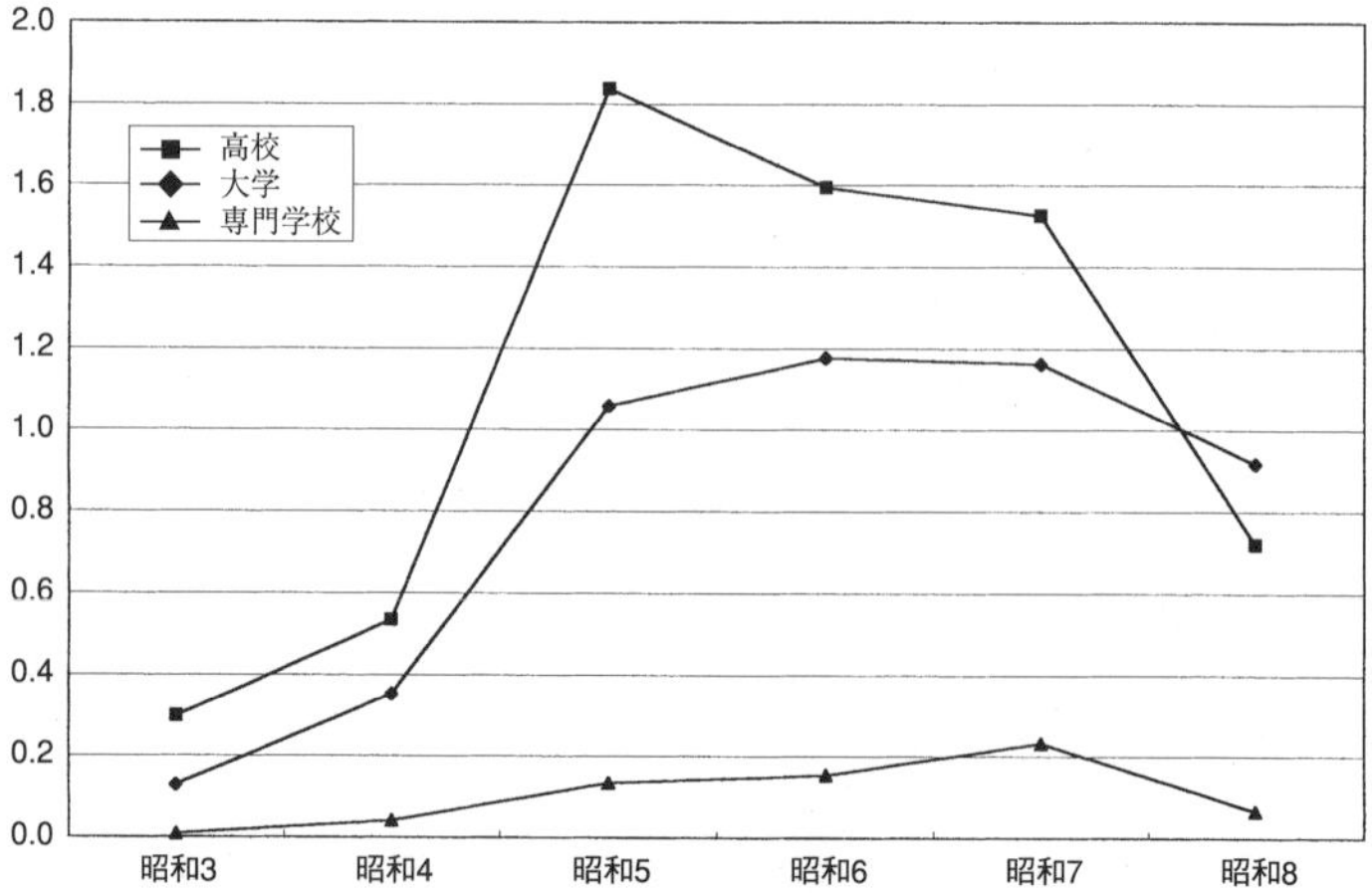

図2　在学者数から見た検挙率(%)

表6　学校類型別処分学生輩出率(男子)(単位%：%)

学校種別	昭和3年	昭和4年	昭和5年	昭和6年	昭和7年	昭和8年
帝国大学	0.3	0.2	0.3	0.4	0.9	0.7
官立大学	—	0.2	0.3	0.2	0.9	1.4
公立大学	—	0.2	0.4	1.5	0.2	2.2
私立大学	0.1	0.2	0.8	0.8	0.6	0.4
官立高校	0.8	1.0	2.6	2.6	1.3	0.9
公立高校	1.0	—	0.9	3.0	3.4	1.7
私立高校	1.0	—	0.2	—	—	0.1
官公立専門学校	0.1	0.1	0.4	0.4	0.8	0.2
私立専門学校	0.0	0.0	0.0	0.2	0.1	0.1

八二人の取り調べをもとにした調査報告があるが、このなかに「共産主義を奉ずるに至りたる時期調査」がある。「時期」でもっとも多いのが、「高等学校又は大学予科」で四三・三%（一一二人）である。以下順に「専門学校時代」二一・六%、「大学（但し大学令に依る大学のみ）時代」一八・四%、「学籍離脱後（卒業者及び中途退学者を含む）」一六・〇%、「中等学校時代」〇・七%である（長谷川明「学生の思想運動に就いて」『司法研究』第十五輯、一九三二年）。検挙率や処分率とともにいま紹介した共産主義思想にコミットメントした時期でみて、高等学校が左傾培養器だったといえる。

高等学校が左傾学生の主要な培養器となったのは、マルクス主義が高等学校を中心とした大正教養主義の延長線上にあったからである。

マルクス主義が教養知識人を眩惑し魅了したのは、明治以来の日本の知識人のドイツ科学崇拝の土壌が背後にあったのだが、それだけではなく、マルクス主義はイギリスの古典経済学、ドイツの古典哲学、フランスの社会主義を総合したものだとして説かれた（筒井清忠『日本型教養の運命』岩波書店、一九九五年）。したがってマルクス主義は、教養主義にコミットした高校生に受容されやすかった。受容されやすかったというよりも、マルクス主義は教養主義の上級バージョンとみられさえした。

昭和五年二月から同七年十月までに治安維持法違反で検挙された学生生徒二五五人についての「学生・生徒左傾経路類型」調査（文部省教学局『教育に関する学生の思想調査』一九三四年）は、（一）「確乎たる世界観・人生観を求むる者」（二）「純然たる知識欲に出発する者」（三）「政治的動機に出発する者」（四）「充分の考えなき者」（英雄主義、反抗心、虚栄心など）に分類しているが、それぞれの割合は、順に一七％、四〇％、二六％、一七％である。(二)の「純然たる知識欲に出発する者」が半ば近くを占めている。したがって、「悔悟」(転向)には「観念的すぎた」という言葉が頻出する。実際、読書会(R・S)は左傾活動に不可欠だった。こうしたことは左傾が教養主義的であったことを物語るに充分であろう。

教養主義の根っこにある人格主義も左傾化と連続している。左傾化した学生がいみきらった学生は、「酒を呑む事、遊ぶ事を以って万事終れりとなす」享楽型や「只学校の与ふるものを其儘蓄音機的に記憶する」体制同調型や実利型の学生(「一被告学生の現代の教育に関する感想」『文部省思想局思想調査資料集成』第三巻所収)である。こうした左傾学生の志向は、真面目や勤勉、禁欲などの点で人格主義との連続がみられるが、マルクス主義はそうした個人の内面倫理としての人格主義だけでなく、それをこえる社会や民衆のためにという正義や殉教の倫理と美学をもたらした。だから教養主義の内面化の強いものほど左傾化した。

教養主義からマルクス主義へのこうした跳躍は、松田道雄のつぎのような自伝によくあらわれている。松田はいう。青年が教養主義のとりこになることは、「郵便貯金のように教養を貯めこみながら、たえず劣等感にさいなまれている」、「痛切な人間的欲求をみたしてくれる大状況をもたらすことにむかって行動を開始するときではないか」、「つぎつぎと出版されるスターリンやブハーリンの著作をよむということになれば、教養主義の巨匠たちよりも先に進める。それればかりか、福本イズムは学生に革命的インテリゲンチャという特別席を用意してくれていた。私たち学生にこれほどぴったりした理論はなかった」、「(マルクス主義文献の—引用者)読書会は私には魅力があった。それは清潔で純粋であった」(『日本知識人の思想』筑摩書房、一九六五年)。

マルクス主義は充分な教養という「貯金」を貯めこまずに跳躍できる教養主義の上級バージョンであった。マルクス主義は教養主義を蔑む理論的砦ともなったから、教養主義の鬼子でもあったが、その場合でも反日共依存関係にあったのである。

同調左傾文化

左傾活動で高等学校が培養器になったことをみてきたが、高等学校の左傾活動の特徴をさらに調査統計からみていこう。

そのためにまず社会人と学生の比較をしよう。社会人検挙者数の統計には治安維持法違反者統計を使用しよう。ただし、治安維持法違反者統計は、社会人だけでなく学生を含めた全体の統計である。昭和五―九年までの治安維持法起訴者についての西川洋による集計によると、学生・生徒の割合は九・四%である(「共産党員・同調者の実態」渡部徹編『一九三〇年代日本共産主義運動史論』三一書房、一九八一年)。治安維持法違反者の約九〇%は社会人であるから、治安維持法違反者統計を社会人統計とすることは許されるだろう。

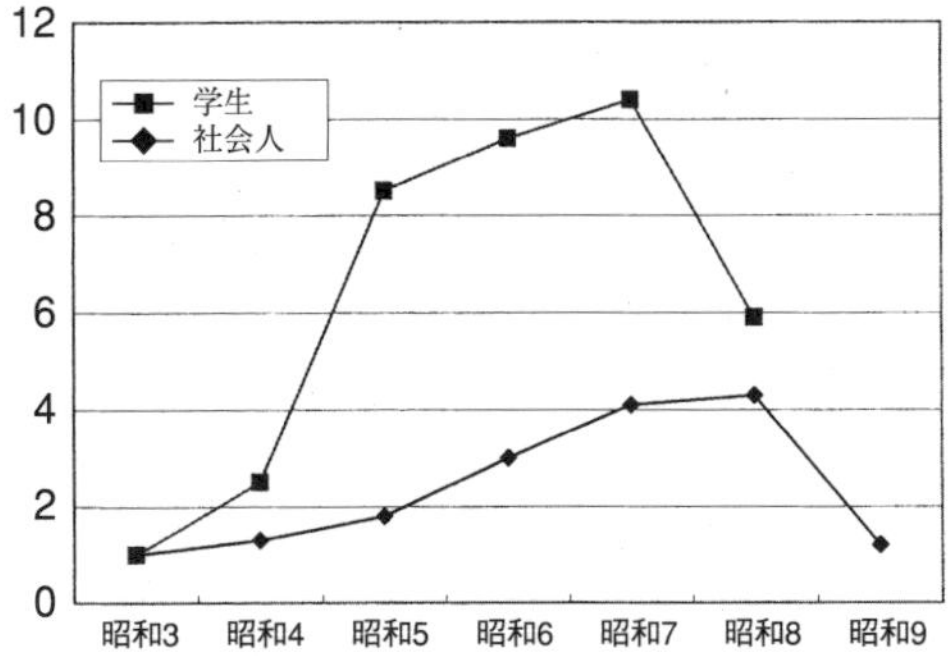

図3　昭和3年を1とした検挙者の増減

図3は昭和三年度の治安維持法違反の総検挙者数(社会人と

する）と学生の検挙者数をそれぞれ一（社会人三四二六人、学生一〇七）として、昭和九年（学生については昭和八年）までについてみたものである。社会人からくらべると、学生の検挙数ははるかに大きいスピードで増加している。しかし、学生の検挙数のピークは社会人より一年前に終わっている。左翼活動において社会人から比べると学生は熱しやすくさめやすかったといえる。

ここでもとの学校類型別にもどって、こうした熱しやすくさめやすい傾向を図2の大学、高校、専門学校でみよう。昭和三年においてすでに高等学校生徒の検挙率は大きい。ところが、大学生や専門学校生の検挙率のピークが昭和六、七年であるときに、高校生はすでにその一、二年前にピークを終えている。大学生の検挙率の増大のはじまりやピークが高校より遅れるのは、高校のときに左傾活動に魅せられたものが大学生のとき持続するということもあるだろうが、年齢が高校生とほぼおなじである専門学校生の検挙率のピークは大学生と同じように昭和六、七年であることをおもえば、高等学校は大学生や専門学校生からくらべるとより熱しやすくてさめやすかったといえる。

表7　検挙者数からみた起訴率(%)

	検挙者数	起訴者数	起訴率
大　　学	2325	261	11.2
高等学校	1193	54	4.5
専門学校	597	26	4.4

このことは学校類型別の左傾活動コミットメントの強さとも関連している。表7は学校類型別に検挙者数のうちどれくらいが起訴されたか割合を集計したものである。この数字が大きければ大きいほど起訴される割合が高いということになる。大学が一一%でもっとも大きい。高等学校と専門学校はともに四%である。起訴率の高さから大学生（検挙者）が左翼活動のコミットメントが強かったということになる。このことは別の統計からもいえる。「身上」調査で左傾の意識程度をみる

表 8　意識程度

	初歩的のもの	相当進めるもの	深入りせるもの	不明
帝国大学	96 (17.0)	301 (53.4)	160 (28.3)	7 (1.3)
大　学	305 (35.3)	398 (46.0)	155 (17.9)	7 (0.8)
高等学校	480 (39.0)	509 (41.3)	237 (19.2)	6 (0.5)
専門学校	233 (49.2)	169 (35.6)	63 (13.3)	9 (1.9)
実業専門学校	129 (61.2)	60 (28.4)	18 (8.5)	4 (1.9)
高等師範学校	19 (21.1)	49 (54.4)	22 (24.5)	— (—)

（表8）と、帝国大学や高等師範において「相当進めるもの」や「深入りせるもの」が多く、「初歩的のもの」が少ない。高等学校や専門学校はその逆になっている。日本共産党や共産青年同盟に加入している者は帝国大学（一四・五％）と大学（八・八％）で多く、専門学校（二・七％）や実業専門学校（四・七％）、高等学校（二・七％）では少ない。専門学校、実業専門学校と高等学校では、組織外の者の割合が帝国大学や大学から比べて多い。このことからも、帝国大学生や大学生の左翼運動へのコミットメントの強さがわかる。さきに高校生の起訴率が低いことをみたが、高校生の左傾活動は大学生ほど筋金入りには遠かったということになる。

左翼学生が検挙されたあとで書かれた手記には、そのあたりの事情を伝える事例に事欠かない。昭和六年に検挙された学生は、左傾思想にコミットした高等学校時代についてつぎのように書いている。「……私が社会科学の研究を始めた動機が社会制度の矛盾とか自己の境遇に反撃を憶えた為とかいふ様な確固たるものではなく、……社会科学の何たるかを口にしないと友人達に取り残される様な気持がしたためであつた。故に前述した様に所謂革命的理論を鵜呑にしては其の儘吐き出し気焔を上げてゐた」(「左翼的風潮に追随して左傾せる一学生の手記」文部省思想局『思想調査資料集成』第六巻)。友人たちから「取り残される」ことがいやだったからだというのである。こうした付和雷同的なコミットメントは、左傾学生の反省の仕方からもみえてくる。ある高校生は自らの左傾化の「誤謬」を、「(1) a社会を簡単に考へすぎて居た事。……b社会全体を機械化し人情を無視した……cマルキシズムは余りに空想的で、現実から遊離してゐる理論であると云ふ点に気がつかなかつた事です。……(2)……私が家庭の事を余り考えなかつた事です。……(3)……妙に人の言ふ事に反対して見たり、人にかくれて秘密にやる事に探偵小説的な興味を感じたり……(5)世間知らずの公式主義的だつた事……」(「左傾せる経路につき某高校生の告白」前掲書、第三巻)としている。

この点について左傾活動が活発な昭和三~六年に高校時代(四高)をすごした作家杉森久英の例でさらに立ち入ってみておこう。杉森は当時の高等学校の雰囲気をつぎのように書いている。

「プロレタリアの勝利と、資本主義の没落——これはもう、議論の余地のない自明のこととして信じられていた。一般社会ではどうか知らないが、私たちの高校の、定員わずか四十人のクラスなどでは、ほとんど大部分の生徒の間では、これが常識になっていて、すこしでもそれに疑問をいだいていたり、異議をさしはさんだりすると『歴史の必然というものがわかっていない』『頭が悪いな』など、毒々しい嘲笑と、軽蔑をもって一蹴された。その実、おたがいにどの程度にマルクス主義の勉強をしていたかというと、そこいらにごろごろしている入門書を何冊か読んだにすぎないといったところだったのだが」(『昭和史見たまま』読売新聞社、一九七五年)。

そして、杉森は当時の高等学校の左傾的雰囲気に追随した自らの心理を分析している。こうした雰囲気では、共産主義に疑問を感じていた者でも、激しい嘲笑と罵倒をおそれて沈黙せざるを得なかった、左翼の英雄気取りの指導者に違和感と疑問を覚えながらも、正義を御旗にしたかれらに反抗することは、「時代を理解しない頑固者」というレッテルを貼られることになる。革命がくるにちがいないとおもったことはたしかだが、他方では「仲間はずれになるのがいやだったのだと思う」、と。

こうしたキャンパスの左翼的雰囲気と圧力は、全共闘運動までの戦後日本の大学キャンパスを経験した私にもおもいあたるふしが多分にある。マルクスやレーニンを知らないのは言語道断、いくらかでも異論を唱えればバカ者扱いされたのは、戦後の大学においても同様である。だから、保守派教授は、学識いかんをとわず、無能で陋劣な教授にみられがちだったし、左派に同情的な教授はそれだけで話のわかる良心的教授だった。左翼に媚びているとおもわれる教授もすくなくなかった。いまとなってみれば、「仲間はずれになるのがいやだった」のは学生だけでない。教授たちも同じ圧力に晒されていたのである。

もちろん当時の学生や教授のマルクス主義への傾倒は、社会的正義感やヒューマニズムなどの理想主義にもとづいていたことは十分にみとめたい。また学生たちがマルクス主義によって、世界を統一的に理解し、人生へのたしかな方向づけをもったこともみとめたい。さらに丸山眞男のいうように、マルクス主義はコミンテルンや共産党の影響にとどまらない「一種の知的《インテレクチュアル》な運動としてのそれであった」（『昭和思想史への証言』毎日新聞社、一九六八年）。この点もみとめたい。しかし、そうであればこそ、マルクス主義や社会主義は雰囲気や空気（時代の大勢）となってキャンパスの象徴的暴力となったことも否定できない。

旧制高校生に代表される学歴貴族たちの左傾が専門学校生からくらべるとより熱しやすくてさめやすかったことについては、すでに図2をもとにふれた。旧制高校の左傾化には、杉森の指摘するような同調主義的な要素が多いにあったからだ、といえないだろうか。

そして、こうした同調主義が集積することによって、高等学校に左翼的空気をつくり、それがまたつぎの同調主義を呼びこんだという道筋は否定できないところであろう。とすれば、過激な左翼的言論や行動さえも「同調集団内の忠誠競争」（石田雄『日本の政治文化』東京大学出版会、一九七〇年）からみることは十分可能である。天皇制メンタリティが左翼集団や左翼知識人に無縁でなかったように、「同調集団内の忠誠競争」は会社や保守政党と庶民集団だけで左傾集団だけは例外だったとはいいえないはずである。そしてこうもいえる。戦後、反共や頑固な左翼嫌いになった人々の中には、こうした同調主義的な左傾の中で孤立した「ルサンチマン」や当時の同調的左傾の中でしぶしぶ従った自らの態度と行動を「改悟」することによる反動形成だったとも。

表9　学生と社会人の起訴率(%)

	大正14	大正15	昭和2	昭和3	昭和4	昭和5	昭和6	昭和7	昭和8
学生	73.3	0	3.5	26.2	9.3	8.2	3.0	5.2	14.4
社会人	—	—	—	15.7	6.8	7.5	3.0	4.6	8.8

分散する制裁のまなざし

学校類型別に左傾活動の違いがあったことをみてきたが、取締側（司法当局と学校当局）のサンクションに学校類型別の差異があっただろうか。

司法当局によるサンクションは、社会人と学生で違っていた。昭和五年ころから司法当局は、学生活動家の起訴方針を緩和して転向に誘導する方針を実施していた。（起訴）「留保処分」がこれである（荻野富士夫『特高警察体制史』せきた書房、一九八四年）。「留保処分」とは、検挙者をいったん釈放し、一年ほど観察をつづけ、転向すれば、起訴しないという措置である。労働者には「留保処分」のような措置はほとんどとられず、学生にとられた措置だった。

このことを予備知識として表9の検挙者数をもとにした起訴率（検挙と起訴には半年以上の時間があることもあり、検挙年と起訴年が同年でない場合もあるが、ここでは同年として計算している）についての社会人と学生の対照表をみよう。昭和六年の起訴率は社会人と学生は同じ割合であるが、それ以外のいずれの年度においても学生の起訴率が社会人より大きい。社会人のほうが、学生より軽微な疑惑で検挙されていたことも推測される。そうだとすれば起訴処分だけでなく検挙における学生と社会人の差別的制裁をみることができる。

学生一般について相対的に寛大な措置がとられたとして、学校類型ごとの学校処分に差異はなかっただろうか。左傾学生は学校からも放学や退学などの処分を受け

表10　検挙者数からみた処分率

	検挙者数	処分者数	処分率
大　学	2325	1378	0.59
高等学校	1193	1603	1.34
専門学校	597	675	1.13
計	4115	3656	0.89

表11　起訴者数からみた処分率

	起訴者数	処分者数	処分率
大　学	261	1378	5.3
高等学校	54	1603	29.7
専門学校	26	675	26.0
計	341	3656	10.7

たが、学校類型別の在校生数をもとにした処分率はすでに表6でみたとおりである。大学、専門学校、高等学校でみると、高等学校の処分率が大きい。細目でみると、公立高校、官立高校で大きく、私立高校、私立専門学校で小さい。しかしこのことをもって、私立を除く高等学校で処分が厳しく、大学や専門学校で寛大だったとはいえない。母集団になるそれぞれの学校類型の左傾学生の量的違いを考慮にいれなければならないからである。左傾学生が少なければ処分者数が少なく、左傾学生が多ければ、処分者数は多くなるはずだからである。しかし、それぞれの学校に左傾学生がどのくらいいたかについてのデータは得られない。そこでつぎのような操作をしよう。

それぞれの学校からの検挙者数は左傾活動の指標となる。検挙者数をもとに処分者数の相対的大きさをみる方法（処分者数÷検挙者数）を使うことにする。この数値が大いほど処分が厳しく、低ければ、寛大だったということになる。表10がこれである。高等学校や専門学校で処分が厳しく、大学は相対的に甘かったということがわかる。おなじことを検挙者数ではなく起訴者数からみた処分率で計算したものが表11である。結果は表10とおなじような傾向になる。そこで起訴者数からみた処分率の学校類型をさらに細分化してみたのが、表12である。公立高等学校、官立専門学校が厳しく、大学とくに帝国大学がもっとも寛大なことがわかる。もっともこれは処分数についてのことである。高校は処分数は多いが、処分の内容は、停学、その他が多いから、処分の厳しさはそれほどではなかった。

最後に男女差についてみよう。男子学生の起訴率は八・三％であるときに、女学生の起訴率は一％未満（一人）である。女子学生の起訴率の低さは、左翼活動に深入りするものが少なかったことを示している。表13は検挙者数からみた処分率である。男子学生からみると、女子学生の処分率はやや大きい。五％水準で有意である。女子学生にきびしいということがわかる。処分の項目に入らない訓戒、自発的退学、転校などの措置が女子学生に多かった（「教育関係に於ける女子の左翼運動」『思想調査資料』第二四輯）ことを考えれば、女子学生への学校処分は男子より厳しかったことは容易に想像される。これまでみてきたのは、学校処分（数）において帝国大学や大学で相対的に寛大だったことと女子学生の学校処分は厳しかったということである。このことのインプリケーションを考えるためにいくらか迂回しよう。

左傾学生調査については、量的データだけでなく、『左傾学生生徒の手記』（第一―三輯、

表12　起訴者数からみた学校類型別処分率

大　学	帝大	3.3
	官立	9.9
	公立	11.0
	私立	8.0
高　校	官立	27.8
	公立	125.0
	私立	0
専門学校	官立	39.2
	公立	0
	私立	13.6

表13　検挙者数からみた男女別処分率

	検挙者数	処分者数	処分率
男	3992	3516	0.9
女	123	140	1.1

$\chi^2=4.18 \quad p<0.05$

一九三四—三五年）のような質的データもある。唐沢富太郎はこの手記の第一輯におさめられた学生生徒一一三名（大学生四四人、高校生二五人、専門学校生四四人）の手記の冒頭におかれた学生生徒の性格評定（取り調べにあたった者による評価）をもとに「善良」「中間」「不良」に分類し、それぞれのカテゴリーの性格の者の割合を大学、高等学校、専門学校で集計している（『学生の歴史』講談社、一九五五年）。唐沢の性格類型を踏襲しながら、資料をさらに第二輯と第三輯にものばし、あらたに学校類型別の性格類型を集計したものが表14である。「善良」と評価される学生生徒が半数近くの四二％を占めている。「不良」は一八％にすぎない。善良においては、帝国大学、その他大学、高校、専門学校の順で、不良においては、専門学校、高校、その他大学、帝国大学の順である。

表14　学校類型と性格

	善良	中間	不良	計
帝　大	30 (71.4)	11 (26.2)	1 (2.4)	42 (23.0)
その他大学	12 (54.5)	7 (31.8)	3 (13.6)	22 (12.0)
高等学校	15 (32.6)	24 (52.2)	7 (15.2)	46 (25.1)
専門学校	20 (27.4)	31 (42.5)	22 (30.1)	73 (39.9)
計	77 (42.1)	73 (39.9)	33 (18.0)	183 (100.0)

$\chi^2=30.40$　$p<0.01$

となると、学歴によって性格類型の差がみられたように、出身家庭の経済状態によって性格類型の差がみられないだろうか。表15は、家庭の経済状態と性格類型のクロス表である。有意差はみられない。ここでは集計・分析結果を省くが、学歴をコントロールして家庭の経済状態による性格類型に有意差があるかの検定を行なったが、有意差はみとめられなかった。つまり左傾学生の性格類型は学歴とは関係しているが、階層とは無関係である。しかし、こうした性格判断はあくまで取調官の判定である。とすると家庭の経済状態よりも本人の学歴によって取調官がバイアスをもったことの結果であることは十分考えられる。「温良・寡言」と「温良なれども稍放縦」の判定はそれぞれ「善良」と「中間」にカテゴリー化されるが、当初の判定そのものが紙一重である。客観的には同じ性格が帝大生の場合は「善良」に、専門学校生などの場合には「中間」や「不良」につながる判断にむかったとはいえまいか。そして、そうしたバイアスが階層（家庭の職業、経済状態）よりも学歴に大きく規定されているところが、端的に日本の学歴社会（階層意識よりも学歴意識）を示している。

表15　階層と性格

	善良	中間	不良	計
富裕	23 (51.5)	15 (33.3)	7 (15.6)	45 (27.3)
中間	42 (42.0)	40 (40.0)	18 (18.0)	100 (60.6)
貧困	5 (25.0)	10 (50.0)	5 (25.0)	20 (12.1)
計	70 (42.4)	65 (39.4)	30 (18.2)	165 (100.0)

$\chi^2=3.91984$　$p=0.41696$

左傾女子学生の性格については男子学生と比較してつぎのような評価がされている。男子学生はどちらかといえば、性格的に「明敏温良」なものが多いのに対し、「日本女性として不徳なる性格者が多い」。家庭が貧困であったり、不遇な者で左傾化した女子学生は「反抗心強く、概ね剛情、執拗にして所謂ひねくれたる性格の所有者」である。家庭的に恵まれた左傾女子学生は、「我儘にして奔放」「軽薄、虚栄、傲慢」な者が多い（「教育関係に於ける女子の左翼運動」）。左傾学生の性格類型評価において、帝国大学生に好意的で、専門学校生や女子学生に厳しい。

左傾学生に対するこうした制裁のまなざしの分散をどう考えたらよいのだろうか。処分側に左傾帝国大学生は左傾であっても帝国大学生という「学歴」意識があることによって、表6にみたように左傾帝国大学生には処分やレッテルで相対的に寛容になったといえまいか。そのぶん左翼思想への敵意や処罰の衝動は非帝国大学生である専門学校生や非帝国大学生かつ男性でない女性に加重化された……、と。

おわりに

これまでの知見をまとめると、つぎのようになる。およそ調査は、調査項目から調査者の嚮導仮説が読み取れるものだが、昭和初期の左傾学生生徒調査の調査項目をみると、二つの嚮導仮説が読み取れる。ひとつは左傾学生に不健康、貧困、成績不良、家庭欠陥などの属性的特質がありはしないかという仮説である。再分析の結果こうした仮説は棄却された。もうひとつの仮説は、左傾学生の学校類型別の差異である。この仮説のほうは有効である。輩出率などの新たな指標を加えての再分析の結果は、高等学校が左傾運動の母胎となっていたこと、ただし高等学校生はいち早く左傾運動にコミットしたが、左翼活動からの撤退も早かった。左傾学生の処分などの制裁は、帝国大学生に相対的に寛大で、専門学校生や女子学生には厳しかった。以上が左傾学生・生徒調査の再分析から得られた知見である。

図1にみることができるように昭和九年以後、学生の左傾活動も学生騒動も停滞する。学内でビラがまかれたりデモが行なわれることがほとんどなくなった。昭和八年は瀧川事件があり、佐野学と鍋山貞親が獄中転向声明を発表した年である。それまでは日本共産党を中心とした左翼活動の状況解説がほとんだった『特高月報』（内務省）の「運動の状況」欄に、昭和七年から「国家主義運

動」の項目があらわれ、以後しだいに頁数が増えていく。日本共産党は中央委員のスパイ処分、リンチ事件による中央委員の逮捕によって壊滅状態となった。袴田里見が検挙され共産党中央委員会が壊滅する。昭和十二年には日中戦争がはじまる。左傾（赤色）学生ではなく国家主義運動をする右傾（白色）学生がふえてくる。学校騒動も急激に鎮静化する。

左傾学生の時代の終りとともに、学生気質の変質言説も多くなる。最近の学生には専門知識以外の政治経済や思想が無知で内省が乏しく、功利的な「類似インテリ」学生が氾濫している（大宅壮一「類似インテリの氾濫」『中央公論』一九三七年三月号）とか、学校の勉強以外は大衆雑誌である『キング』程度しか読まない「キング学生」（三木清「学生の知能低下に就いて」『文藝春秋』一九三七年五月号）が多くなった、とかの言説が登場する。昭和十三年にある新聞記者は座談会で端的につぎのように述べている。「昭和六七年の所謂社会運動の盛んな頃には、大学といふものが非常に非難されたけども、人間としてはあの時分の学生は、今の連中よりは出来てゐると思ふな。今の連中は型に嵌つて、今のは何だか官吏の息子さん達のやうな感じがしますね」（「座談会　若きインテリは語る」『日本評論』一九三八年九月号）。

学生が左傾運動をしていた時代や学生騒動があったころの学生は「人間として出来ていた」「今の連中は型に嵌っている」というノスタルジアがはじまっている。どこかで聞いた話である。さらに、左傾学生の時代が終わった昭和十年代初期に高等学校や大学などのエリート学生が霊術を行使する「ひとのみち」教団に多数入信したことがニュースとなった。これもまたわれわれがついこの間経験したことではなかろうか。

総合雑誌と教養共同体

教養主義といわれる学生文化がエクストラ・カリキュラムやヒッドゥン・カリキュラムの中でこそ開花したということはしばしば指摘される。しかし、現実にどのようなかたちで、教養主義がつちかわれたかについては、それほど研究がされているわけではない。『三太郎の日記』や『善の研究』などがどの程度読まれていたかの研究はあるが、ここでとくに注目すべきなのは、教養主義における『中央公論』や『改造』などの総合雑誌の役割である。

教養主義が学生規範文化になった大正時代や昭和戦前期は知的ジャーナリズムという新たな知の場の発達の中で『中央公論』をはじめとし、『改造』、『文藝春秋』『経済往来』(のちに『日本評論』)などの総合雑誌の時代だったことに注目したいものである。総合雑誌の知的クオリティは高かった。講座派と労農派の論争などもしばしばこれらの雑誌に掲載された。詳細は拙著(『大学という病』中央公論新社の十章)にゆずりたいが、昭和十三年調査で計算してみると、すくなくとも帝大生の三人に一人は総合雑誌を読んでいた。旧制高校生や高等専門学校生も五~十人に一人くらいの割合で総合雑誌を読んでいたようである。総合雑誌はその名の通り、社会科学論文から小説、映画、音楽まで多岐にわたっている。人々は、総合雑誌をつうじて教養共同体を形成していたのである。

こうした傾向は戦後も続き、学生の間で『世界』や『中央公論』、『展望』などが読まれていた。総合雑誌の論説は一般教養だけでなく、専門の学問の入り口にもなった。第一線の学者が書いていただけに、学問がひろい読者ともつながっていた面も大きかった。教養主義の凋落は総合雑誌が売れなくなったことと相関している。

総合雑誌の学生文化での影響力の衰微とともに専門分野を越えてインパクトをあたえるような書物や論文が急速に少なくなったが、単に学問の「進化」の帰結(専門分化)とだけはいえない。学者たちの研究のオーディアンスが、専門学会人だけになったからである。学者と総合雑誌の関係がきれたり、うすくなったこと、総合雑誌のインパクトが小さくなったことと無関係ではないとおもう。

教養知の媒体となり共同体ともなった総合雑誌のインパクトが下落しているが、逆にいえばいまや教養の媒体や共同体をパーソナルな語らいの場に引き戻す道もあるのではないだろうか。大正教養主義は教師―生徒のパーソナルな関係が薄れ、印刷媒体とともに花開いたことに特徴があることを忘れてはならない。総合雑誌による教養共同体はまさにそうしたコンテクストにおいてのものである。それ以前は、一高の岩本禎教授と生徒との関係がそうであったように対面的人格関係が教養のつちかわれる場だったのである。とすれば、大正教養主義の研究ではなく、それ以前のパーソナルな場でつちかわれた教養とはどのようなものであったのかの歴史的な研究が、教養の復権がいわれるいま現代的課題として浮上してくるはずである。

第二章　英雄主義の系譜
――「雄弁」と「冒険」の明治四十年代

井上義和

1　メディアに並ぶ雄弁と冒険――河岡潮風の編集者時代

大言壮語は中学一年生主義である。青年として一度経なければならぬ関門ではあるが、いゝ年をして、乃至は実際の事業を為さんとして、なほ徒らに空論にばかり耽けるのは嗤ふべき輩である。大言壮語を吐くならば、同時に甚深なる準備を忘てはならない。

――河岡潮風『五々の春』明治四十五年

河岡潮風、という名前は押川春浪主筆『冒険世界』の編集助手として知られている。というより、日本ＳＦ史の上でそう紹介されているのを後から知って妙に納得したというのが実際のところだ。私は先に明治末期の青年雄弁界のキー・パーソンとしてその名前を記憶していた。

大日本雄弁会（後の講談社）初代社長の野間清治が自伝（『私の半生』千倉書房、一九三六年）の中で「文名と気概を謳はれ、当時評判であつた博文館の青年記者河岡潮風君などは、大変骨を折つてくれた」と書いているが、実際、雄弁専門誌『雄弁』の草創期はこの外部からの助っ人を抜きには語れない。編集作業に携わっていた大沢一六の回顧から、その一端を窺い知ることができる。

「当時、河岡潮風という人が寄稿していた。博文館の『冒険世界』の記者だったが、執筆が本職なので、この人には原稿料を払った。一篇で河岡潮風には金十円払った。あとは速記料だ。（中略）とにかく独特の原稿用紙は作ったが、原稿料は考えなかった。ただ河岡潮風分の原稿料は、きまってとっておこうと相談したことがある。この河岡君の案内で、『雄弁』同人が大隈伯を訪問したのが、伯と早稲田と、『雄弁』とをつなぐ緒となった。」（講談社社史編纂委員会編『講談社の歩んだ五十年』講談社、一九五九年）

『雄弁』創刊のきっかけとなった東京帝国大学法科大学緑会弁論部の発会演説会（明治四十二年十一月）の記念写真にも、案の定、帝大教授や学生弁士と肩を並べて収まっている。「雄弁衰へて正義衰ふ。雄弁は世の光なり……」で始まる格調高い発刊の辞（創刊号）は、帝大の姉崎正治教授が書いたことになっているが、もとの草稿は潮風が書いた。当時帝大事務員だった野間清治も手伝いの学生たちにしても、雑誌編集に関しては素人ばかりだったから、取材も執筆も編集もこなす潮風は大いに頼りにされた訳である。

潮風は脊椎カリエスを患い明治四十五年七月に死去した。まだ二十五歳であった。『雄弁』は関係者らの哀悼の辞を一挙掲載したが、「潮風が当時、青年雑誌界に馳せた名声と、『雄弁』との特別深かった関係から思えば、さして異とするにもあたるまい」（『講談社の歩んだ五十年』）という。編集業だけではない。自らの著書も、処女作『［東都遊学］学校評判記』（明治四十三年）をはじめ『五洲怪奇譚』『冒険英雄伝』『下野那須温泉之栞』『少年雄弁術』『書生界名物男』『快男子快挙録』および半生の自伝を含む『五々の春』（明治四十五年）まで、七冊を数える。些か大袈裟な追悼企画も、夭折の天才編集者には似つかわしい。

　その潮風が実は『冒険世界』の編集助手でもあったと知って、私は納得したのだ。この時代のメディアが演出する「雄弁」は表現と伝達のための民主的な道具であると同時に身体作法において冒険的（adventurous）であり、また「冒険」は未知なる世界への浪漫的な憧憬であると同時に文体技法において雄弁的（eloquent）である、そんな渾然一体の印象を抱いていたからだ。しかし、現代の私たちはそれらを捉まえる適当な言葉を持たない。近代化プロセスを指示する社会学的／文学的標語に性急に還元してしまうよりは、さしあたり〈雄弁的＝冒険的なもの〉と循環的に括っておくことにしたい。その方が同時代のニュアンスを正確に保存したまま考察を進めることができそうだ。それに、後世から見ると領域横断的なフットワークは如何にも軽快に映るが、潮風本人は案外、雄弁と冒険とが並存するひとつの場所をぐるぐる駈け回っていただけなのかも知れない。

　私の関心は、潮風が駆け回ったその時代と場所にある。

　本名河岡英男、明治二十（一八八七）年横浜生まれ。十三歳のとき森田思軒訳のジュール・ヴェルヌ『十五少年』に感動して文学に目覚める。文学に熱中しすぎて学業を怠り、神戸第一中学校時代に落第している。明治三十八年早稲田大学政治科に編入学、在学中は「早稲田大学附属図書館卒業」を自称するぐらい熱心に図書館に通う。明治四十年七月に卒業、中央新聞を経て博文館に入社。——と、こう書くと如何にも文学青年みたいだが、実は根っからの雄弁青年でもあったのだ。

『早稲田大学雄弁会八十年史』（早稲田大学雄弁会ＯＢ会、一九八三年）巻末の名簿で「河岡潮風」の名前が確認できる。潮風と同期の雄弁会員だった白柳秀湖（明治四十年文学科卒）は当時をこう振り返る。

「早稲田の文科といふ処には一種の型があつて、其型を離れるものは酷く異端扱ひをされたものだ。（中略）文科の者は騒々しい政治科や法科の連中の中に立交つて演説の稽古をすることはならぬとは云はぬけれども、文科の中にさうした一種の空気が漲つて居たことは事実で、余程の茶目公でなければ、此空気を破つて文科から雄弁会に飛び出す等いふことは出来なかつた。」（「『沈鐘』と『浦島』」『雄弁』一一巻一一号、一九二〇年）

まだこの頃の雄弁会は、文学青年たちにはまるで野蛮な別世界に映っていた。しかし、雄弁ブームはもうそこまで来ていた。早稲田大学雄弁会は明治三十五年に設立されたばかりであった。四十年十二月に発足した雄弁青年のインカレ団体・丁未倶楽部は四十三年の時点で会員二百名余を数え、首都圏の各大学専門学校学生を網羅する規模に成長していた。そもそも大学公認の弁論部設立でさえ、慶應義塾が四十一年、東京帝大が四十二年と、ついここ数年の出来事なのである。

この根っからの雄弁青年は、大学卒業後も丁未倶楽部に出入したただけでなく、『冒険世界』編集助手時代には、主筆の押川春浪までも雄弁の世界に引っ張り込んだ。春浪自身はたいして経験がなかったが「彼の助手たる河岡潮風が演説狂であつたので彼も知らず知らず種々の演説会へ出入する様になつた」(「雄弁家月旦」『雄弁』一巻二号)のだという。

雄弁の裾野が広がり、さらに知的な中学生にもアピールするまでになるには、潮風が雑誌編集に乗り出していく明治四十年代を待たねばならない。

明治四十一年一月、それまで別個に進んできた「雄弁」と「冒険」は、青少年向けメディアの上で、同時に新しい局面を迎えた。

まず、『中学世界』で「学生論客月旦」という新連載がスタートしたのがこの年の新年号である。折しも高等学校や大学で弁論部の活動が脚光を浴びるようになってきた頃だ。進学志望の中学上級生向けの雑誌としては、実にタイムリーな企画であった。タイムリーというだけではない。カリスマの創出という点では画期的でさえあった。

雄弁関係の記事はすでに前年から見られる。明治四十年、HK生「雄弁術」(七月号)を皮切りに、安部磯雄「演説練習法」(八月号)、同「演説練習の思想的方面」(十二月号)。これらがもっぱら入門的・技術的な解説に終始したのに対して、翌年からの「学生論客月旦」は学生雄弁家を毎回一人か二人取り上げてその演説振りを論評していくという新方式を採った。新年号から三月号までに東京帝国大学の青木得三・前田多門・鶴見祐輔・芦田均が、四月号に早稲田大学の江尻恭平・田渕豊吉がそれぞれ登場したが、とくに帝大の学生たちの方は、しばらく伝説の青年雄弁家として語り継がれることになる。

『中学世界』誌上の雄弁関係記事（表1）は明治四十一年と四十二年に極端に集中しており、四十三年以降は激減しているが、雄弁ブームは一過性の流行で終わってしまった訳ではない。より本格的な雄弁専門誌にメディアを乗り換えたに過ぎない。明治四十三（一九一〇）年二月、大日本雄弁会から雑誌『雄弁』が創刊されたのである。雄弁といえば先ずこの『雄弁』を想起するのが近代史の常識であるが、それを準備したという意味で、明治四十年の先駆的なレポート（HK生＝河岡英男）に端を発する四十一・四十二年の『中学世界』誌上の雄弁記事ラッシュは潮風の名前とともに記憶されてよい。

他方、雑誌『冒険世界』が博文館から創刊されたのも、同じ明治四十一年一月である。主筆の押川春波は『海底軍艦』（明治三十三年）でデビューして以来冒険科学小説を果敢に開拓してきた人気作家であったが、その片腕となって実質的に雑誌を支えたのが潮風に他ならない。そして、これも実にタイムリーでかつ画期的な企画であった。

冒険や探検や武俠精神を鼓吹する類の先行誌なら、すでに明治三十九年五月に創刊された『探検世界』（村上濁浪主筆・成功雑誌社）があった。しかし『冒険世界』という強力な競合誌の出現によって、『探検世界』は明治四十四年九月廃刊に追い込まれてしまう。押川春浪はある事件のために博文館を退社して独立、明治四十五年一月新たに『武俠世界』（武俠世界社）を創刊する。日本古典

表1 『中学世界』誌上の雄弁関係記事

刊行年	執筆者、「題名」（号順）
～明治39年	（なし）
明治40年	ＨＫ生「雄弁術」、安部磯雄「演説練習法」、同「演説練習の思想的方面」
明治41年	紫峰生「学生論客月旦：青木得三君と前田多門君」、同「学生論客月旦：鶴見祐輔君（帝大）」、同「学生論客月旦（其三）：芦田均君（帝大）」、潮風生「学生論客月旦（其四）：江尻恭平君・田淵豊吉君（早大）」、紫峰生「雄弁界の異彩：一高弁論部」、同「向陵論客月旦」、河岡潮風「都下学生雄弁会出席諸弁士の演説振」
明治42年	河岡潮風「学生演説会傍聴記」、銀星冠「最近一高の思想界」、安部磯雄・巌谷小波・山路愛山・三宅雪嶺・島田三郎・尾崎行雄「演説の経験と所感」、安部磯雄「演説道楽」、大月桂月「学生演説会傍聴の記」、安部磯雄「大演説批評」、無署名「演説会記事」、無署名「学生演説大会評判録」、青木得三「成績優等の新法学士青木氏の取りたる勉強法」、河岡潮風「慶應主催中学連合演説会」、河岡潮風「帝大法科大学緑会の演説会」
明治43年	白鳩子「一高弁士月旦」
明治44年	（なし）
明治45年	河岡潮風「中学競争演説会記」、無署名「都下中学連合演説会評判記」
大正２年	吉植庄亮「一高弁論部」
大正３～７年	（なし）
大正８年	蘆田湘雨「学生雄弁術（上）」、同「学生雄弁術（下）」
大正９年	きりぎりす「中学の雄弁家――中等学校雄弁大会を聞くの記」、為藤五郎「弁論会と青年会」
大正10年	櫻水生「立教大学弁論部主催京濱中等学校雄弁大会の記」
大正11・12年	（なし）
大正13年	無署名「第六回関西中等学校雄弁大会情報」
大正14年	ＴＫ生「深夜雄弁を練る名物中学生」
大正15年～	（なし）

SF研究家の横田順彌（一九九八年）によれば、以上の「明治三大冒険雑誌」を軸に、日本SF界は明治末期から大正初期にかけて最初の隆盛を迎えることになる。この辺り、文学史上ほとんど無視されてきた領域であるがもっと注目されてよい。

もっとも、雑誌が出る以前から、雄弁と冒険とはもともと違和感なく並存しえたようである。例えば、北一輝と並ぶ昭和超国家主義運動の巨頭として知られる大川周明（一八八六年生まれ）について、『大川周明日記』から山形県立荘内中学五年（明治三十六・三十七年）の頃の生活が詳細に分かる。「演説ノ修錬ハ早クヨリ余ノ心掛ケテ居ツタ所デアル……来月ノ会ニ初陣ヲ学友会開会ノ際ニ試ミ次第ニ積極的修錬ヲヤルコトニ決心シタ」（十一月二十二日）として雄弁の稽古と研究に励むかと思えば、他方で、借りて読んだ冒険小説にも「新造軍艦ハ例ノ押川春浪ノ冒険譚ニ不相変爽快ナリ。誉れの毒盃ハ未ダ半マデ読ミタル許リナレド実ニ巻ヲ擱クニ堪エザルマデニ面白シ」（二月七日）と素直に感動している様子が窺える。もうひとり、丁未倶楽部のメンバーで後に普通選挙運動の中核的存在となる鈴木正吾（一八九〇年生まれ）は、愛知県立第四中学校時代は弁論部ではなかったものの「あの当時押川春浪の冒険小説に本当にうかれちゃったんですね。それで読みほれちゃったんです」（内政史研究会『鈴木正吾氏談話速記録』一九七五年）と回想する。それも、卒業後は馬賊になろうとまで考えたというから、本格的な入れ込みようである。

雄弁ブームも冒険ブームも、メディアが創り出したというよりも、途中から雑誌メディアに乗って加速していったのである。しかも、二つのブームが同時並行的に進展したというだけではない。メディアの制作現場にあって両者の中核を同時に占めていたのが、河岡潮風であった。この実在の編集者を補助線に引くことで、二つのブームを内在的に繋ぐ〈雄弁的＝冒険的なもの〉が浮かび上がってくる。河岡潮風が編集したのは、以下で述べるように、いわば「明治四十年代」そのものであった。

2　演説稽古と冒険雑誌——二人の大正教養派の中学時代

大正三（一九一四）年に第一高等学校に入学した三木清は、『善の研究』を読んで哲学を志し、西田幾多郎教授のいる京都帝国大学への進学を決意した。哲学界では観念論からマルクス主義への架橋に踏み出していくこの「京都学派の生んだ最も華麗な才能」（鹿野政直）は、一高→東大という既定のコースを自ら打破した最初の人物であったといわれる。

昭和初期の論壇を風靡することになる哲学者の感性はつねに時代の半歩先を進んでいたから、半生を綴った回顧録（「読書遍歴」『近代日本思想体系二七：三木清集』筑摩書房、一九七五年）もさすがに示唆に富んでいる。人類の遺した豊富な文化の花の蜜を自由に、好むままに集める蜜蜂のやうな（唐木順三）——と形容されるとおりの絢爛たる「読書遍歴」の記録であるが、同時に教養というものに関する鋭い反省的考察も含まれており、大正教養派の格好の標本として後世の評論家は好んで取り上げてきた。

例えば教養主義の歴史社会学的考察の手掛りとして、次のような箇所が引用される。

「あの第一次世界戦争といふ大事件に会ひながら、私たちは政治に対しても全く無関心であつた。或ひは無関心であることができた。やがて私どもを支配したのは却つてあの『教養』といふ思想である。そしてそれは政治といふものを軽蔑して文化を重んじるといふ、反政治的乃至非政治的傾向をもつてゐた、それは文化主義的な考へ方のものであつた。あの『教養』といふ思想は文学的・哲学的であつた。」

「教養の観念は主として漱石門下の人々でケーベル博士の影響を受けた人々によつて形成されていつた。阿部次郎氏の『三太郎の日記』はその代表的な先駆で、私も寄宿寮の消灯後蠟燭の光で読み耽つたことがある。」

第一次世界大戦の勃発が大正三年七月(八月に日本参戦)、一高入学は同年九月、卒業が大正六年七月、戦争終結は翌年十一月である。他方、阿部次郎『三太郎の日記』が大正三年四月、また岩波書店の出版活動が同年より本格的に始まり、大正六年までには『哲学叢書』『思潮』『漱石全集』、倉田百三『出家とその弟子』西田幾多郎『自覚に於ける直観と反省』といった教養主義の必読文献が矢継ぎ早に出揃い始める。

三木清の高等学校時代は、戦争と教養と正確に同時代であった。大正教養派の標本としては、むしろ出来過ぎであったというべきかも知れない。回顧録は高等学校入学以前のことにも相応の頁が割かれているのだが、後世の評論家の興味からは外れてしまう。実際、中学時代を回顧する箇所は、「世界戦争といふ大事件」に無関心を気取って「寄宿寮の蠟燭の光」で文学書や哲学書に耽る、という期待される教養派像にはそぐわないものだ。

「私どもの中学では毎年義士討入の日に全生徒が徹夜で赤穂の町まで行軍を行ひ、そこで義士追慕の講演会を開くのが例であつた。その講演会には生徒のうちの雄弁家が出ることになつてゐたので、平素においても演説はなかなか盛んであつた。尤も、これは、その時代が日本におけるいはば一つの雄弁時代であつて、今の『雄弁』といふ雑誌もその頃は名の如く主として我が国の有名な雄弁政治家の演説の速記を載せてゐたやうな有様で、私どもの田舎の中学でも擬国会を催したこともあるといふ時代の一般的な空気の影響でもあり、むしろそれが根本的であつた。私も一時は『雄弁』の愛読者であつて、中学の裏の山に登つて声を張り上げて演説の稽古をしたこともある。（中略）赤穂の講演会での演説の準備といふ意味もあつて、義士伝はその時分ずゐぶんいろいろ読み漁つた。」

「私は大正三年に中学を卒業したが、私の中学時代は、日本資本主義の上昇期で『成功』といふやうな雑誌が出てゐた時である。この時代の中学生に歓迎されてゐた雑誌に押川春浪の『冒険世界』があつた。かやうな雰囲気の中で、私どもはあらゆる事柄において企業的で、冒険的であつた。」

兵庫県立龍野中学校に入学したのは明治四十二（一九〇九）年だから、年表的には格好の標本だ。中学校入学の前年（明治四十一年一月）には『冒険世界』が、中学一年の冬（明治四十三年二月）には『雄弁』が、それぞれ創刊された。そして案の定、前者は「中学時代の初めに興味をもって読み、後者においては「愛読者」でさえあった。

三木清の中学時代は、したがって、雄弁と冒険と正確に同時代であった。標本としては出来過ぎな位だ。当時から既に文芸書を渉猟する読書家であったが、基本的な構えがいわゆる教養派時代のそれとは全く違うのが分かるだろう。「あらゆる事柄において企業的で、冒険的であつた」という三木清は、沈思黙考する文学少年であるよりは、むしろ学校の裏山で演説の稽古に励む雄弁少年であった。

「これに較べると、高等学校時代の私は種々の点でかなり著しい対照をなしてゐる」として、その接続関係は次のように総括された。

「今私が直接に経験してきた限り当時の日本の精神界を回顧してみると、先づ冒険的で積極的な時代があり、その時には学生の政治的関心も一般に強く、雄弁術などの流行を見た――この時期を私は中学の時にいくらか経験した――が、次にその反動として内省的で懐疑的な時期が現はれ、そしてさうした空気の中から『教養』といふ観念が我が国のインテリゲンチャの間に現はれたのである。」

中学時代と高等学校時代とでは、確かに好対照をなしている。これを単なる発達心理学的な説明で片付けてしまわずに、「当時の日本の精神界」に生じた地殻変動の水準で考察してみせる辺り、さすがは時代の半歩先を進む哲学者である。それによれば、明治四十年代に醸成された〈雄弁的＝冒険的なもの〉は、その反動として内省的で懐疑的な教養主義を招来したのだという。議論を一歩進める重要な手掛りである。

「その反動として」というのは三木自身の実感に基づく観察だろうが、しかしこの点については逆に、時代の半歩先を進む哲学者であるが故の注意が必要である。皆が皆、この時期に「その反動として」内省的で懐疑的になり、雪崩を打って教養主義に転向したとは考えにくい。内省的とも懐疑的とも関係なく、〈雄弁的＝冒険的なもの〉を貫徹していく人々のことは、この大正教養派の回顧録からは窺い知ることができない。

もう一人よく似た経歴の持ち主にも証言を求めることにしよう。

ヨーロッパ精神史研究家の林達夫は、京都学派の生んだもうひとつの華麗な才能として、三木清と並び称される人物である。明治二十九（一八九六）年十一月生まれの林は三十年一月生まれの三木とは学齢でいえば同年だが、幼時をアメリカで過ごしたために小学校入学が一年遅れ、京都府立第一中学校入学は明治四十三（一九一〇）年、さらに一年浪人したので第一高等学校入学は大正五（一九一六）年であった。一級ズレたとはいえ、二人はほぼ同時期に中学高校時代を過ごしている。その林達夫も、中学時代は相当本格的な雄弁少年であった。哲学者久野収との対談（『思想のドラマトゥルギー』平凡社、一九七四年）の中で次のように告白している。

中学三年のとき、全校弁論大会の学年代表に選ばれた林少年は、「日蓮を想う」という演題で登壇したが、六百何十人という聴衆に圧倒されてみじめな結果に終わった。雪辱を誓って、密かに演説稽古を始めた。週に何回かは自宅近所の山の雑木林で朝と夜に、二時間、三時間という猛練習。冬には寒稽古もやった。『三叉演説集』を手本にして竹越與三郎の熱烈なファンになった。勉強のために名士の演説も聴いて廻った。そして一年後の全校弁論大会では「黄色人種の勝利」という演題で登壇すると、今度はまさに日蓮流の獅子吼そのもの、一世一代の大演説に満堂がゆらぎ破れるような拍手が長く余韻を残した——。

この演説の大成功で「京都一中の代表的雄弁家」という折紙が付き、当時新設された弁論部の委員にもなった。中学上級の時に購読した『雄弁』は、「その頃は中学から大学までの弁論部的人間相手の雑誌のようだった」という。少なくとも大正期の初め頃までは高級志向の硬派雑誌で、才気煥発な少年たちから高等学校大学の弁論部員までを含む幅広い知識層を読者に集めていた。回顧録には、明治四十一年の『中学世界』「学生論客月旦」で紹介されたあの伝説の帝大生たちの名前も登場する。「青年時代の芦田均は、東大緑会では、青木得三、鶴見祐輔の名とともに学生雄弁界の三羽烏として、その名は僕たち中学生の弁論グループのところまでよく知れ渡っており、聴いたこともないくせに、その紹介記などで僕たちには三人の持ち味が分っていたのでした。」彼らは既に卒業しているのに！

雄弁少年として得意の絶頂にあった時代を、林達夫は次のように振り返る。

「当時は、右翼的大陸経略論、シナ浪人的大言壮語の横行、排日運動に対するアメリカへのくすぶり続けている反感の盛んな時代ではあったが、同時に謂うところの大正デモクラシーの擡頭期でもあり、日本へ亡命していた孫文の旗上げの時期でもあり、つまり新しい極東の目覚めの季節でもあったわけです。しかし、僕の演説はそれらをはっきり踏まえていたわけではなく、つきつめて言えば、『日蓮を想う』に続く、僕の『行動主義』的文脈の拡がりの上で、しかも『世界の大勢』を見通したつもりでのはなはだ気負った、豪語的発想であったとしか言いようがありません。」

引用の後半部分は、「あらゆる事柄において企業的で、冒険的であつた」（三木清）という、無限定で全方位的な傾向性と正確に対応している。特定の政治的課題が背景にあったというよりは、むしろ「行動主義的文脈の拡がりの上で、世界の大勢を見通したつもりの、豪語的発想」が林少年の根本にはあったというのだ。

二人は、中学時代はともに『雄弁』を愛読しつつ裏山で演説稽古に励む雄弁少年であったが、高等学校入学後はともに雄弁から離れていく。三木清は「その反動として」内省的で懐疑的になったが、林達夫も「もう弁論部的なものなんか洗い落として」一人前のもの書きを目指し始めるのである。同世代の少年たちの中では最も知的センスに恵まれた二人のことだ。この符合が単なる偶然ではないとすれば、明治四十年代に醸成された〈雄弁的＝冒険的なもの〉の、ひとつの臨界点が示されているように思える。

が、結論を急ぐまい。政治志向の強いいかにもな雄弁青年ではなく、わざわざ対極に位置する内省的で懐疑的な哲学青年を若干回りクドく紹介したのには、理由がある。ここで確認しておきたいのは、同世代の少年たちの中では最も知的センスに恵まれた二人でさえ／だからこそ、中学時代には冒険的かつ豪語的な雄弁少年であったという事実である。とすれば、才気煥発な少年であれば誰でも〈雄弁的＝冒険的なもの〉に感化されうる可能性があったと考えても不自然ではない。

3　雄弁青年たちの冒険——丁未倶楽部と大正期「革新」派のあいだ

「僕が早く見切りをつけて『卒業』したつもりの『弁論部的なもの』を少なくとも彼らは壇上では捨て切れずに、あるいは捨てずに温存していた。」

これは、林達夫が前出の回顧録の中で、三木清と中井正一（第三高等学校時代に弁論部）がレトリック理論の先覚者になった「裏話」を披露してみせる部分である。冗談めかしてはいるが、本稿の文脈では貴重な指摘だ。洗い落とす―見切り―卒業―捨て切れず―温存云々といった一連の語彙体系に、「その反動として」という三木清の言葉も付け加えてよい。〈雄弁的＝冒険的なもの〉は、もはや速やかに離脱すべき対象になっている。しかし、主観的にはともかく、身体化された〈雄弁的＝冒険的なもの〉がそう簡単に洗い落とせる訳もない。林自身、高等学校時代に書いた処女論文は雄弁調であったという。

同世代の少年たちの中では最も知的センスに恵まれた二人だからこそ、いち早く〈雄弁的＝冒険的なもの〉に見切りをつけて卒業しようとした。ところが、その同世代の少年たちの中では最も知的センスに恵まれた二人でさえ、いったん身体化された〈雄弁的＝冒険的なもの〉は容易に洗い落とせなかった。とすれば、その他大勢の才気煥発な雄弁少年たちについては推して知るべしだ。思春期特有の傾向として普遍化するには特殊歴史的だが、次に述べるように、一過性の流行現象に終わらないだけのインパクトを後世に及ぼすことになるのである。

大正三年以降、岩波書店の事業展開とともに教養主義文化が開花していくのは事実であるが、明治四十年代を通して、既に〈雄弁的＝冒険的なもの〉がユースカルチュアの土台の一部をなしていたのもまた事実である。前者が主に高等学校の内省的で懐疑的な生徒たちを囲い込んでいくのに対して、後者は既に中学校から大学まで広範な層に浸透していた。三木清や林達夫が「世界戦争といふ大事件」に無関心を気取り「寄宿寮の蠟燭の光」で文学書や哲学書に耽っていたのとちょうど同じ頃、雄弁少年改め雄弁青年たちは、演壇のネットワークと活動のフィールドを着実に拡大しつつあった。〈雄弁的＝冒険的なもの〉を迂回ないし離脱するものと、それを増幅ないし尖鋭化させていくものとが、ハッキリ分化しつつあった（井上義和「文学青年と雄弁青年――「明治四〇年代」からの知識青年論再検討」『ソシオロジ』一四〇号、二〇〇一年）。前者は思想史や文学史の正系への合流を果たしたが、後者は辛うじて政治史上に痕跡を残すばかりに留まった。

では、〈雄弁的＝冒険的なもの〉からの離脱どころかますます増幅ないし尖鋭化させていった雄弁青年たちのその後の展開は、具体的にどのようなものであったのだろうか。

明治四十年に結成された丁未倶楽部が、もともとは首都圏の大学雄弁会の親睦団体であったことは既に述べた。他方、政治史の上では、大正初年の第一次護憲運動などいわゆる「国民主義的対外硬派」の一翼を担った学生団体として知られている（宮地正人『日露戦後政治史の研究―帝国主義形成期の都市と農村』東京大学出版会、一九七三年）。また明治四十二年に発足した東京帝国大学法科大学緑会弁論部が、講談社の前身である大日本雄弁会の創設と雑誌『雄弁』の創刊の直接の契機になったことも既に述べた。他方、政治史の上では、「日本学生運動の源流」となる東京帝大新人会結成（大正七年）の中核的な母体として知られている（スミス、一九七八年）。また河岡潮風が所属した明治三十九年前後の早稲田大学雄弁会が、文学青年からは野蛮な別世界として敬遠されていたことも既に述べた。他方、政治史の上では、新人会に続く民人同盟会結成（大正八年、すぐ後に分裂し建設者同盟結成）の中核的な母体として知られている（伊藤隆『大正期「革新」派の成立』塙書房、一九七八年）。

第一次護憲運動で初陣を飾った丁未倶楽部は、さらに大正四年に実施された第十二回総選挙（大隈内閣）では大隈伯後援会遊説部の実働部隊として全国展開し、怒濤の演説会攻勢によって最大会派・政友会を第二党に転落させ、少数与党の立憲同志会に予想外の大勝をもたらした。新人会や建設者同盟は、さらにその後も大学公認の弁論部・雄弁会を合法的な活動拠点としながら、学内演説会や地方遊説を通して運動の基盤を固めていく。雄弁青年は、当時の先駆的な政治運動の重要な供給源となっていたのである。

なるほど演説活動と政治運動との親和性の高さは容易に想像がつくかもしれないが、しかし、これを主題とする政治史プロパーの研究は意外に少なく、これまで定説もなかったのが実情である。

その中にあって、雄弁青年を本格的に取り上げた［おそらく最初の］研究として、近年の季武嘉也（『大正期の政治構造』吉川弘文館、一九九八年）と有馬学（一九九九年）の功績は大きい。同じ人物や団体なら、すでに宮地正人（前掲書）にも頻出しているが、雄弁青年そのものに対する関心は希薄であった。ただし季武・有馬両氏の師にあたる伊藤隆（前掲書他）は緻密な人物研究の蓄積から、大学雄弁会が政治活動家のプールになっていた点には割と早くから注目していたようである［以上、政治史における雄弁青年研究の「実情」部分については、有馬学氏直接のご教示に基づき筆者の責任で特記するものである］。

政治史の知見を本稿の文脈で理解するために、ここで世代論的な整理をしておこう（表2）。明治四十年代の〈雄弁的＝冒険的なもの〉のひとつの帰結として、第一次世界大戦後に族生した社会改造運動に注目してみる。これは左右を問わず大正・昭和期の政治運動の源流となるもので、そのラディカルな志向性から「革新」派（伊藤隆）と総称されることもある。有馬学によれば、そのリーダー層は大きく分けて二つの世代からなっている。第一世代は一八八〇年代に生まれた人々で、山川均（八〇）・北一輝（八三）・大杉栄（八五）・大川周明・井上日召・高畠素之・中野正剛（以上八六）・荒畑寒村（八七）ら、戦前期の社会主義運動や国家主義運動の大御所的存在がここに入る。また第二世代は一九〇〇年前後に生まれた人々で、前出の東京帝大新人会や早稲田大学建設者同盟など草創期の学生運動を経由して、無産政党運動や労働農民運動のリーダーシップを形成した層が当てはまる。ちなみに日本共産党（第二次＝大正十五年再建）や、それを理論的・精神的支柱として昭和初期にかけて知識階層を席巻した（いわゆる左傾学生を大量に生み出した）マルクス主義

表2　雄弁青年世代の位置関係

生年	「革新」運動第一世代	丁未倶楽部	無産運動指導者（弁論部出身）
1880	山川均		
1881		平野光雄	
1882			
1883	北一輝	尾崎重美	
1884		前田多門、吉植庄亮、栗山博	
1885	大杉栄	青木得三、吉田敬直、益子逞輔	
1886	大川周明、井上日召、高畠素之、中野正剛	大沢一六、寺田四郎	
1887（M20）	荒畑寒村	小沢愛圀、芦田均、田熊福七郎、鈴木堅次郎、宮沢胤勇、（河岡潮風）	
1888		大野恭平、野村秀雄	森戸辰男
1889		西野喜与作、稲田直道、山森利一	河上丈太郎
1890		鈴木正吾、西岡竹次郎	
1891		白須皓、鈴木謙、丹尾磯之助	麻生久、山名義鶴
1892		角谷輔清、室伏高信、武谷甚太郎	亀井貫一郎、加藤勘十、宮崎龍介
1893		内藤隆	高津正道
1894		高橋円三郎、中村三之丞	赤松克麿、三輪寿壮、徳田球一
1895		山下祥一	
1896	（林達夫）	森下国男	細迫兼光
1897（M30）	（三木清）	浅沼稲次郎、河野密、水谷長三郎、小岩井浄	
1898			平野力三、稲村隆一
1899			
1900			田所輝明、三宅正一

※第一世代と丁未倶楽部は、有馬（1999、27～30頁）を参照。無産運動指導者は、野口義明『無産運動総闘士伝』（社会思想研究所、1931年）と一高・三高・帝大・早大・日大の各校弁論部史等を照合。

的な思想運動は、主にそれ以後の世代によって担われることになる。

「革新」運動の第一世代は日露戦争前後に、第二世代は第一次大戦前後にそれぞれ青年期を迎えており、その時代に特徴的な思想形成のスタイルから前者は文学青年、後者は社会青年と呼ばれることもある（内田義彦他、一九五九年）。明治四十年代に中学高等学校時代を過ごした「雄弁青年世代」は大体一八九〇年代生まれに相当する（一八九〇年生まれは明治四十年に、一八九九年生まれは大正五年に、それぞれ十七歳になる）が、この世代はちょうど両者の中間の過渡期に位置している。もっと積極的に言い換えれば、雄弁青年世代は大正期「革新」運動の成立と展開を支える後背地であったとさえ考えられるのだ。

本稿の登場人物でいえば、河岡潮風（八七）と大川周明（八六）は「革新」派第一世代に、三木清（九七）と林達夫（九六）はともに雄弁青年世代に属する。丁未倶楽部の鈴木正吾（九〇）はその中間に位置する。同じく丁未倶楽部のメンバーで生年が判明している三三名（有馬前掲書）のうち、一八八一〜八四年生まれは五名、一八八五〜八九年生まれは一五名、一八九〇〜九六年生まれは一三名であり、「革新」派第一世代から雄弁青年世代をまたぐような世代構成になっていることが確認できる。

さて、雄弁ブームのその後については、土屋祝郎『紅萌ゆる——昭和初年の青春』（岩波新書、一九七八）に興味深いエピソードがある。筆者は第三高等学校入学（昭和四年）以前は『浜口雄幸大雄弁集』を耽読する雄弁少年で、山形高等学校主催の第一回東北・北海道中等学校弁論大会で優勝した経験もあった。三高入学後も、浜口雄幸・永井柳太郎・鶴見祐輔・大山郁夫といった当代の雄弁家たちが京都大阪に遊説に訪れるたびに出掛けて行くが、寮の同室の先輩に「彼らの雄弁術なるものは大正時代の残滓にすぎないよ」とアッサリ片づけられた上に、それでも懲りない土屋少年は「オンチ扱い」されて笑われる始末である。三高生はもう浜口や永井を前世紀の遺物として投げ捨てて、さらにその先へ進んでいってしまっているというのか――。

三木清・林達夫と土屋祝郎はいずれも高等学校入学後に雄弁から離れているが、前者が時代に先駆けて転向したのに対して、後者は気づいたら時代遅れになっていたというのだ。つまりその十五年足らずの間に、教養主義に加えてマルクス主義がユースカルチュアの勢力地図を完全に塗り替えてしまったのである。こうして後続を断たれた雄弁青年世代は、登り切ってから梯子を外された形で世代的孤立を余儀なくされた。結果として、後にも先にも例のないユニークな世代として保存されることになった。

4　おわりに――明治五十年・大正六年・一九一七年

本稿で「明治四十年代」という場合は、途中で元号が変わっていなければという仮定のもとに、明治四十九年＝大正五（一九一六）年までの十年間を意味している。河岡潮風が編集に駈け回り中学時代の三木清と林達夫を虜にして青年たちを社会改造運動へと駆りたてた〈雄弁的＝冒険的なもの〉は、まさに明治四十年代の所産であった。あるいは、時代区分をそのように再定義してみると、逆に色々なものが見えてくる。

例えば、後に「膨張主義の原型」(神島二郎)として遡行的に再発見される巖谷小波の『桃太郎主義の教育』は明治四十八年に発表されたものだが、この桃太郎主義などは〈雄弁的=冒険的なもの〉の教育版として読むことができる。巖谷小波は童話作家として有名だが、河岡潮風が雄弁関係記事を寄稿していた明治四十年代初頭の『中学世界』の編集長でもあった。他方、翌明治四十九年に発表された徳富蘇峰の『大正の青年と帝国の前途』は同時代の青年論として今でも参照され続けているが、雄弁青年世代の成長の帰結をどこまで予測できていたかは疑わしい。

ロシア革命がちょうど明治五十年に起こったのは年表的には偶然の一致であるが、冒険的な想像力一本でやってきた明治四十年代の終焉という意味では象徴的である。しかしこの直後、堰を切ったように族生した社会改造運動が、明治四十年代という準備期間を前提にして初めて理解できるものだとすれば、〈雄弁的=冒険的なもの〉が現実の社会をもまき込んでいく「はじまりの年」でもあった。もっとも、小波や蘇峰を含む同時代の識者には青天の霹靂に映ったことだろう。

分類と数字のオモテとウラ

文部省教学局『学内団体一覧』（昭和十五年）は、戦前期の大学・高等学校・専門学校の学内団体の概況を知るのに便利な資料である。読み方によっては、歴史社会学の格好の練習問題にもなる。

まずは巻末の「（二）学内団体ノ学校種別及内容別ニヨル統計」を見てみる。分類項目は、団体総数の多い順に「体育・親睦・趣味・研究・文芸・宗教・国家主義・弁論・修養・福利事業」および「其ノ他」からなる。「弁論」が、親睦でも趣味でも研究でも修養でも其ノ他でもなくて、それらとは独立した（他とは明確に区別される）項目である点に注意したい。

各項目についてさらに下位に分類した集計表が次の「（三）各種団体ノ内容別ニヨル統計」であるが、「弁論」にだけは下位分類がない。つまり、戦前期において弁論部は自明の（それ以上の分節化を要しない）存在であったのだ。

また弁論部は一校に二つ以上存在しないから、調査校数と団体数から普及率を計算できる。大学四九校中三八校（七七・六％）、高等学校三二校中三一校（九六・九％）、専門学校一五六校中六七校（四二・九％）――これは「弁論」が下位分類なき独立項目となるのに十分な数字だろう。弁論部の普及率は高等学校において最大となる。

弁論部が高等学校文化の重要な位置を占めていたのは間違いないが、『一覧』の客観的数字は一時点のものに過ぎない。そこで各学校史を繙き時間軸で展開してみると、最初から自明のものとして弁論部が置かれるのは、大正後期の高等学校増設期になってから。明治期に設置された官立ナンバー校の弁論部には、校友会組織の加盟認定に手間取ったり名前や性格が途中で変わるといった草創期特有の紆余曲折があった。明治四十年代の雄弁ブームは、ちょうど草創期と拡大期の狭間に位置することが分かる。

さらに、こうした量的拡大と制度的定着の裏側では、本章で述べたように、〈雄弁的＝冒険的なもの〉との関係において迂回・転向組と増幅・尖鋭組へと分化していくプロセスが進行していた。雄弁が大衆化する昭和初期には、おそらく学校の種別や段階によって幾つもの断層――『一覧』からは不可視の断層――が走ることになるだろう。

第三章　書生風俗と身体

井上好人

1　はじめに

坪内逍遙の小説『当世書生気質』は、ある私塾の書生たちが飛鳥山で「大運動会」に興じたあとの場面から始まる。

「咲乱れたる桜の木蔭《こかげ》に。建連ねたる葭簀張《よしずばり》も。ゆふぐれつぐる群鳥《むらとり》と。共に散りゆく花見客。休らふ人も漸々《やう〳〵》に。稀《まれ》なる程の詠《ながめ》こそ。また一層《ひとしほ》ぞと打《うち》つぶやく。しず心ある風流男《みやびお》あれバ。あたりかまはぬ高吟放歌。相撲《すもう》綱引き鬼ごつこ。飲みつ食《くら》ひつ此時まで。興に乗じて暮《くれ》初《そむ》る。春日わすれし一団《ひとくみ》あり。人数《ひとかず》およそ十人あまり。皆十二分に酔《えひ》どれたる。皃《かほ》に斜陽《ゆふひ》の映《てり》そふれば。さるに似たれど。去りかねて。臥転《ふしまろ》ぶ人。扶《たす》くる人共によろめく千鳥足。あしたの課業の邪魔になる。起《おき》たまへとの一言にて。いよ〳〵書生の花見ぞとハ。いと明らかにぞ知られける。

此一仲間ハ。さる私塾の。大運動会の。居残《ゐのこり》と見えて。かなたにハ。空虚《から》になつた菰被樽《こもかぶり》の記念碑あり。こなたにハ。竹皮包の骸《しがい》が。杉箸《すぎばし》と共に散乱たり。酒を余りに嗜《たし》まぬ者や。深く沈酔《えひどれ》ざる書生輩ハ。おほかた帰りさりし跡と見えたり。」

「さる私塾」の「書生」とは、坪内自身の東京大学在学中（明治十一年～十六年）の書生たちがモデルとなっている。桜の咲き誇る季節に花見とも風流とも言い難く、高吟放歌して、競技といえば相撲や綱引き・鬼ごっこ、大いに興じ、飲んで食べているうちに日が暮れるのを忘れた書生たち。とっくに空になった酒樽に大書された記念碑、あたりに散乱した竹皮包や杉箸の残骸が、一応はまとまった学校の催しであったことが推察される。

しかし、ここで私たちはこの風景がなにやら妙なものであることに気づく。それは、「花見」と「運動」という現代の我々からすれば相容れない要素の奇妙な共存である。これは暴れ書生たちの乱痴気騒ぎにすぎないのか。そう結論づける前に、なぜ我々はこの光景を奇妙だと考えるか問うてみよう。その答えとしては、まず、我々は風流＝女々しい・軟弱な趣味／豪胆＝猛々しい・硬派な気構え、という区別を無意識に行なっており、これらの混交はあり得ないものだと思い込んでいること。第二に、「運動」＝真面目な身体鍛錬、という捉え方のせいで、酒を飲んだ上での不規律的な動作・不真面目な態度は「運動」とは呼べないと考えていること、であろう。しかし、我々の連想は当時の人々にも共有されていたのだろうか。例えば、幕末の頃、緒方洪庵の塾に身を寄せる書生といえば不規律、不整頓、乱暴狼藉が定番であったが、三月の桃の季節、大阪城東の桃山へ花見に行こうという相談、さっそくまとまり、前日の晩に魚の残り物や氷豆腐、野菜などを買っておき、当日の朝早くから折詰めをこしらえておよそ十四五人の仲間で連れ立ち散々に飲み食いして……（福沢諭吉『福翁自伝』）、という風景には風流と豪胆の矛盾は感じられない。

また、花見や月見、納涼《すずみ》は、単に民衆の気晴らしや四季の楽しみとしてだけでなく、散歩や遊歩の一環として、さらには「鬼ごつこ」などを交え当時の養生法として機能していたらしい。花見客の次の会話を見てみよう。

「幸ひ花見連も。よほど散じた様子だ。一番ずつと若返つて。鬼ごつこでもはじめやうか。ドウダ。小年《ことし》も田の次《たじ》も。仲間へ這入《はい》んな。運動になつていゝぜ。」「いま鬼ごつこをしておくとお座席《ざしき》で転ばない稽古《けいこ》になるよ。」（注：［小年］と［田の次］は芸妓）

花見客のいう「運動」とは現代的な意味での身体鍛錬を意味しない。「遊歩」と書いて「うんどう」と読ませている箇所（「遊歩《うんどう》に便宜なる場所」）もあることからして、むしろ身体鍛錬とは異なった概念であった。すなわち、節制や根性ではなく、むしろ「高吟放歌」や「飲みつ食《くら》ひつ」気ままに時を過ごすことのほうが彼らにとってお似合いの表現なのだ。「楓葉《もみじ》の遊覧」をかねて「運動のため散歩」を「人力車にて飛鳥山の麓までゆき。わざとそこより人力車をかへして。ぶらりぶらりと瀧の河の辺をそゞろあるき」することは、身体と自然との調和的な関係に基づいている。このような状況では、大地を踏み鳴らし駆けるといった引力に逆らうような身体動作がなく、また歩調の正しさよりも気分にまかせる不規律非律動的な歩きがより風雅である。

このように、書生たちの「運動会」は近世以来のお花見の習俗と養生法が色濃く残りつつ、近代的な身体鍛錬の要素も混じり合ったものであることが推察できる。このような近世と近代の〝奇妙な接合〟のかげに、身体観・道徳観をめぐる葛藤はなかったのだろうか。また、やがて学校生徒の気質や身体を対象に行なわれる風流＝軟弱、豪胆＝蛮風というレッテル貼りがどのような構図のもとで行なわれ、今日のような「運動会」へと収斂していったのだろうか。そしてこの過程で、「書生」ではない「学生」という新しい社会的カテゴリーがどのように枠付けられていったのだろうか。

小論では、小説『当世書生気質』（以下、『書生気質』と略記）を題材としながら上記の課題に迫ってみたい。人物設定と彼らの行動と思考の姿には、まさに「書生」から「学生」への過渡期にさまざまな言説の狭間に位置する書生たちの葛藤の様子が透かし見えているからである。彼らの悩みはまた、江戸趣味に焦がれて田舎から上京し、「書生」社会に身を投じた坪内自身の置かれた実際の葛藤でもあったからである。

2　「運動会」と称した飛鳥山での大騒ぎ

『書生気質』の冒頭でスケッチされた明治十年代の「運動会」は、現代まで連綿と続く運動会の歴史の中でどのような位置を占めているのか。ここではその形態に着目して考えてみたい。小説では書生たちが興じた後の光景が述べられている程度にすぎないが、幸いにして明治十七年の東京専門学校の「運動会」の記録（『半世紀の早稲田』）によって、会場の飛鳥山に至る道中がどのようなものであったのかが窺える。

それによると、道中はさまざまな異様な扮装に旗や流しを連ね、洒落や政治的皮肉さえもたっぷりの練り歩きであった。まるでお花見での洒落を極めた仮面やいでたちを彷彿させるようである。白い襦衣《はだぎ》をインクで様々に彩色して着ている者がいるとおもえば、「阿世の徒を筆誅する筆」という三間もある筆をこしらえ担いでいる者、「天下を蹂躙する鞋《わらじ》」という五尺もある大草鞋を背負っている者、賄夫《まかないふ》までもが大はしゃぎで二丈もある熊手（学長の大隈重信を揶揄する「大隈出」という洒落）をたずさえていた。そのほか大旗小旗幾流しとなく連なり、その旗面には「慷慨悲憤」の文字が大書され、多分に政治的色彩さえ帯びていた。

つまり「運動会」は会場までの行列にも意義があるのだ。自己表現のためのアイテムは彼の趣向を凝らした服装のみならず、手にしたり背に負うている様々な旗や幟、凝物に書かれた文字にも依っている。近世のおかげ参りなどの行列で同じように幟を押し立て、卑猥なものの絵を掲げたり「思い思いのたわけた趣向」（宮本常一『シリーズ 旅と民俗と歴史 伊勢参宮』八坂書房、一九八七年）を凝らして道中を楽しんでいたことを思いおこせば、その再現であるかのようにも見える。行列に加わる者の所属も雑多であり、書生たちの学年や所属専攻の区別はおろか、賄夫などとの区別も取り払われている。大隈重信でさえここでは揶揄の対象として成り下がっているのである。

ところが、このような成員身分の階梯秩序をわざと曖昧にした参加の平等性・開放性の表明は、必ずしも近世の民衆文化の再現というばかりではない側面がある。それは、「運動会」が「会」組織によって運営されていることの意味である。そもそも「〇〇会」と称する集まりは、西洋から移入されたもので書生社会を中心に当時流行していた。「親睦会」「送別会」「演説会」「相談会」「菓子会」「討論会」「玉突会」「納涼会」などさまざまな催しのための「会」が組織されたが、「講」や「社」、「党」とは少し語感が異なっている。つまり、後者ならば伝統的に相互扶助や内なる結束を含意しているはずである。例えば、内村鑑三や宮部金吾ら四人が札幌農学校入学前に東京で組織した仲間集団は「力行社」（明治九年）であり、「身を立て道を行ふ」ことを互いに誓い合うまさに〝結社〟であり、また、坪内逍遙らの風流遊びの「花暦講」（明治十四年）は、歴史研究の目的で作られた同学年組織「月一会」のメンバーのうち、蛮カラ書生の「紺足袋党」に対抗して「白足袋党」として江戸文芸趣味に耽溺して気取ってみせようとする態度がある。この「花暦講」は、桜花の下を仮装し、茶番を演じ、駄洒落を連発するような文人の遊楽を理想としたもので、折々、墨陀川の堤で往来の雑踏に混じって竹林的遊びに興じ、夕日が山の端に落ちるのも忘れて打ち講じたという（『梧堂言行録』）。

これに対して、「〇〇会」という言葉の基調となっている精神は〝親睦〟である。すなわち「会」とは「動もすれば打寄りて業體を議し、或は學事を講じ、或は奮義を謀り、或は公益を興す等、種々の性質により集會すること、是一の舶来の流行もの、如し。而して、各集會の最も缺べからざる精神と謂ふべきは親睦にあり」（石井研堂『明治事物起原 上巻』春陽堂、一九四四年）とあるように、アドホックな緩やかな組織、参加者同士の対等の立場、開かれた門戸、自由な議論など、西洋の文明社会での人間関係を真似てみようとする新鮮な語感を伴っているのである。彼らは何かにつけ「〇〇会」と銘打ち相集い、議論し、浮浪し、酒を酌み交わした。こんな歌も流行っていた。

「かいかい盡しで言はうなら　大きな貝なら法螺の貝　小さな貝なら蜆《しじみ》貝　當時はやるは懇親會　又もはやるは演説會　國會開設まだのかい　戦するかい死ぬるかい……」（『兵庫県御影師範學校創立六十周季記念誌』）

しかし一方で、「会」組織の開放性と〝境界のあいまいさ〟は、あまりに雑多な価値観をそこに投げ込んでしまい、互いの矛盾や対立・葛藤を際立たせる危険性を伴っていた。揶揄や風刺が政治社会へと向けられ、自己の示威的エネルギーが痛烈な皮肉や議論、時には暴力となって表出される。当時流行した「演説会」もその賑わいの中に混乱をあわせもっていたように、「お花見」から「運動会」への移行は、「会」集団の規模の拡大につれて、騒擾や乱痴気騒ぎとしての様相が強調されるきらいがあった。

やがてこのような趣向の「運動会」は、明治十八年、東京府知事名で制限・禁止される。「運動会」や「旗奪い」あるいは「体操」を銘打ち、多人数酒を飲み、路上を横行し、甚だしきは瓦礫を人家に投げつけるような行為は、「徳」を修め「智」を磨くに相応しい振る舞いとは認められないというのである。

「諸生ノ学ニ就クヤ徳ヲ修メ智ヲ磨スルニ外ナラザル儀ニ候處或ハ運動会ト號シ或ハ旗奪ト唱ヘ、皆其名ヲ体操ニ籍リ、多人数相群リ酒ヲ飲、気ヲ使、街上ヲ横行シ甚シキハ瓦礫ヲ人家ニ抛ツ等之挙動決メ不相成深ク謹慎ヲ加ヘ孜々修業可致旨公私学校ニ厳達ス可シ此旨相達候事但シ真ニ体操運動等ノ為多人相集ルトキハ必ズ教員等ヲシテ臨視取締ヲナサシムベシ　明治十八年一月廿三日　東京府知事」（『青山師範学校沿革史』）

それから三年後の明治二十一年、明治法律学校（現・明治大学）の「運動会」は次のようなものであった。五月の日曜日、早朝から駿河台の学校に集合。股旅、脚半、草履、襷がけなどの勇ましい扮装をして午前五時にはすでに一千人もの参加者。隊伍を十部に分け、各部は真新しい色分け帽子を被り記章として区別される。会長以下、幹事兼審査委員、またそれぞれの部には幹旋員が定められている。行列の先頭には「私立明治法律学校大運動会」と大書された大旗が押し立てられ、次に寄宿生の寄付した中旗、そして各部の色分けられた旗が続く。数挺のラッパの音に歩調を合わせながら各部の色分けられた帽子が陸続と押し出されていく様はさながら「アルヘイ糖」の行列のように目覚しく、時々の喚声は勇気を鼓舞するものであった。午前七時三〇分、会場の飛鳥山に到着。前夜から出張員によって準備されていた陣屋にて暫時休憩。その後、簡単な式のあと競技開始となった。競技の模様は以下の通りである。

「先つ第一部青帽と第十部紫白帽との縄引を始め各部順次に之を試み各々勝敗あり。其勝を得たる組へは蜜柑数箱を与ふることなれば勝ちたる組は意気揚々として我が陣所に凱旋し各々分ちて先づ渇を止むるも敗を取りたる組はシホ〳〵として陣所に帰り只自己の指頭を舐ぶりて悔むのみ。縄引終りて十時頃写真場の準備も整ひたれば一同山北の崖頭に於て撮影せり。写真師は早取りの技術に名を博したる浅草公園の江崎禮二氏にして折能く天気合も追々晴れ来りたれば撮影は例つもながら鮮明に出来たり。終りて各部より数名宛を出して競走を為す。走場は百五十間の楕円形にして最も早く一回したる者を以て第一となし第三迄を勝者と定む。競走数回各部互に勝敗あり。終りて本部より昼飯を供し暫時休憩の後各部投毬の競技を為す。其順序賞品等は縄引の時に異ならず。是亦互に勝敗あり。又各部より企望者を撰みて棹飛、角力等の競争を試む。棹飛は横に縄を張り之を飛ひ超ゆるの趣向にて卑きは六尺に始まり最も高きは九尺に至る。然るに各級共に難なく軽ろ〳〵と之を飛び超ゆる者ありしは天狗の再生にてもあるべき乎実に驚くべき技量と謂ふべし。角力は高砂浦五郎の部屋より行事二名を雇ひ来りて正式に勝負を決したれば角力者中々「ウツカ」と出来ず各々真面目にて勝負を争ひたれば中には余程目覚しき角力もあり当日の競技中最も見ごたいありて面白きを感じたり。角力は数十番ありて最も多くの時間を要し漸く午后四時頃に取切り是にて当日の競技は全く終りたれは本部より自由解散の令を発し会場を引払ひたるに同五時頃なりし。」(『明法雑誌』第六〇号、明治二十一年五月二十日)

当日、怪我人が数十人あったが重傷者もなくあらかじめ同行してきた医師の治療もあった。また、競技の総合順位を二十等までランキングをし、時計、毛布などの日用品から専門書までそれぞれの等級に応じて与えられた。近隣の町や遠くは横浜からも見物人がつめかけ、茶屋なども数カ所でき飛鳥山は桜花の時節が再来したかのような盛況となった。

競技では楕円形のコースを走る徒競走や棹飛などが加わり、アスレチック・スポーツとしての「運動会」の要素が多分に入り込んでいる。あらかじめ人工的に設置された走場で大地を踏み込み、棹飛では大地を蹴り上げ空に舞う。「天狗の再生」という比喩は、日常にはない身体動作であることに対する素直な驚きである。書生たちは酒を飲まない、「蜜柑」で喉の「渇きを止むる」。もはや「思はず酒に酔倒れて……」と酒によってハレの場を演出し身体を地に這いつくばせるような緩慢な身体ではいられない。真面目な競技への真摯な動作こそが大勢の観客の目を歓喜させるのである。また、競技のみならず道中の変化にも注目される。一千人を十部に分けそれぞれ所属別の旗を割り振り、さらに個々の身体を色分け帽子で「分類・編制」し「規律」を正す技術の登場。会場となる飛鳥山までの「アルヘイ糖」のような「行列」。ラッパの音が身体に律動を刻み、これに合わせた動作は帽子の色彩が奏でる幾何学的模様の美しさを輻輳させる。個々の示威や語りではなく、一斉の動作やリズムが人々の注目するところとなる。桜花の代りに〝書生の身体〟という新たな「見られる」対象の出現が、再び飛鳥山に盛況をもたらしたのである。

このように、明治十年代の書生たちの「運動会」は、近世文人趣味に憧れこれを再興させようとする「花暦講」的な風流遊びの次元から、近代西洋的なアスレチック・スポーツへ移行する過渡期にあって、それら二つの対照的な文化を混在させるなかで独特の書生風俗を花咲かせていたことがわかる。それは結社的な「講」や「社」集団ではなく、また〃分類〃と〃編制〃によって色分けられる秩序づけられる「組」でもない、多くの人々に開かれた集まりとしての「会」によってである。しかしその風俗は、未だ「学生」という用語が一般化されていない時期にあって、身体観と道徳観についてのさまざまな価値観や言説が交錯する中でのいわば妥協的な選択であった。小説中でも彼らは自らの地位の曖昧さを自嘲的に語る。すなわち「月とスッポン」の例として「龍動《ろんどう》のニウスに東京の新聞。日本の書生に英国のスチユウデント（学生）」と。では、日本の「書生」は、一体いかなる点において「スチユウデント（学生）」と異なっていたというのだろうか。また、「書生」から「学生」への道のりには、どのような困難が待ち構えており、そしてどのように乗り越えられようとしたのだろうか。

3　書生の身体は弱かった？

そもそも「運動会」はアスレチック・スポーツとして日本の学校に紹介された。明治十一年五月、札幌農学校で催された「遊戯会」である。札幌市内の道路にラインを引いたコースで行なわれた「三段跳（ホップ・ステップ・ジャンプ）」、「半英里競走」、「袋競走（サックレース）」などの競技は、同校のアメリカ・マサチューセッツ州アーモスト大学出身のお雇い外国人教師たちが母校のアスレチック・スポーツの種目をそのまま踏襲したものであった。西洋からの一連の身体文化移入の端緒である。というのも、アーモスト大学での「体操術」導入の目的が、生徒の夭折の防止、頭脳能力の向上という身体改良にあり、さらに「酒を飲み或いは衣服容貌を飾るの風大に流行」している「悪弊」を防止する風俗改良のためであったからである。そこでは、年一回の参観者を招いた「生徒臨時体操術の周覧」が行なわれ、百ドルの賞金を懸けて日頃の身体鍛錬の成果を競ったという（「體操傳習所訓導米人リーランド氏ヨリ同所長伊澤修二ニ呈セル意見書」）。このようなイベントを、札幌農学校生徒が「遊戯会」と訳したのである。

果たして「遊戯会」は書生たちにとって、原義どおり〃身体鍛錬〃の場だったのだろうか。志賀重昂の日記に、明治十五年の「遊戯会」の新しい種目を生徒たちが相談して決めている様子が記されている。

「遊戯會云々の報告来る。予新奇の題五箇を撰みて曰く、(一)餅播きは如何、(二)駄毬は如何、(三)豫科の小僧をして子供角力をとらせる如何、(四)豕（豕か價高ければ犬にてもよろし）を逐ふ如何、(五)遊戯後孔子哲学士連をして踏舞せしむべし。」（「札幌在学日記」明治十五年三月十八日の記事）

これらの提案のうちどれだけ実現したのかは定かではないが、書生たちは〃競い〃ではなく〃運〃や〃偶然〃を、鍛錬の成果ではなく近世から伝わる神事との関わり、あるいは「芸」としての身体表現を期待している。アスレチック・スポーツといっても彼らにとって一風変わった〃遊び・戯れ〃に過ぎなかったのではないか。言いかえれば、初の「遊戯会」から四年も経った頃には、

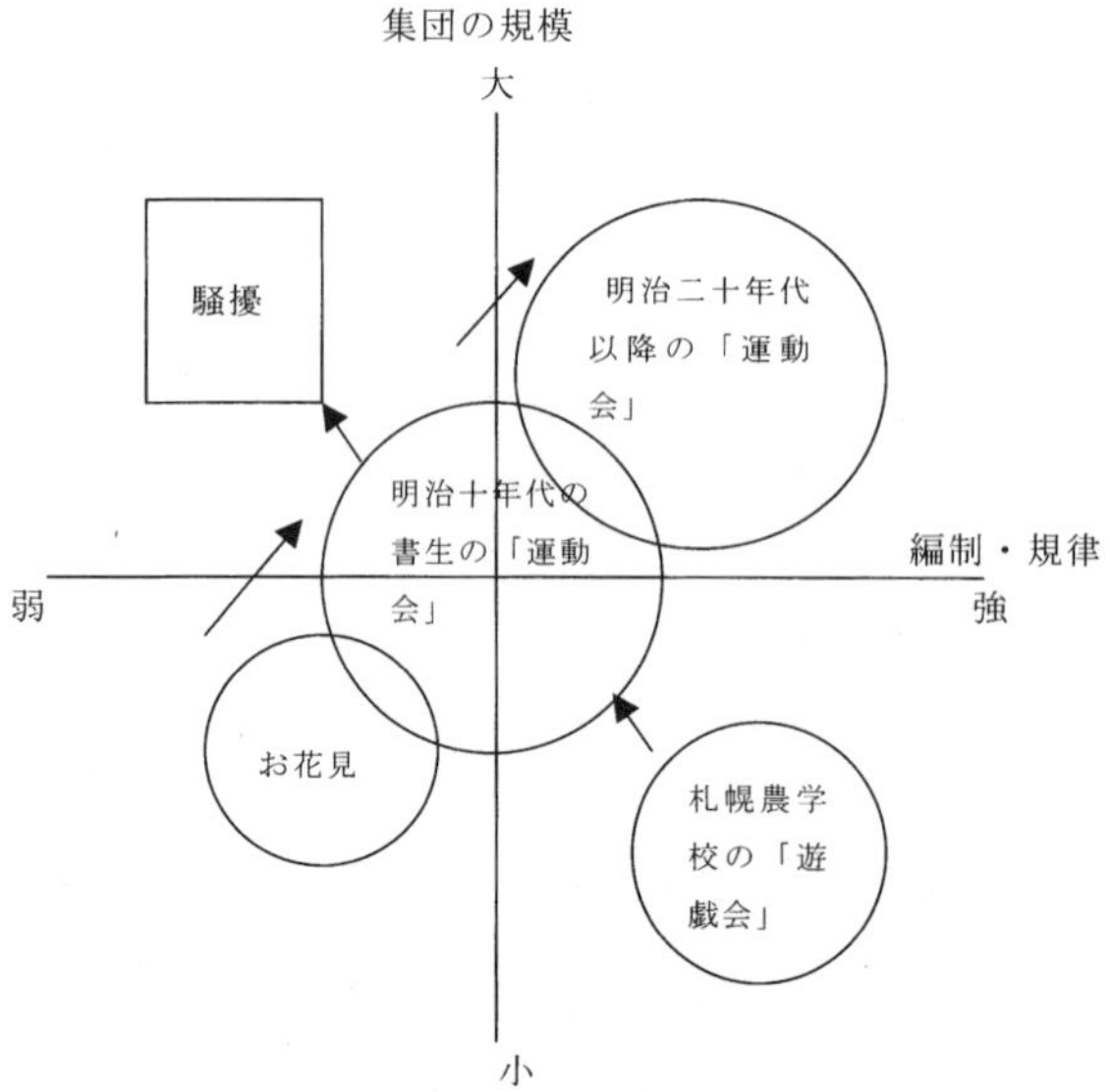

図1　運動会の変遷

彼らの身体は知らず知らずのうちに鍛錬的な身体観に逆らうようになっていたのだ。「アスレチック・スポーツ」＝「遊戯会」とした翻訳の微妙な食い違いには、外国人教師が意図した近代西洋的身体と伝統的身体の乖離が表われているように思われる。

　では身体鍛錬はカリキュラム上で行なわれていなかったのか、といえばそうではない。明治十二年以降、週二時間の「練兵」の実施。銃を携帯して背嚢を負って隊伍を組み、市街や近隣の農村を武装行進して巡る。それでも期待された成果はあがらず、逆に、生徒の「軽躁浮薄」が懸念問題として浮上する。明治十三年度は病気による欠席が開校当時よりも上回った。その原因は書生たちが文弱に流れ、身体を鍛えて強壮に作り変えていこうとする意思が少ないからだとされ、運動能力において芳しくない生徒の欠席率が高いことが統計的に示された。ダンベル、バーベル、マットレスといった体操器具や生徒用「靴」が購入され「体操術」がカリキュラムに加えられた。

ところが、明治十七年になっても書生身体の改良は全く進まなかった。運動緩慢、身体軟弱、疲労甚だしく休憩を乞う者、脱水症状を引き起こす者も出る始末。主知主義が批判され、演武に気持ちが込められていないからだとする精神論も持ち出される。「嗚呼命を奉し教練を始めて以来殆ど四十余日に至るも身体前日に異ならす、且つ実科の進歩も為に薄らしむ」と兵学教師・高田信清は嘆いている。

『書生気質』でも、書生たちの身体は柔弱である。「方今の書生輩ハ、皆顔色《がんしょく》が生白うて。恰《あだか》も日陰の唐茄子《かぼちゃ》。イヤ冬瓜《とうがん》のやう」な身体であるのは、むやみに学問をして不健康にしているためで、しかも婦女子と交際してますます「文弱の風」を増している……というのが人々の彼らへのまなざしであった。このような言説の背景には、近代的な身体観の導入によって身体を見る者のまなざしの変化があろう。身体状況は「活力統計表」などの科学的合理的方法で記録され把握されるとするのがその理念であるが、判断の基準はあくまで人間の目という尺度のうつろいやすい代物であるからである。書生たちの身体の近代化は遅々として進まなかったが、彼らを見る為政者や教育関係者、言論界のまなざしの近代化は身体に先行してしまっていたようだ。

では、本当に書生の身体は柔弱だったのだろうか。残念ながらこのことを検証する客観的資料はない。が、書生身体が「体操」や「教練」の示す近代的身体観に適合的であったのかあるいはそうでなかったのか、についてはある程度推測できそうだ。

三宅雪嶺の回顧によると、士族出身者でさえ、気質こそ「事があれば刺し違える意気」をもっていたが、撃剣などの身体鍛錬の経験は意外に乏しかったという（『大學今昔譚』）。明治十五年当時、札幌農学校では士族出身者の割合が八三％（四四／五三名）であること（明治十五年度「本科生徒姓名表」『北大百年史 札幌農学校資料（一）』より算定）を考えると、同校の書生身体に対する失望と嘆息はおおむね士族の若者に向けられていたことがわかる。

しかし身体の強弱それ自体よりもっと問題だったのは、集団としてのまとまった演技・訓練という発想がそもそも士族のみならず日本人には無かったことである。書生たちの行なう運動といえば、運動場にある体操機械で個々に「遊び戯れ」たり「三々五々遠足」するのがせいぜいで「団体的に運動するやうなことがない」という三宅の証言どおりである。なぜこの発想の差が重要な意味をもってくるのだろうか。

そもそも近代西洋的身体は、「完全の人」（ジョノホット『教育新論』）の陶冶を狙ったもので、武道や球技などは肉体の偏った部分しか使用しないという理由で正統とは認められず、行進や走駆、高跳などの陸上競技種目こそ相応しいものとされた。「活力統計表」が作成される理由は、食事の量、身長、体重、肺活量、上臂圍、下臂圍などの各部位を数値化し、一覧表で示し、個人間で、あるいは個人内で比較にさらし凹凸を際立たせるためである。そして、その後に身体総体を調和的に組み立てようとする。

「新法の體操によりて左右両手同等の使用を得しに因り勃然発育の効を顕ししものに非るを

得ん是れ適當の體操法は身体各部皆同斉の発育を得せしめ完全の人物を造成し得べきの一證なれば懦夫を変じて壮士となす亦何ぞ難らん。」（伊澤修二「體操伝習所報告」明治十二年）

どんな「懦夫」であってもたやすく「壮士」に変容可能だというのだが、そのためには対象と技法についての新しい流儀が必要である。まず、対象が個人ではなく集団が単位とならなければならないこと。しかも常に「規律」を保ちながら行なわなければならないこと。この状況では個人の身体は、共同的な一斉の動作によって全体の調和が保たれるように一つの部品に成り下がるが、しかし一方では「相互同感の情」によって生じる権威を奉戴できる身体であるともいえる。次に、そのために「運動会」の仕組む戦略は「編制」である。「講」や「社」などの気の合う小さな仲間集団というよりはむしろ、匿名的な個人の群れる集団の方が効力を発揮する。この大集団にあっては所属別に分類・編制がなされ、それぞれが赤や白の帽子をかぶったり肩から襷をかけたりして彼の地位が表示される。それゆえ、この〝表示〟や〝編制〟が個別的で示威的な身体の美学を蔽うようになってしまうからである。（「編制」概念については、拙稿「明治前期の学校管理法における「編制」概念—新しい身体の発見とそれへのまなざし—」『金沢経済大学論集』第三三巻第三号、二〇〇〇年三月、で考察）

4 「放蕩連」と「腕力党」、あるいは状況適応派

書生たちが近代西洋的な身体に反発する感情はいったい何に基づいているのだろうか。逆に同調する書生たちの言い分は何だったのか。心情面で彼らの置かれていた葛藤を検討してみよう。

一般的な風潮としては、洋行を志しいずれ官吏や政治家へ、あるいは事業を起こすべく立志の機会を窺っていた多くの書生たちにとって、身体を酷使し筋肉や骨格を強壮にすることは、兵士になるならいざしらず、不必要で無意味なことであった。しかも新奇な西洋文化であれ、近世の江戸文化であれ、そういう都会風の文明への憧れを懐いて上京してきた書生たちにとって、武芸など近世の陋習として廃されるべきものであり、いやむしろ「武を賎しむの風俗」(福澤諭吉)さえ漂っていた。『書生気質』の議論でも、「体操と研学とは、まるで相反する性質のものに候えば、深沈なる講学に伴うに、過激なる運動をもってするは、あるいは当を失したるにあらざるか」という疑問が表明されている。つまり学問成就のためには身体鍛錬がかえって害になるという素朴な観念なのである。

したがって、登場人物の半数は鍛錬に無縁である。主人公「小町田」がその典型であり、彼は色白・中背の痩せ型で、鼻高く眼の涼しい「校中の好男子《いろおとこ》」であるが、肺病か胃病の気があるのか顔色は青ざめ、「センシブル」で「アイデヤリズム(架空癖)」もある。また、「ブック(書物)」と首ッ引」である「守山」の「顔色も憔悴して。肺病の徴候が見える」のである。彼らは鍛錬をどのように考えていたのだろうか。このあたりの事情を「任那」は次のように論じる。彼は、「体操」の益

を五感の神経過敏を鈍くし「架空の想像」を抑える働きがあり、これは「体操」以外にその方法がないと認める一方で、その害を「動作おのづから麁暴《そぼう》に流れて。学生の気象荒々しくなり。折々街頭にて争闘などを引起し候事なり。town《タウン》（町人《まちにん》）とgown《ガウン》（学生《ながそで》）との喧嘩ハあまり下さらぬものにて候」と批判している。しかし、書生身体の現状はといえば、それまで「体操」を怠ってきたために「顔色どれもこれも憔悴して宛然《さながら》幽霊を見るが如し」と憂いているところをみると、立場は揺れている。

一方、身体の鍛錬に同調する書生たちは、意外にも士族的身体の再興を前面に打ち出している。「頑固連《がんこれん》」や「腕力党《わんりょくとう》」の連中をはじめ、「研剣会」を創立した［桐山］がそうである。白地の単衣に白木綿の屁子をまきつけ地味な格好の彼は、柔術をやり部屋には竹刀をたてかけている。「どうも東京辺のやつハ柔弱でいかん。ほとんど婦人と一般だ」と、むやみに学問をすることから生じる不健康を危惧し、女色を絶つ禁欲主義（むしろ男色に溺れることは肯定している）とそのための威厳を保つ身体鍛錬をモットーとしている。ただし彼の「腕力主義を拡張」するために持ち出す論理は、封建思想ではなく、「マイト、イズ、ライト」という優勝劣敗思想（社会ダーウィニズム）であり、「腕力ハ野蛮」という観念に異を唱えていることに注意したい。

「腕力党」に対立するのが、「放蕩連《ほうとうれん》」の首領で絹の袴に駒下駄を履いた洒落者の［継原］とそのシンパである［倉瀬］である。「よしんバ頑固連や石部党《いしべとう》が。何といはふがノウ。マツタア（かまふもんか）時々にやア酒も飲むさ。プレイ（放蕩《あそび》）するもいゝじやアないか。人の犢鼻褌《ふんどし》で角抵《すまふ》をとりやアしまいし。浩然の気を養ふのに。何の憚《はばかり》があるもんか」という［倉瀬］の言葉に鍛錬主義への抗議が言い表されている。このように、身体の所作をめぐっては、鍛錬か非鍛錬かという葛藤のほかに、情欲をめぐる葛藤も絡み合っているのだ。すなわち情欲を肯定する態度とこれに対して「啓蒙家」による禁欲的な態度との葛藤である。

そして、この葛藤の狭間で揺れているのが主人公の［小町田］である。東京の小官吏の息子で、学才も乏しからず品行もあやしからぬ、いたって真面目な性格の彼であるが、幼なじみの芸者［田の次］への恋心から迷い鬱ぎみになっているのを「放蕩」であるとの批判にさらされている。そんな彼に好意的な［倉瀬］は、恋に悩む［小町田］にけしかける。「頑固党が二三度攻撃をしたからッて。それで恐れ入ッてしまふ位なら。断然絶念してしまふがいゝ」と。また、［小町田］と逆の立場で悩んでいるのは［須河］である。彼は「あんな放蕩連ハ悉く追払ふてしまふがえい」と「放蕩」には批判的で、事業をおこすために婦女子を遠ざけようとしているが、これは［桐山］の説の受け売りであり、放蕩連の首領格の［継原］にひっぱられて登楼してしまい自己嫌悪にかられている。色恋には慣れない土佐弁の訛りを話す武骨者で、書物をたくさん読むわりに「いわゆる思想のない男」なのである。

ところで、鍛錬・禁欲主義と非鍛錬・情欲主義との対立抗争を横目で見ながら、どちらにも適度に同調しつつも距離を置く書生の存在がある。［山村］は浄瑠璃の真似や声色で役者の身振りをするのが得意でしばしば登楼する「淫蕩学の博士」である。しかし、彼は「放蕩連」の仲間になりながら、「腕力党」の賛成者でもある。校内のアラを捜して人に言いふらし、校長にはおべっかを使うという処世術に長けた状況適応派である。また、［任那］は色黒で骨組みの逞しい男で肉体派の印象があるが、常はぶらぶら遊んでいるくせに試験には優等の点をとる、馬鹿な口ばかりたたいているかと思うと高尚な議論もできる「磊落《らいらく》な奇人」として描かれる。彼は対立の裁定役として上位の立場を演じようとする。まず彼は、書生たちをひっくるめて、「柔弱にあらざれバ麁暴《そぼう》。懶惰《らんだ》にあらざれバ病人。或ハ花柳界にあくがれあるきて。学生の本分を誤るものなり。或ハ磊落を粧《よそほ》はんとして。軽操過激なる振舞をなすあり」と断罪する。そして西洋文明の長所を採用し日本の伝統の短所を補えば、堕落問題も「これ一時の弊のみ。力《つとめ》て矯正せば年経て醫すべし」と解決し「善美の大学」に変革できるというプランを提示するのである。しかしこのプランは［小町田］の「いたづら書《がき》の空論」という素っ気無い批評でわかるようにまともに相手にされない。

［山村］や［任那］とは対照的に［守山］は、鍛錬には無縁であるが、放蕩には無縁の禁欲家である。威儀があって沈着な性格の勉強家で、「兎角《とかく》世の中にハ。磊落《らいらく》を粗暴と取違へたり。不覊《ふき》を放縦《わがまま》と間違へたり。はねつかへりを活潑だと思つたり、ずるいのを大膽《だいたん》だと思ふやうな。了見ちがひが。あるにハ困るヨ」とつぶやく道徳派といえるが、一方で「世間の交際ハ極めて精妙《うまい》」という実際家でもある。しかし、こういう彼の生き方に対しては、「生意気にゼントルメン（紳士）ぶッて居やがツて」という悪口が浴びせられている。

このように、鍛錬・禁欲主義と非鍛錬・情欲主義との対立が深刻になればなるほど、状況適応派や調停派、道徳派も析出されやすくなるのであるが、ただし、これらの派はこの時点では未だ支配的な書生風俗を築くことはできていない。［任那］は銀行家の義叔父の助力で洋行して、［山村］は新聞記者として、［守山］も「代言人」として就職するため、学校を去って行くという設定が暗示的である。

では、作者の坪内は一体どのような立場なのだろうか。彼は、禁欲主義を「仙人主義」の再興だとして次のように皮肉っている。

「人ハ情欲の動物《けだもの》なり。有情《いうじやう》なるが故に相聚合《あいしうがふ》し。有欲なるが故に相協力す。若《も》し情欲を蝉脱《せんだつ》して。皆仙人となりたらんにハ、社会ハたちまち滅裂《ぶちこわ》れて。世ハ蒙昧のむかしに退歩《かへ》らん。寡欲を一箇《ひとつ》の美徳となし。知足を脩身《おこなひ》の規矩となせしハ、封建時代の方便教。われのみよかれの身勝手主義より。時の政府が賛成して。卑劣な儒者に唄はせたる。一時便宜の道徳論なり。此文明の世の中にハ、兎《と》ても不可適《あてはまらぬ》教《をしへ》なれども。稍《やゝ》ともすると寡欲々々と。仙人主義を再興して、今の人間の大望をば。制《おさ》へんとする輩《やから》もあり。はてさて間違ツたはなしならずや。」

ここで述べられている「卑屈な儒者に唄はせたる。一時便宜の道徳論」とは実際の儒教のことではない。「封建時代の方便教」の衣を被った西洋移入の禁欲主義を指しているのである。このような道徳論が、封建秩序崩壊後の節度のない立身出世主義の風潮からくる「われのみよかれの身勝手主義」への危惧を背景にしていることを了解しつつも、懐疑を抱かざるを得ないというのである。それは、人は大きな欲を抑えこんでしまうととかく小さな欲に迷い大望を果たせないまま空しく一生を終えてしまうことへの警鐘である。このような情欲の肯定には、人間の成長への楽観的な信頼がある。「はじめ軽躁なりし人も。年経て沈着になる」、「書生の頃放蕩なりし者が。却《かへ》ツて老実なる実際家となる」ことがあり、その「変転ハ万態千状」であるという。実は、坪内の情欲肯定的な態度は、明治十三年頃に東京大学で湧き起こり彼自身が矢面に立たされた「道徳堕落問題」への反発にもとづいている。天ぷら屋へ通う坪内はじめ仲間の書生たち、女中とのちょっとしたロマンスがあらぬ噂を呼び、「学校生徒の道徳堕落せり」と演説会で糾弾する者が現れたのである。「腕力組は少なくなく、同性愛は中々盛んであつた」（神代種亮投『当世書生気質』附録六、作者余談、柳田泉『若き坪内逍遙』引用）という回顧のとおり、わざと豪傑ぶって変態性欲を高調しステッキを振りまわし肩を怒らして歩く「紺足袋党」が勢力を増し幅を利かすようになったことに対抗して、「雅気」や「無邪気」を押し通すために文芸趣味をひけらかす坪内派の「白足袋党」が結成されたこと、そしてなぜか白足袋党を堕落生とみなし糾弾する道徳派の出現、これらの抗争関係が背景にある。

しかし坪内が擁護するのも小説の登場人物のような「書生界の上流」（官立の書生に多い）の人物に限られそうで、「今日、市中を渡りあるくガラクタ書生」（私塾の書生に多い）については「陋猥にして野卑、殆々《ほとく》写しいだすに忍びざるものあり」と冷淡である。そして東京に遊学している者、数万人のうち上流：中流：下流の割合が「大概匹敵」しているところをみれば、どうも書生たちの三分の一は情欲肯定からはずされているらしい。登場人物たちの葛藤は作者の迷いでもあったわけだ。

ところで、迷える［須河］と［小町田］の周りで繰り広げられる鍛錬・禁欲主義 vs 非鍛錬・情欲主義の対立には、違った角度からの背景がないのだろうか。

どうも、鍛錬主義を唱える［桐山］と［須河］は「東京辺のやつハ柔弱でいかん」と憤慨しているように田舎出身者であり、これとは逆に、反鍛錬主義の立場をとるのは東京出身の主人公［小町田］をはじめ、幕臣の子弟である［守山］、あるいは江戸文人の風雅な趣味に恋焦がれて上京してきた［倉瀬］、という構図ができそうだ。やはり［倉瀬］という登場人物は、「或程度まで、死んだ或友人と私自身とを一つにしたやうなものともいへる」と作者自ら打ち明けているように坪内自身の投影であったのだ。そして［倉瀬］と［小町田］の関係が、坪内と高田早苗の関係に相当する。坪内はいう、「多分、田舎育ちの癖に、化政度文学の感化で、江戸趣味崇拝であったから、根生ひの江戸ッ子で而も極親しみ易い人でもあり、小説好き歌舞伎好きであり、又非常に深切《ママ》な、なつかしい性癖の人であつたところから、自然と半峯君に接近したのでもあつたらう」（高田早苗『半峰昔ばなし』）と。小説の主人公として自身のような地方出の上京書生ではなく、東京出身者［小町田］を設定したところが、江戸風流人に対する憧れと引目という彼の複雑な立場・心境の表れであるように思われる。すると、文芸志向の書生たちの鍛錬・禁欲的な身体観への反発は、〃田舎者〃が風雅の都・江戸に土足で入りこみ伝統を荒している、という憤りと困惑が、「体操」や禁欲道徳といった西洋移入の〃外来〃の思想にも重なって向けられたものだ、と解釈できるかもしれない。

5　おわりに

これまでみてきたように、明治十年代の書生の「運動会」に見られる乱痴気騒ぎと示威行動は、決して暴れ書生たちの無秩序な騒動といったものではなかった。それは、身体観と道徳観をめぐる葛藤に当時置かれていた書生たちが、「学生」としての自らのカテゴリーを模索する過程でのひとつの試練の表出であった。

多くは地方から上京してきた彼らの葛藤とは、近世江戸文化に憧れ伝統的な文人の風雅な趣味に同調したいとする勢力と、政治的な自己実現を要求し士族的な身体の所作や気質を継承していこうとする勢力とのせめぎあいの中で、鍛錬・禁欲を旨とする西洋移入の新しい身体観に対してどのような態度をとっていくべきかというものであった。彼らは、当時流行だった「会」組織の参加の自由と開放性を前面に押し出し、時には風流や洒落の趣味を、時には慷慨を高揚して、相撲や鬼ごっこに打ち興じた。つまり、彼らは共にアスレチック・スポーツとしての「運動会」に「お花見」の習俗を絡めることで、近代の鍛錬・禁欲的な身体管理の技法にとりあえずは逆らっていたのである。

ところがこの「運動会」は、参加者が多くなり盛大になればなるほどかえってせめぎあいの構図を際立たせ、「放蕩連」には風流＝軟弱として、「腕力党」には豪胆＝蛮風として互いを蔑む契機をつくってしまった。散りやすき桜花の下での花見酒の酔夢のように、一時的でうつろいやすい同床異夢として、妥協的な「会」になってしまったことは否めない。

では、このせめぎあいによって利益を得たのは一体誰だったのだろうか。

それは近代西洋由来の鍛錬・禁欲的な身体観であった。鍛錬主義を実践する書生たちは士族的身体の〝再興〟を標榜したが、このことが皮肉にもかえって士族精神を失わせるというジレンマを抱えていた。アスレチック・スポーツとしての「運動会」や「体操」は、書生の侠気を抹殺するための「編制」という術策をもっていたからである。すでに福沢諭吉は、明治十五年頃にはこのことを予感していた。彼は、「体操の法」をいち早く取入れ書生たちに勧めていた啓蒙家であるが、「体操」の浸透とともに次第に日本人の「侠気」が衰えていくことに気づいたのである。対策として外教(キリスト教)の蔓延を防ぐことと士族の気力を維持することを訴えるがすでに手遅れであった。

坪内逍遙はおそらく福沢とは別の視点で身体の変化を観察していた。『書生気質』の中で、「下の級の奴ア。大概腕力党や頑固連や。世間見ずの坊チャン派だ」とさりげなく[倉瀬]に語らせたのは、この変化への懸念が込められていたわけである。そして福沢や坪内の予感は的中し、その後の「運動会」には新しい身体を観るために多くの見物人が詰めかけ、「学生文化」に華やかな彩りを加えるようになるのである。

東京大学明治十六年事件

明治十六年十月二十七日、東京大学および同予備門の寄宿舎生の多くはこの日に予定されていた卒業式に出席せず、「運動会」と称して上野を経て日暮里原野への遠足を決行した。彼らは現地で会費を払い、酒肴を飲食し、詩吟や運動を行なって大いに気勢をあげた。さらに、帰校後、大学の施設、器物を破壊するという騒動を起こしたのである。事件の発端は、この年の卒業式を午前から行なう方針であることを学校側が発表したことにあった。つまり、従来は夕刻から夜にかけて行なわれており、式前には卒業生と在校生が校庭で一緒に「運動」し、式後の立食会では夜陰に乗じて卒業生が酒や料理を窓ごしに在校生に渡し在校生は運動場などで留別の宴を開く、という慣例があり、式の時刻の変更はこれらの楽しみの中止を意味していたからである。寄宿舎生たちはこの問題について議論した結果、不満の意を表すために式をボイコットするという意見が主流を占めるようになり、「運動会」なる企画が練られたというわけである。

「運動会」は学校の外へ出て行なわれるがゆえに、反学校の表明あるいは学校からの逃避のカードとして〃堂々と〃利用される。しかし逆にいえば、当時、書生たちの当局に対する立場は、もはやそれ以外に手持ちのカードがないほど弱いものになっていたともいえる。とすれば、外見の華やかさと騒々しさの影に、「運動会」は〃エース〃としてではなく〃ジョーカー〃としてのごまかしと皮肉、そしてそれゆえの可笑しさと悲哀感とを漂わせているように思われる。

さて、事件の顚末は、その六日後、騒動に関係した寄宿生百四十五名（のち一名追加）に対し退学が命じられ、同時に文部省直轄学校および全国の公私立学校への入学を禁止されるという厳しいものであった。この後、退学者に同情が集まり、半年後には彼らの再入学が許可されるという経過をたどることになる。

（参考文献・『東京大学百年史 通史一』）

第四章　不良・良妻賢母・女学生文化

稲垣恭子

1　女学生問題へのアプローチ

「主人は娘の教育に関して絶対的放任主義を執る積りと見える。今に三人が海老茶式部か鼠式部かになつて、三人とも申し合せた様に情夫をこしらへて出奔しても、矢張り自分の飯を食つて、自分の汁を飲んで澄まして見て居るだらう。」

（夏目漱石『吾輩は猫である』）

庇髪に海老茶の袴姿という新奇なスタイルで町を闊歩する明治の女学生は、憧れや羨望と同時に揶揄や反感を起こさせる存在でもあった。『三四郎』の美禰子が知的で闊達な会話や心の動き方でその新鮮な魅力を体現していたとすれば、ここにでてくる「海老茶式部」や「鼠式部」は情夫をつくって出奔するような「堕落女学生」やそのなれの果ての女教師の別名として揶揄されている。自由放任に育てられている苦沙弥先生の三人の娘はそのままいくと堕落女学生になりかねないと「吾輩」は思っているのである。海老茶式部は、単に海老茶色の袴を穿いた女学生というだけではなく、「堕落女学生」を指すものでもあったわけである。

憧れや羨望と同時に嫌悪や反感という二面感情を誘発する女学生の存在は、その出現当初から世間の注目の的であり、またスキャンダルの好対象でもあった。女学校も女学生の数もまだ少なかった明治二十年代からずっと、女学生の堕落問題は新聞や雑誌を賑わせ、関心を集めていた。それらの中には事実だけではなく虚実とりまぜて面白おかしくつくられたものも少なくはなかったが、だからこそさまざまな意味で新しい時代を象徴する女学生にたいする感情や欲望がリアルに映し出されているのを見ることができる。その意味では、「堕落女学生」や「不良女学生」は、それまでの社会の規範を破る女学生の文化や行動のもつ新鮮さに期待する一方で、それを押え込みたいというアンビヴァレントな欲望が生み出す表象であり、したがって語る側の戦略をその中に読み取ることが可能だと思われるのである。

しかし一方で、表象の戦略としてつくり出された「堕落女学生」や「不良女学生」の規範逸脱的な行動の中には、単なる「堕落」「不良」というネガティブなカテゴリーからはみだしていくようなものも現われてくる。そこには、規範的／堕落、優等／不良という枠組を超えて、むしろそうした二分法を維持しているさまざまな境界を相対化していくような可能性が内蔵されていると見ることができる。「不良」女学生は、その境界融合的な行動や態度によって、「堕落」や「不良」の意味をずらしながら、そうした表象のしかたに対抗していく面もあったと思われるのである。特に大正期以降の「不良」女学生や「不良モガ」についての大量の言説は、男性知識人を中心としたそれへの強い感情と反応であると同時に、そうした表象にたいする「不良」少女の抵抗でもあったとみることができる。

本章ではこうした視点にたって、女学生の「不良化」「堕落」問題を具体的に検討しながら、そこに映し出される感情や欲望、それを通した表象の戦略とそれへの抵抗の過程を考察していきたい。

2 「堕落」女学生の問題化

女学生文化への二面感情

女学生は当初から世間の注目の的であったが、特に高等女学校令が公布され、目白に女子大学が開校する明治三十年代には、その独特の言葉やスタイル、行動様式が時代の花形として大いに関心を集めるようになっていった。女学生の庇髪は、その前髪を高く結った形と女学生そのものの意をかけて難攻不落の「二百三高地」と呼ばれるようになったが、当時よく売れた漫画雑誌『東京パック』にこの庇髪の女学生が登場しない号はほとんどなかったくらいである（生方敏郎『明治大正見聞史』中公文庫、一九七八年、二三五頁）。また明治三十六年に、小杉天外が女学生を主人公として『読売新聞』に連載した『魔風恋風』は、新聞の部数を増加させたほどの爆発的な人気を得た。主人公の女学生初野が海老茶袴姿で自転車に乗り、白いリボンをなびかせながら颯爽と登校してくるのを廻りの人たちが見つめる冒頭の場面は、憧れと好奇の眼で女学生をみていた当時の人々の視線そのものを感じさせる。また小説の中で展開される初野と帝大生東吾との新しい恋愛模様も、花柳界以外の男女関係を知らなかった読者の興味を大いに引きつけたであろう。女学生という「素人の面白い女」と大学生の恋愛という設定は、もの珍しく新鮮に映ったと思われるのである。さらにこうした小説においては、登場する女学生の言葉や会話にも共通の特徴がある。所謂、女学生言葉である。「よくってよ」「行くことよ」「おーやーだ」といった下町言葉を混ぜ合わせた言い回しや、「ホーム」「ライフ」「ホープ」などカタカナを交えた会話、さらに「失敬なんだよ」「君遊びにきたまえな」などという男学生の言葉も使ってみたりする型やぶりで自在な言葉は、女学生がその自らの存在を主張するものでもあった（『読売新聞』明治三十八年三月十六日）。

このように、女学生はさまざまな意味でそれまでのどのカテゴリーの女性とも異なる新奇な存在として出現し、世間の注目を集めたのである。その新奇さのひとつは、花柳界の女性に代わって女学生がファッションの先端も担うことになったように、そのファッションやカタカナ混じりの言葉、恋愛に象徴されるようなハイカラさである。しかしそれだけではない。女性が学問をし、かつ外見的にもファッション・リーダーであることや、下町言葉や外来語、男言葉を混在させたといわれる女学生言葉などが示しているのは、素人女と玄人女、内面と外見、山の手と下町、真剣さと遊びといった境界を攪乱し、あるいは融合させていくような奔放で軽やかな女学生文化の新しさや面白さであったと思われるのである。

しかし、女学生文化の発散するこうした境界融合的な新鮮さは、それにたいする憧れや羨望と同時に、揶揄や反感を生じさせることにもなった。たとえば、「下女風、乞食風―庇髪を全廃せよ」（『読売新聞』明治三十八年三月二十二日）や「庇髪と芸娼妓」（『読売新聞』明治三十八年五月二十五日）という見出しの記事では、庇髪が西洋の下女の髪型を真似た髪型であり、これを芸娼妓はともかく良家の子女が真似るのは苦々しいと述べられており、「聞く京阪地方では、庇髪の事を二百三高地と云ふさうである。吾々は旅順の夫れと共に、こんな二百三高地は速やかに陥落するやう、之を祈るの念に堪へぬ」（同、明治三十八年三月二十二日）と厳しく批判されている。また、「今日の女学生の生意気加減、お転婆加減、蓮葉加減、イヤ何とも云ひやうがない。其の歩行きつ振りから、喋舌の具合、只もう癪に障ることばかりだ。彼らは僅に文字を知り得たのに逆上しきつて、自ら其本分を忘れて居るのである」（『教育時論』明治三十五年四月十五日）など、女学生という存在への反感と嫌悪感が表明されることも少なくなかった。

女学生の醜聞

このように、憧れや魅力と同時に侮蔑や反感の二面感情を生じさせる女学生は、スキャンダルの対象としても好適である。実際、女学生をめぐる新聞・雑誌の記事の多くは、こうした女学生にたいする感情や欲望が混ぜこまれた「醜聞」記事であった。その中には、「瓜実式で業平の後衛とも形容できる」優男が二人の女学生と三角関係になり、摑み合いの派手な喧嘩になったというような話（「海老茶式部の摑み合い」『読売新聞』明治三十八年八月二十八日）から、銀座街頭を我が物顔にしていた天狗老人が女学生上りで「当世流行のハイカラ式の庇髪」を妾にし、「何事も風変わりを好む天狗のこととて」八人の妾の総取締に据え、庇髪も天狗宅で世の海老茶連を見下ろしている、などという記事（「天狗の妾は女学生上り」『読売新聞』明治三十八年十一月十五日）までさまざまなものがある。しかし多くは、女学生が不良学生と懇意になり「堕落」して魔窟に身を落としたとか、詐欺や窃盗で警察に拘引されるといった内容のものであり、「社会でハ兎角女学生と堕落ハ梅に於ける鴬の如き附物の様に申します」(『読売新聞』明治三十六年四月十六日)というほどであった。

むろんこうした記事には、事実というよりもむしろ面白おかしく誇張されていたり捏造されたものが多かったようであるが、そのことはそれだけ女学生への関心が高かったことが示されているともいえよう。そこでは、女学生は対等な個人同士の恋愛を担う新しい時代の女性として以上に、ハイカラな装いの下で色恋にはまって身を持ち崩す「堕落」しやすい存在とみられている。それは、知的でファッショナブルで恋愛に積極的なハイカラ女性を象徴する女学生の文化や行動を「堕落」とみることで、女学生を欲望の対象として手近でわかりやすい存在にひきおろそうとする営みでもある。日常生活や規範を超えた魅力をもつ存在にたいする憧憬と羨望をその対象の貶下によって侮蔑に変え、安心感と秩序の安定化をもたらすことがスキャンダルの機能であるとすれば、女学生の「堕落」問題は、それによって好奇心や欲望を満足させながらその秩序攪乱的な文化を押え込もうとするものであったとみることができるのではないだろうか。

「良妻賢母」型女学生と「堕落」女学生

女学生のもつ新奇性を「堕落」とみる意識は、一方でやはり明治三十年代から一般化していく良妻賢母思想と対になっている。近年の研究の中で指摘されているように、特に明治末から大正にかけては良妻賢母思想は儒教的道徳と封建的な家族観への逆行というより、むしろ合理的で近代的な家事や家政、子どもの教育といった新しい家庭＝ホームの運営をめざす近代的で新しい女性観、家族観をともなった思想であった。「円満なる家庭を造りスウ井トホームの女王として遺憾なき程の婦人であつたら、外に出ても必ず立派なことが出来る、即ち内に居てスウ井トホームの女王たる婦人は外に出でゝは交際界の女王たるべく、又良人をして内顧の患なからしむる賢婦人である」（星野すみれ、一九〇二年、三頁）のが「家庭の女王」たる良妻賢母の理想であり、女学校の教育はそのための修養の時期であると考えられていたのである。女学校教育は、こうした良妻賢母思想に対応して、ハイカラな女学生文化と学校での勉強を家庭＝ホームへと収斂させていくようになるのである。こうして、二面感情を誘発する女学生の魅力と危険は、良妻賢母思想に順応的な「まじめ女学生」とそこから逸脱する「堕落女学生」という女学生自体の二分法にそれぞれ解消されていくことになる。ハイカラな女学生文化は、家庭文化と接続する有用で安全なものと風紀壊乱的で反秩序的なものに分離されることによって、秩序内化されていくことになるのである。

女学生不良化の原因と過程

こうして女学生の「堕落」問題は、女学校あるいは女学生全般にたいする反感、批判から、将来の良妻賢母を育てる女学校教育からの逸脱として、教育の観点からとらえられるようになっていく。また、高等女学校の拡大にともなって、女学生の「堕落」問題がより具体的で現実的なものになっていったことも、単に好奇心や感情的批判だけではなく教育問題や不良少年少女問題として関心を高めることになった。また、高等女学校と女学生の数が急速に増加していく明治末から大正期は、少年少女の不良問題が社会問題、教育問題として注目されていく時期でもあった。そこでは、女学生の「堕落」問題は、一般的な女学生批判という二ュアンスから、教育の対象としての「不良少女」「不良女学生」という視点でとらえられるようになり、知識人、女学校教育に関わる教育者、不良少年少女問題に関与する警察関係者などがそれぞれの立場から具体的に発言する場や頻度が多くなってくる。こうして女学生の堕落・不良化の原因とその経路が、教育問題、社会問題として盛んに取り上げられるようになったのである。

そこでは、女学生の「堕落」あるいは「不良化」の原因は、学校の中よりも学校外の環境に求められるようになる。「さて其学校に入りよく勉強しても中に成功するもの丶少ないのは何故であらうか、学校に出て丶尤も真面目に勉強しても、往々外間より受くる誘惑に依つて初志を枉げ、己れから邪道に陥りて不測の害を招くに至るもの丶多きは実に慨嘆の次第である、……」(星野すみれ、前掲書、四頁)とか、「立派に某々学校に籍を置きながら他の誘惑に遇ふて堕落しつつある女学生あり」(「女学生の監督難」『読売新聞』明治三十九年十一月十八日)といった記述にみられるように、女学生の堕落や不良化を論じる際に学校の視点からその外部に原因を求めることが一般的になっていくのである。

その際、しばしば女学生堕落の原因として問題視されたのが、新聞、雑誌、小説などのメディアである。特に恋愛小説、中でも自然主義文学が風紀壊乱の元凶として槍玉に挙げられた。加藤弘之は、少年青年男女学生の誘惑物として「先ず新聞の所謂三面記事を第一に算へねばならぬのであるが、次には多数の恋愛小説である」と批判する。それらは「通例下品な誘惑物とする訳にはゆくまい。表面上多少上品ではあらうが其害は却て下品なものよりも大なるもの」であると攻撃されているのである。また、多くの恋愛小説が主題とする自由恋愛についても、「……近来は学問のある、所謂女学生上りの女によつて盛んに婦人解放論やら、自由恋愛論を口にしたり叫んだりしてゐる、云ふまでもなく人間の意志は自由である、けれども其の自由は善良を意味する場合であつて、決して不良の意味に於て自由を許されてゐるのではない」（むらさき女史『東京女学校のぞき』須原啓興社、一九一六年）といった批判が一般的であった。自由恋愛という新思想もただ女学生のロマンティックな空想癖としてだけでなく、堕落や不良化の要因としてとらえられているのである。

こうした新思想を堕落へと結びつけていくのは、不良少年や不良学生の誘惑である。不良少年についての記述の多くは、硬派不良から軟派不良に変わってきたことを指摘しているが、軟派不良少年は喧嘩や乱暴を働く硬派不良少年よりも許容されず、軽蔑的にとらえられることが多かったようである。そういう中で、明治四十年頃からは女学生を誘惑する悪書生や不良グループについての記事や事件がしばしば目につくようになる。たとえば、「数十名の会員を有しさかんに女学生を誘惑して良家の子女を堕落せしめし事も少な」くなかった悪書生の団体である美薗会の一員が婦人の後をつけ回していたことで警察署に拘引されたという事件が新聞に掲載されている（『読売新聞』明治四十三年三月三十日）。つかまった三人は学校を退学処分になり壮俳となった不良学生で、普段からさまざまな趣向で女性を誘惑し、艶書を持ち歩いて縁日などで附文をするため、警察から注意の目を向けられていたのである。軟派不良がこうした不良団をつくることは珍しいことではなく、神戸にも「バラケツ」と呼ばれ「主として婦女子の尻を追ふ」軟派不良があった。彼らは組織をつくって、弁のたつ者は談判係、眉目秀麗の者は誘惑係、能文の者は艶書係など役割分担をして若い女性を誘惑していたらしい（南博編『近代庶民生活誌第二巻　盛り場・裏街』三一書房　一九八四年）。こうした中で、女学生や良家の子女がこうした軟派不良たちのターゲットになっているということがしばしば指摘されるようになる。たとえば日本精神医学会から発行された『少年不良化の経路と教育』（一九二一年）には、「彼等は、常に婦女を誘惑するの手段を講ずる事に日もこれ足らない有様でその方法も巧妙を極めてゐる」（六〇頁）として、女性の筆跡を真似たニセ手紙で学校の行き帰りの女学生を騙して誘惑したり、電車の通学回数券に記載されている女学生の校名や氏名を盗み見て手紙を寄せるなどの誘惑手口が述べられたり、常に乳母が附ききりで車で往復していた某華族の令嬢も二三人の不良仲間が共謀して誘惑に成功したという、ある不良少年の告白の例がとりあげられている。そこでは、家と学校以外の場所はすべて不良少年や不良学生の誘惑の手が伸びる危険なところであり、少しでも油断すると堕落に落ち込んでいくことが示唆されている。堕落しないためには、家と学校以外に不必要に出歩いたり、新聞雑誌、小説などに接触することも極力控えなければならないということになるのである。

下宿が女学生の堕落や不良化の温床として断罪されたのもそのためである。子弟を東京に寄越して監督の行き届かない下宿屋に置くなどは「我が子に石をつけて海へ投げると同じ事」であり、特に間貸しとか素人下宿などは「学生堕落の媒介所」だと非難されるものであった（石川天崖『東京学』新泉社、一九八六年）。そこには、所謂「ハイカラ」や「二百三高地髪に元禄模様のリボンを挿した海老茶式部」が棲息していて彼らを通して都会の誘惑にはまっていくというのである。新聞に連日のように掲載された女学生堕落事件のほとんどは、地方から都会に出て下宿している女学生を取り上げたものだったことからもそれはうかがえる。

一方、こうした外的な要因を堕落に結びつけていくものとして、女学生の性質、傾向も注目されている。女学生のもつ堕落しやすい性質として指摘されることが多いのは、虚栄心、「プラウドの強さ」である。虚栄心によって服装や装飾品をめぐって競争したり、派手な身なりで出歩いたりすることは、誘惑と堕落を招き寄せる要因となるというのである。「ハイカラ」や「海老茶式部」は外面を飾る派手で虚栄心の強い「堕落」女学生の意味で使われることが多かった。服装や美容への気配りは、それが衛生や健康、礼儀といった意味づけによって正当化されるものでなければ、不良化の指標となる虚栄心の現われととらえられたのである。ここにも、外見への配慮をめぐる良妻賢母型と「堕落」女学生型を分別しようとする志向が現われている。

このようなさまざまな誘惑の手から逃れて女学校生活を全うするためには、家と学校での学業以外には関心を向けないようにすることになる。「真に東京に於いて学業に成功するには、総ての誘惑の手を脱し、適度の運動以外に外出を禁じ、雑誌新聞の乱読を慎み、友人との交際なるものを或る程度まで断つ如な方法を執らねば、最後の成功は絶対に覚束ないのである、友人とも交際し、新刊書や新聞雑誌を手当たり次第に乱読したり、春は花に、秋は月に、芝居に活動写真に、寄席や縁日へ運動に名を借りて出歩く如では、良妻賢母は愚かなこと、立派な風俗壊乱主義の女学生であると云はねばならぬ」(むらさき女史、前掲書、一二六―一二七頁)というわけである。女学生が外のさまざまな誘惑に負けて「堕落」しないように予防することが、教育家や警察関係者、父兄等の関心の中心になっていくのである。

こうして女学生が発散する新奇性と魅力は、家庭＝ホームに直結する良妻賢母思想に包摂されるもの以外は「堕落」「不良」として、またはその原因になるものとして問題視されていったのである。下町的な色恋と新思想としての恋愛、あるいは思想としての恋愛とあそびとしての男女交際が入り混じったような行動は「堕落」「不良」女学生の指標とみなされるものになる。また学問のある女性の自己顕示的な態度や外見の華やかさは虚栄心の現われととらえられ、外見＝虚栄は内面を磨く本物の学問と分離されて逸脱視されるようになる。それは、まじめで役に立つ学問に邁進する良妻賢母的な女学生に対して軽薄、あそび本位の「不良」女学生を対置させ、そのことによって山の手と下町、家庭と街頭、禁欲と奔放、内面と外見、真剣さとあそびといった境界を融合する女学生の新奇さを、逸脱として位置づけ直すことであった。明治末から大正期にかけて良妻賢母思想が都市中間層の家庭＝ホームに現実化されるのにしたがって、こうした女学生の二分法とそれにともなうハイカラ女学生文化の分離も現実的なものになっていったのである。

3　「不良」女学生をめぐる表象の戦略と抵抗

モダンガールの出現

このように、良妻賢母的な女学生と「堕落」女学生の二分法は、禁欲主義的で内面重視の男性知識人や教育者の学問観、教養観を前提として、その二次的な位置に良妻賢母的な女学生を、それに抵触するものを「堕落」女学生とすることによって、女学生の文化と学問は二重に押え込まれることになった。いい方をかえれば、それは知識人や教育者が前提とする学問観や教養観にそって女性の学問を二次的な位置に置いただけでなく、それを相対化するような秩序攪乱的な女学生文化のもつ危険を回避する表象の戦略であったとみることができるのである。

大正期後半から昭和にかけては、「堕落」ということばは徐々に消滅し、「不良」女学生としてますます問題化されていく。この時期には特に都会の誘惑と女学生の不良化の問題が、その頃出現した「モガ」と関連づけて具体的に論じられることが多くなっていった。しかし、この新しいタイプの「不良」少女は、それまでの「不良」女学生とは性格が異なるものであり、それがまたさまざまな反応と議論を呼び起こしたのである。

かつての下町が消滅し新しい都市風俗の中に吸収されつつあった震災後の東京において、新奇な風俗として新たに注目を浴びたのがモダンガール、略してモガであった。大宅壮一によれば、ハイカラ趣味にかわって登場したモダニズムは、「新らしいもの・珍しいものを最も鋭敏に感受して同時代に伝へる」時代の尖端であり、それは感覚を重視し洋画やスポーツ、カフェーの中に生きる喜びを見出す、没落した中産階級によって担われていたという(大宅壮一「モダン層とモダン相」『中央公論』一九二九年二月)。また、モダニズムには鋭い感受性と軽い機知と広くて浅い知識とともに、その裏にある性の放縦、官能性が指摘されることが多い。アメリカ映画を真似た断髪つまり所謂おかっぱに短いスカート、独特の化粧で銀座の大通りを歩いていたのが、この新風俗を担うモダンガールであった。「昔は髪を剃って仏門に入り、現代は髪を断って街頭に出るトは、変われば変わる世の中ではある」（『モダン語漫画辞典』）といわれたように、断髪は颯爽と家の外へ向かう女性の姿の象徴だったのである。モダンガールと呼ばれた女性たちは、新たに登場した職業婦人や銀座などの繁華街で流行したカフェーの女給、女学生などさまざまであった。

彼女達にたいして、教育者や警察関係者、保守的知識人はもちろん、女性の地位向上を提唱する進歩的な知識人も含めてモダンガールを論じた知識人の殆どは、当時のモダンガールを新時代の女性を象徴する「ほんもの」のモダンガールではなく、「末梢的」「刹那的享楽主義」「猿真似」的な「にせもの」として酷評している。現実のモダンガールは風俗の上での解放であり、知的・政治的な解放にはほど遠いと考えられていたからである。知的な格闘や覚醒を前提とする知識人にとって、何の格闘も覚醒もなく感覚的に軽々と因習的な束縛から解放された行動を示すモダンガールを、「ほんもの」と認めることはできなかったのである。

モガ＝不良少女

モダンガールにたいする知識人全般のこうした態度は、モダンガールを進歩的な言動や新しい恋愛観などによる新思想の実践者としてではなく、風俗、道徳の壊乱者とみることにつながっていく。現実のモダンガールは、醇風美俗を乱す不良少女と同一視されることが多かったのである。むろん不良少女といっても従来の「毒婦」とは異なる。「同じ不良少女でも、高橋お伝や花井お梅のやうな東洋流の婦人をモダーン・ガールとはいはないことである。芸者やお酌は、随分道徳的には腐敗してゐるけれども、だからといつて誰もモダーン・ガールとはいはない。モダーン・ガールは今のところ西洋かぶれの若い娘に限つてゐるやうである」(『清沢冽選集』第三巻、日本図書センター、一九九八年、二〇八―二〇九頁)というわけである。清沢冽氏は、「近頃の新聞はモダーン・ガール攻撃特別号の観がある」(同書一〇四頁)と述べ、モダーン・ガールという言葉が新聞でも一般の人の間でも「不良少年と密会したり、男と悪ふざけをするものと諒解してゐるやうである」(同書一〇五頁)と指摘している。淡谷のり子は、東京音楽学校の学生だった大正十三年当時の回想の中で「その時代に、モダンガールに対して、一般の人は『あの女、すげえんだ』というんですよ。子どもまで『あれ、モダンガールだ』って恐れをなすんですからね。恐れをなすのと、軽蔑とね。……やはりモガというのは、不良性をおびてるように思われたんです。札つき女ですね。すげえんです」(「わたしのモダンガール記」)と述べている。このように、モダンガールは、モガと略して呼ばれる場合は特に、ハイカラ女学生と同様、婦人道徳や男女関係、生活様式などの伝統を無視し、性道徳を破壊する不良少女の代名詞のようにとらえられていたのである。

警視庁で不良少年係主任として不良問題に関わってきた飯島三安氏は、『感化教育不良少年の研究』(松華堂、一九三一年)の中で「モボとはモダンボーイ、モガとはモダンガールの略語で、元来の意味からいえば、現代の少年当世娘等と訳されるのであるが、実際においては悪い意味に用いられてゐて、殆ど不良少年少女の別名といってもいい位である」(二六六頁)と述べ、特に「モガ、モボによつて代表される近代的誘惑は、すべて性に根ざし」(三〇五頁)ており、男女関係と性の逸脱の代名詞のようになっていったとしている。

この中には、女学生と不良モボの出会いや交際についても述べられており、たとえば女学校のバザーや夏休みの避暑地など繁華街や歓楽街以外の場所も誘惑と危険が発生する場所として挙げられている。彼らはさまざまな誘惑の手口を使って女性に近づくが、特に「趣味をもつて近づいてくる悪魔にはよほどしつかりした女性でも引つかかりやすい。不良は趣味の方面には特殊の腕をもつてゐる場合が多いのである」（二一〇頁）というように、より都会的で洗練された交際方法が用いられるようになったという。そして、不良モボの部屋から出てきた女性の手紙をみると、女性の方からシネマや小旅行、待合いなどに積極的に誘ったりしている場合が結構あることが指摘されている。それについて、「近来の女学生や若い娘は実に浮つ調子な考えをもつてゐる。すべてが皮相的で、薄つぺらで、そのくせ、かうした性的誘惑の前にはあくまで大胆といふのであるから、全く始末に負へない」（八一頁）と女学生や若い女性の傾向を厳しく断罪している。そこでは、不良学生や不良モボの誘惑によって「堕落」させられるという視点から、女学生や若い女性の方から積極的に不良化していくという視点に見方が移っているのである。

このような「不良」女学生の典型として取り上げられているのが不良モガである。モガが常に女学生というわけではないが、不良モガとして取り上げられている事例のかなりは女学生か女学校中退者である。たとえば、女学校生徒だった少女が同じ女学校の生徒と学校を休んで遊び歩いているうちに退校になり、十七歳にしてダンスホールやカフェに出入りしてたばこを吹かせて気焔をあげる代表的モガになったという事例や、小学校時代から不良少女団の一員で女子大に入ってからは某銀行頭取の次男をドル箱にした生活をしている不良モガの女学生の例などが挙げられている。著者は、「不良化したモガは最も始末に悪いもので、彼女達を改心させ、正しい道に引き戻すことは容易ではない。殊に知識階級に属する不良モガは最も大胆で、何も彼も承知しきつてヨタつてゐるのであるから、全く手がつけられない」（三九頁）とその開き直った不良ぶりを慨嘆している。このように、大正末以降の「不良」女学生や不良モガは、自ら不良化していくという点で、それまでの「堕落」女学生や「不良」女学生とは異なったタイプとしてとらえられるようになっていったのである。

不良モガをめぐるさまざまな批判や議論は、自ら積極的に「不良化」し、かつそれを隠したり恥じたりせずむしろ積極的に引き受けていくモダンガールにたいする知識人や教育者の当惑と嫌悪感を表明したものであった。現実のモダンガールにたいする知識人のこうした反応や態度は、内面と外見、論理と感覚、禁欲とあそびなどの二分法を無効化することによって、知識人と大衆の間の境界が取り崩され曖昧化していくことにたいする不快感だったと思われるのである。その点では進歩的な知識人と保守知識人、教育者、警察関係者は共通の認識にたっていたと思われる。したがってモガ＝不良少女という見方は、知識人や教育に関わる人たちが自らの地位と境界を維持していく上での表象の戦略だったということができるのである。その意味では、モダンガールへの知識人の態度は、良妻賢母型の女学生と「堕落」あるいは「不良」女学生を分離し、それに対応してハイカラ文化を分離してきたそれまでの表象の延長上にあるといえるだろう。

「不良」女学生の抵抗

しかし、そうした戦略が常に安定的であったわけではない。自ら積極的に「不良」であることを選択する「不良」女学生の出現は、「不良」の意味をただ更正を必要とするネガティブなものとして押えておくことを困難にする。モガの存在は、そうした確信犯的な「不良」少女や「不良」女学生を象徴するものであった。その意味では、「知識階級に属する不良モガ」や「不良」女学生の行動や態度の中には、良妻賢母的な価値を積極的に拒否し、学問や教養の前提を動揺させる契機が内包されているのが読み取れる場合もあるのである。

たとえば既に指摘したように、化粧や美容、外見を飾ることは、女学生に特有の性向で不良化の原因にもなる「虚栄心」の現われとして否定的にみられることが多かった。しかし、女学生自身が必ずしもそうした意味づけを遵守していたわけではない。南博が指摘するように、モガの出現は「女性が今まで、美容ということを、礼儀とか、身だしなみ、あるいは健康上の理由から、正当化していたのとはちがって、化粧そのものが、ただ美しくなるという目的だけで承認されることを、求めるようになったのである」（南博『大正文化一九〇五―一九二七』勁草書房、一九八七年、二六六頁）。ただ身を飾ることとの正当性を求める行動には、家庭婦人としてのたしなみという正当化を必要とする良妻賢母思想への抵抗と同時に、外見を精神と対置させる二分法への無意識の抵抗を読み取ることも可能であろう。

また、女学生が家出して上京しカフェーや洋食店で働いたりすることは、「堕落」の典型的なパターンとしてよく取り上げられるものであった。都会の誘惑に負けて「堕落」していった女学生の多くは、「洋食店の女ボーイや鳥屋の女中牛肉店の女中等に入り込む」（石川天崖、前掲書、四四九頁）とみられたり、より新しくはカフェーやバーの女給、喫茶店のウェイトレスなどを始まりとして徐々に不良化するととらえられていたのである。ところが、そうした典型的な不良化の経路を積極的に選んでまわりの大人を困惑させるような事例が報告されている場合もある。たとえば、草間八十雄『不良児』(玄林社、一九三六年)の中には、札幌出身の十七歳の少女の家出の事例が挙げられている。この少女は、「高等女学校三年まで修めた中流家庭の子女」だが、家出して上野駅でタクシーに乗り、東京で一流のカフェーの女給になりたいと銀座に向かわせた。それを運転手が堕落する前に助けてやろうと東京駅の婦人相談所に届けてきたのである。相談所から送られてきた保護所では「女給などになるのは堕落であると諭し、善後策を講ずるから兎に角保護所に居るやうにと宥めすかし収容した」が、本人はこんなところにくるはずではないとてこずらせ、父親が連れ戻しに出て来る間に自分で喫茶店の女給になる契約もしてしまったというのである。本人の素行学業調査では学業成績、素行ともに不良ということであり、ここでは女学生の不良化の実例として挙げられているのだが、それは別の角度からみれば、自分の意志で職業を選び自立を求める女学生の姿ともみることができるだろう。学校で成績、素行が不良であることや積極的に職業生活に入っていこうとすることが、不良化なのか自立への抵抗なのかをめぐる攻防ともとらえられるのである。

そうした観点からさらに、学業成績や素行など女学校の内側からみた「不良」女学生の実態とその意味をみてみよう。

インテリ女学生は「不良」女学生?

女学校の中からみると、不良化していく女学生はどのようにとらえられているだろうか。女学生の身体成熟や成績、交友関係などのデータに基づいて女学生の実態を分析した山本三郎氏は、著書『女学生の心理』（文進堂、一九四三年）の中で、興味深い知見を示している。まず、学業成績は全体としてみれば入学後に順位が変動することは多くないとしながらも、その中で入学時から卒業時にかけて徐々に成績が下がっていった三人の生徒に注目している。そしてこの三人の生徒に共通することとして、「元来素質としての知能はよいのであるが入学以後の努力が足らず或学科には非常な頭脳のひらめきを見せるけれども、他の学科特に技能科に努力せず何れも成績が下落したのである。裁縫、手芸、家事など女子的教科をやや軽視し更に蔑視して努力しない所謂インテリ女性的性格を持つてゐる。これは所謂インテリ女性型の辿る道行である」（八四頁）と述べている。また、一、二年生の低学年では成績が良かったのに高学年になって成績が下がっていった生徒は、「三年以後所謂なまいきとなり勉強を怠り勝となり、勉学以外に興味を持ち、小説を耽読し、或は自分で詩を作ったり、小説まがひのものを作ったりした文学少女であり、ローマンチストである」（八六頁）ことが原因と分析されている。そして、「後期の三四年に成績の下がるのは、努力しない生徒、生意気な生徒、青春にめざめた行動をする生徒、早熟の生徒、教師に反抗心を持つ生徒、文学少女、外に気をくばる生徒、試験勉強を頼みにして間に合はない生徒、所謂インテリ女性型の生徒等である」（八六―八七頁）とまとめている。ここでは、成績が下降していく生徒のひとつのタイプとして、良妻賢母的な学校知にたいして批判的な「インテリ女性型」が挙げられている。

学校的な知や良妻賢母的な価値からはみだしていくようなこうした生徒の性格と共通しているのが、三、四年生になってできてくるサブグループの中でも、所謂軟派グループとして記述されている女学生のグループである。ここでいう軟派グループとは「所謂学校の正規の授業だけでは満足出来なくなつて、小説を愛読し或は映画を好み、何か目立つた事をして人の意表に出づる事をしようといふ青年的特色を持つグループ」（二二〇頁）である。このグループは学校からは不良グループとみなされていて、おおむね学校の成績は芳しくないが大抵一人は級長クラスの成績優秀な生徒が含まれているという。そして彼女達は、「出来る可能性を持つてゐながら努力しないことを以つて優越を感じようとする。努力さへすれば出来るのだといふ自惚を持つてはゐるが実際成績は本人の予想以上によくない」（二二二頁）のである。また、リーダー格の生徒を尊敬し、同じ持物や服装を揃えたりする程で結束が強く、グループで男女交際をする場合もある。こうした不良グループが昂じて紫団とか白百合団などという名称をつけた不良少女団を形成することもあるという。

軟派グループや「インテリ女性型」の女学生に共通しているのは、努力よりも才能、学校的な知識よりも文学や芸術の知識を重視する傾向である。彼女達は、良妻賢母的で学校的な知識や態度を相対化することによって成熟の証としようとしているとも想像される。そこには、「不良」女学生とみなす教育者の観点とは微妙にずれていく「不良」女学生の自意識をみることもできるように思われる。

4　おわりに

女学生をめぐる言説や表象は、女学生という存在が醸成する境界融合的な危険と魅力にたいする二面感情によって生み出され、変容してきた。「堕落」女学生や「不良」女学生問題は、それを論じる側の欲望や感情を映し出していると同時に、山の手と下町、外面と内面、禁欲とあそびなど大衆と知識人の文化の境界を曖昧化していくような女学生文化を馴致し、秩序内化していくための表象の戦略であったとみることができる。良妻賢母型の女学生と「堕落」「不良」女学生を分ける二分法は、女学生のハイカラやモダンな文化を、一方では家庭文化として馴致し、それ以外は逸脱として排除することによって、禁欲主義的で内面重視の学問や教養を相対化するような女学生文化の危険を予め回避するものであったと思われるのである。しかし、「不良」女学生の自意識過剰で積極的な行動や態度は、そうした表象をかいくぐり意味をずらしていくことによって無意識の内に抵抗を試みるものであったとも考えられる。その意味では、「不良」女学生の変遷は、男性知識人の表象を映し出すものであると同時に、その前提に動揺を与える境界融合的な文化の水脈を発見することでもある。

女学生の必要経費

明治三十二年に高等女学校令が公布されて以来、女学校教育は急速に普及していったが、特に明治末から大正にかけての女学校と女学生の数は飛躍的に増加し、大正四年には生徒数が七万人を超えるようになった。とはいっても、あらゆる階層の子女に開かれたというほど普遍的なものではなかった。当時、女学校に通うために必要な学費や生活費はどれくらい必要だったのだろうか。大正五年に出版された女学校案内の本を見てみると、たとえば東京にある私立の女子学院では、授業料が一ヶ月に二円、寄宿舎費が一円、食費五円五〇銭、冬期は薪炭料として一円五〇銭で、計一〇円が最低限必要であった。その他にも文房具や教科書・参考書代、化粧品代なども必要であろう。地方から上京して下宿屋生活をしながら女学校に通う場合にかかる費用を試算したものをみると、次のようである。学校の授業料は大体一円五〇銭から二円五〇銭くらいまでで平均二円、教科書・参考書・ノートなどの費用が平均三円で学校にかかる費用が約五円。それから下宿料は下宿業組合によって大体規定があって、大体五円五〇銭から九円くらいまでだが、大抵は四畳半一室で七円五〇銭。炭代が七〇銭、後は化粧品とか郵便代、雑誌代、校友会費、外出時の電車代、湯銭などの雑費が約三円。合算すると一ヶ月に約一六円二〇銭ほどかかることになる。現在のようにアルバイトをしながらというのは一般的ではなかったから、家からの送金が主になる。当時、中堅のサラリーマンの給与が三〇～四〇円くらい、地方の農家などではもっと低かったことを考えると、自宅外から子弟を女学校へ通わせられたのは、経済的にも余裕のある「中流」以上の家庭だったと思われるのである。

II

第五章　一九二〇年代のローカル新聞にみる風紀・「不良」問題

広田照幸

1　はじめに

本稿は、山形県鶴岡市で発行されていたローカル新聞を資料にして、一九二〇年代の地方における青少年の風紀問題や「不良」問題がどのようなものであったのかを検討していく。

一九二〇年代から三〇年代にかけて、内務省や文部省による風紀振作をねらった諸政策が執拗に進められたことや、「青少年の不良化」が大きな社会問題になったことはよく知られている。

不良少年の研究書や実態を描写した出版物も、この時期には数多く出されるに至っている。しかしながら、それらに目を通していて不満に思うことが二点ある。

一つは、網羅主義、あるいは羅列主義であるということである。たとえば、鈴木賀一郎『不良少年の研究』（大鐙閣、一九二三年）をみると、不良少年の分類として、「犯罪少年」「準犯罪少年」

「不道徳少年」「準不道徳少年」の四類型が示されている。また、別の分類として、階級を軸に、「高等不良少年」「中流不良少年」「下層不良少年」の三つが出され、それぞれ具体的な事例が紹介されている。個々の議論や実例は興味深いのだが、読めば読むほど「不良少年」の全体的なイメージがぼやけてくる。あまりに多様なのである。

郷津茂樹『不良少年になるまで』（巌松堂、一九二三年）をみると、「少年の不良性」として「盗癖」「虚言癖」「買喰癖」「射幸性」「浮浪性」「残忍性」「模倣性」「弄火癖」が順に説明されている。次いで「不良少年の原因」として、「生理的原因」「家庭的原因」「教育的原因」「宗教的原因」「職業的原因」「社会的原因」というふうに並んでいる。結局は、「いろいろな原因で、いろいろなことをする不良ができあがる」というふうに読めてしまう。

つまり、網羅主義、あるいは羅列主義のせいで、さまざまな要因（原因・契機等）と類型（手口、犯歴など）と属性（出身階層や性など）の間の構造的な関係が、よくわからないというじれったさがあるのである。

もう一つの不満は、大都市出身の青少年ばかりが論じられているということである。確かに、青少年非行は都市問題の一つであった。しかし、「田舎に不良がいなかったのか?」という疑問が湧いてくる。郷津『不良少年になるまで』では、二頁だけ「都鄙関係」という見出しで地理的な問題に触れている。しかし、「人口の稠密な場所程犯罪が多」い、と述べ、都市の生活が犯罪を生みやすい原因について言及しているだけである。多くの実態報告や事例紹介は、ほとんど大都市の不良青少年の様子を描いたものである。

そうした中で、鈴木賀一郎が一九三五年に書いたものには、「農村の不良」の項がある（『防犯科学全集　第七巻　少年少女篇　女性犯篇』中央公論社、一九三五年）。そこでは、「不良少年少女は都会の産物であつて、自然に恵まれたる農村にはその影を見ないとされてゐるのであるが、近頃は段々に農村も都会かぶれして来たのは、見逃すことが出来ぬ重大なる事柄である」と述べられている。事例として、都会からきたハイカーに出会ったことを契機に写真機を窃盗した少年と、東京帰りの先輩の話を聞いて家出‐上京して犯罪行為を犯した少年の実例が紹介されている。そして、農村の不良化の原因として次の五点が挙げられている。

「一、都会地の交渉が頻繁になつた事、
一、都会地の人間が山奥迄出かけて行つてよからぬ事をする事、
一、教育の単一化した事、
一、農村に指導者の乏しき事、
一、農村から有能の士は都会へ引よせられる事」

四番目の項目を五番目の項目で挙げられている現象の結果だとみなすならば、この説明によれば、都市化や都市と関係をもつから不良少年は生まれるので、そうでなければ不良化は生じないことになる。しかし、それではあまりにも牧歌的な気がする。いずれにせよ、大都市圏以外の地域での、不良青少年の実態は、歴史研究としても、これまで十分考察されてきているとはいいがたい。

こうした不満から、ここでは、地方都市とその周辺領域に視点を限定して、その中の多様な「不良」の現象間の関係を読み解く作業をしてみたい。戦前期における「田舎の不良」の実態を考えてみたいわけである。とはいえ、「不良」は、取り締まったり非難したりする側の視線と密接不可分である。誰を「不良青少年」と呼び、何を取り締まるかは、「不良青少年」本人よりもむしろ周囲に位置する人々によって定義されるからである。その意味で、本稿では、「不良青少年」に対する視線の特質についても考察していく。新聞の記事を手がかりに、いわば、「田舎の不良」がどういうふうな「事件」を起こしていたのか、また、彼らに対する社会からのまなざしはどんなものであったのかを考えてみたいと思うのである。

ここで、資料にするのは、山形県鶴岡市（一九二四年九月まで鶴岡町）で発行されていた日刊紙『鶴岡日報』である。ローカル紙なので、政治面は別にして、取りあげられている出来事は、もっぱら、鶴岡市とその周辺の東西両田川郡と、情報量は減るが、少し離れた酒田町とその周辺の飽海郡とで起きたものである。鶴岡を中心に庄内地方の出来事によって大半が占められていたといってよい。なお、対象とする時期は、同紙が現存している一九二一年一〇月～二六年十二月である。また、参考として、同時期に発行されていた別の日刊紙『鶴岡新聞』も、一部分利用した。(1)

さて、ローカル新聞で青少年の風紀や不良化問題、犯罪事件を丹念に拾っていくと、語られているトピックに三つの相があることがわかる。第一に、未成年者による常習的犯罪事件、第二に、農村青少年の風紀の頽廃、第三に、学校生徒・学生を中心にした「良家の子女」の不良化問題である。

そこで、以下、三つの相を順番に検討し、それら相互の関係や、三者をとりまく周囲の問題構造についで考察していくことにしよう。(2)

2 未成年者による犯罪

事例一——十七歳男(いくつかの記事から推測して、年齢の表記は数え年である——以下同じ)。鶴岡町の屑物商の三男に生まれる。尋常小学校を半途退学し丁稚奉公に行くが、「盗癖」があり、奉公先を幾度も解雇される。窃盗で数回鶴岡署に検挙された後、世話してくれる人があって一九二六年六月に京都市に奉公に行ったが勤まらず、八月上旬に返され、鶴岡から数キロ離れた湯野浜温泉の牛乳屋の牛乳配達夫になっていた。八月十九日夜、鶴岡市にやってきて、貸座敷三浦屋に忍び入り、芸妓の部屋のタンスから現金・指輪等一三〇円余りを窃取した。二十五日、盗んだ金の指輪を身につけて湯野浜温泉の遊郭で遊興中のところを、駐在所の巡査に逮捕され、訊問を受けて犯行を自白したため、鶴岡署に護送された(一九二六年八月二十六日付『鶴岡日報』——以下、『鶴岡日報』からの言及は、日付のみ示す)。

少年法(一九二二年成立、翌年施行)では、満十八歳未満が少年として保護の対象になったし、民法上では満二十歳未満が未成年ということになる。喫煙や飲酒、登楼も満二十歳以上ということになっていた。非行・犯罪記事をみていくと、二十代が多く、彼らは「不良青年」という語で表現されていた。とはいえ、十代の少年・少女による犯罪もたくさん報道されていた。

十代の犯罪行為は、犯罪そのものとしては比較的軽微な「事件」が多かった。ただし、見出しを飾ったのは、現代のわれわれからみると大げさにさえ思えるほどの、刺激的な形容句であった。

もっともポピュラーだった見出しは、「末恐ろしい」という形容であった。年少の者が複数回にわたって犯行を重ねていた際に、たびたび使用されていた。

「末恐ろしき泥棒少年／酒田署に検挙」（二五・十二・十三）

「末恐ろしき少女／現金窃取／賍金は椽の下に」（十二歳、二六・三・十九）

「末恐ろしき泥棒少年／手当次第盗む」（十四歳雇人、二六・九・十四）

「行末恐ろしい／未だ九才の少年／他家に忍び入り卅円を盗み／紙幣は川に投じ小銭を使ふ」（二六・十一・五）

というふうである。北海道から母の実家のある富山にむけて帰郷中の十三歳の少年が、鶴岡駅の待合室で置き引きでつかまった際には、「僅か十三で各駅荒しの／末恐ろしい少年／泥棒の鬼童だと／係官連舌を捲いて驚く」という大見出しで、報じられた（二五・五・十二）。

また、「大胆不敵」もよく使われた。

「大胆な狩川の小学生／銀メッキの銅貨で／釣銭を騙取す」（十七歳、二四・八・二十八）

「市内を荒した賊検挙／不敵な不良少女／賍品の単衣を着て歩き／之が端緒で遂に発覚」（十六歳工女、二六・八・二十七）

「大胆不敵な少年／手当次第に盗み廻る／僅か十才の小学児童」（二五・十・四）

というふうである。

遠方で起きた非行事件は、凶悪非行事件であってもごくまれにしか報じられてはいない。地域内でごくたまに、青少年による強盗事件や強盗殺人未遂事件も起きたが（十七歳大工、二六・二・二十一／二十歳土工、二六・八・二十六など）、普段の紙面を埋めていたのは、少額の金品を盗んで捕まった青少年の事件であった。

そうした中で最悪の形容とも思われる、「稀代の不良（少年）」と形容された非行少年がどんなものかみておこう。一つは、本節の冒頭に紹介した事例一である。新聞報道の見出しは次のようであった。「三浦楼の賊／湯野浜で逮捕／稀代の不良少年○○○○（原文は実名―広田）／昨日鶴岡署に護送取調」（二六・八・二十六）。もう一つは、十六歳の少年が、鉛筆と絵の具で十円札を贋造して、知り合いに使用させた事件である。彼は、農学校に無試験で合格したと親をだまして制服・制帽を揃えて、毎月数十円の汽車賃や月謝をせしめながら、近所で窃盗・詐欺を繰り返していた。彼が贋札犯人として検挙された時、鶴岡日報は、「両親を欺き／農学生を装ふ／正服《ママ》を着し学費を貰ふ／贋幣少年は稀代の不良」（二六・六・二十五）と書きたてた。

「稀代の不良」も、人を殺したり出刃包丁を振り回したりするわけでない。その意味ではおとなしいものである。おそらく、一つの地域に限定すれば、少年による殺人や強盗がそれほど頻発しないのは、昔も今も当たり前のことなのだろう。総じていえば、ローカル紙の非行報道の大半は、少年たちの小悪によって占められていたといえるであろう。

現代と対比させた時の報道のもう一つの特徴は、非行を繰り返す常習者と、偶発的に事件を起こした者との間に描かれ方の違いがあるのではないかということである。それは、犯行の理由をどこに求めるかの違いであり、少年たちの内的性質をどうみるかの違いでもあった。

そもそも、ほとんどの事件では、現在の新聞報道とは異なって、事件の原因に関して少年の内面や家庭教育等について触れていないのが通例であった。本人の成育歴や心理的葛藤などには配慮しいものも見えず、ただ犯行の被害や手口を淡々と説明する（大事件の場合には犯行の詳細を丹念に説明する）のが普通であった。非行問題の一般論として、「不良少年を生むは家庭の不注意から」などの説明が述べられたりはしたものの（たとえば、二四・一・一）、個々のケースに関して家族の背景や成育歴をたどるというような、現代的な視線は存在しなかったのである。

そうした中で、個々の事件に関して犯行理由が説明される場合には、窃盗犯や性的犯罪の常習者に関しては、「生来盗癖を有し」（二五・九・二十）とか「有名な変態性欲者で」（二五・五・八）など、しばしば気質上の異常性をステレオタイプ的に想定して、事件が描かれていた。前に触れた、「末恐ろしい」という表現も、窃盗を繰り返す非行少年・少女の変化不可能性を決めつけたものだということができる。

ただ、気質上の異常性や変化不可能性を想定すると、なぜ「風紀問題」や「不良化問題」が大正・昭和初年に地方でも大騒ぎされていたのかが理解できない。ごく周辺的な「変なヤツ」の問題でしかないはずだからである。それゆえ、もっと別の「不良少年」像も存在しているのではないかと思われてくる。それを理解するためには、農村の青少年と、学校生徒・学生の世界を見てみる必要がある。

3　農村青少年の風紀

事例二――二十歳男。西田川郡某村に生まれる。十八歳の正月以降工事人夫を一年九ヶ月した後、二十歳になった一九二四年の正月から、近所の村の某家で下男奉公を始めた。同年二月初めごろから湯野浜温泉の貸座敷に足繁く通うようになり、樺太行きの漁業手伝の募集に応じた際の支度金も使い込んでしまった。三月には実家から味噌五〇貫目を持ち出して売り、遊興費に充てたため、父親の手で警察に突き出されて厳しく戒告を受けた。五月十二日には、奉公先の土蔵に忍び込み、米四斗俵を持ち出して米穀商に売り払い、遊興費に充てた。数日後、奉公先から実家へ帰宅途中、松林に自転車が立てかけてあるのを見て、それを盗んで売り払い、東京へ高飛びすることにした。湯野浜の自転車店に向かい、手付け金を受け取ろうとしたが、住所・氏名を明らかにしなかったため、買い上げてくれなかった。そこで、とりあえず貸座敷に上がって遊んでいるところを、警察に探知され、逮捕された（二四・五・二十）。

農村青少年の「風紀」問題の中心は、主として性の問題であったように思われる。一つには、旧来の伝統的な習俗を含め、男女が一緒になる機会が、批判的な視線で抑圧・攻撃されたということである。たとえば、鶴岡地方では、農作物収穫の終了後、慰安のため青年男女が一緒に飲酒遊興する、「土洗い」という習慣があった。これが「悪習」として、ターゲットの一つになった。一九二六年には「本年は一般に不作にて景気悪きと青年訓練所主事、青年団長等の風紀取締により土洗ひも激減し青年風教上好結果として喜ばれている」と『鶴岡日報』は報じている（二六・十一・十九)。酒田町の相撲興業の掛小屋が興業の谷間で空いており、町民の夕涼みの場になっているが、若い男女の逢引きの場になっているので「其筋の取締を要す」(二二・九・九)とか、飽海郡某村の青年たちが村芝居に打ち込み、宣伝教授すると言って近所の村に出張し、男女一緒に夜更けまで騒ぎ回るので、「其筋では各父兄に対し注意を与へ取締」をした(二六・九・二十四)といった記事が散見される。

とはいうものの、若い男女が人目を忍ぶ恋仲になったりするのは、根絶できるものではない。「鶴岡公園を初め《ママ》町端れの人通りの少ない所には男女の密会が相当にあ」ったらしい(二四・七・十五)。酒田で旅館宿泊者の氏名詐称により検挙される者が多くなったことを伝えた記事では、次のように書かれていた。「最も目につくのは青春男女の氏名詐称で、検挙される件数も激増であ」り、「若い男女が手に手を取つて旅館に泊り込み氏名詐称で挙げられるのは付近郷村に多いが、古来性情純朴なる反面酒田付近郷村は風紀極度に紊乱しそれに対する道徳上の制裁も亦緩やかである。之は教育の普及せず徹底せざる等の欠点にも依るだらうが、兎に角農村振興上一考を要する問題である」(二四・十二・四)。

町場の公園や旅館は目につきやすかったかもしれないが、周辺農村で夜の闇にまぎれて逢引きする男女は、見つかりにくくなる。鉄道の踏切のそばで逢引きしたため警察に挙動不審で取調べを受けたようなへまなカップルもあったが(二五・十・三十)、おそらく「道徳上の制裁も亦緩やか」だったために、新聞沙汰にはならない、数多くの「男女密会」があったにちがいない。中には、同じ集落の四人の男が、情を通じていた十六歳の娘をめぐって大喧嘩という事件もあった。この事件は

「十六の少女を中心に／恋の大乱闘／××村の△△祭りに／頭蓋骨を殴られて／昏倒し重体に陥る」という派手な見出しで報じられた（二六・九・一、伏字は広田）。

周辺農村の人々が性に寛容だったたし、青年の夜間外出が普通だったことは、当時まだ「夜這い」が横行していたという事実からも確認できる。ただ、新聞沙汰になったのは、誰もが夜這いを受け容れるという時代ではなくなりつつあったためかもしれないし、警察の取締りの強化によるのかもしれない。ともあれ、いくつか例をあげると

「姦淫の目的で家宅侵入／小児に目を醒れて失敗に終はる」（二十九歳、二四・六・二十四）

「夜這の失敗男／他人妻女に凄文句／事件を発表すれば祈殺すと」（三十六歳、二四・九・十）

「夜這男／罰金二十円／下女部屋に這い込み」（二十六歳、二六・五・一）

「夜這専門の色情狂／××村内を荒す／姦淫された人妻や後家」（三十一歳、二六・八・二十九）

「女中部屋に忍び入る／夜警巡査に逮捕さる」（二十二歳、二六・十二・十）

といったふうである。

夜這いをするのは二十代の「不良少年」から五十九歳の「緋々爺」まで広い年齢層にわたっていた。狙われた方は、下女が多いが、人妻や未亡人、娘もあり、中には小学校の女教員とか、病院内に寝ていた看護婦という例もあった。

夜這いそっちのけで覗きに励んだという例もあった。某家の下女に夜這いに行った二人連れ（二十一歳と二十七歳）が、主人と妻との寝室を覗き見て興奮し、村の若者に話した。そして、十六歳から二十三歳まで十人ほども引き連れて二ヶ月ほど、「毎夜の如く……同家を覗きに通つて居」た。

それが駐在巡査に探知されて検挙された時の新聞の見出しは、「部落青年総出で他人の／寝室覗きに通ふ／夜這常習者が先立ちで／堕落青年珠数《ママ》繋ぎ」というものだった（二四・十二・二十六）。

「共同で妊娠させ／共同で保育か」という見出しの事件もある。某家の下女に村の青年三人（二十四〜二十六歳）が代わる代わる夜這いをかけていたのが発覚し、家宅侵入罪で検挙されたが、当の下女が妊娠して出産間近になった、という事件である。結局、三人のうち二人が金と米とを渡すことで話がまとまったという（二六・三・二十一）。

夜這いのせいで地主から小作権を取りあげられることになったという事件もあった。西田川郡の某集落では、風紀改善のために夜這い禁止の村規を有力者が決定した。「部落民中情交の目的を以て猥りに他家に侵入して発見されたるもの」は五年間小作権を取りあげる、というものだった。ところが、まもなく、集落内の三人が、某家の下女の寝室に侵入したことが発覚した。村規どおり小作権を取りあげるというので騒ぎになっている。見出しには「夜這男三名大弱り」とあり、三人は、四十二歳・四十歳・三十五歳で、「年甲斐もなく」と記事中で揶揄されている（二六・五・五）。

つい夜這いの話に深入りしすぎてしまった。私がいいたかったのは、男女の密会にせよ夜這いにせよ、当時の村の生活世界では許容されていたか、あるいは少し前の時期までは許容されていたのだということである。性に関して村に色濃く残る集団的な文化——「風紀」が問題にされ、青少年の不良化が語られていたターゲットの一つはこれであった。

とはいえ、農村青少年の「不良化」はそれだけではない。酒や買春も「不良化」の契機とみなされていた。酒自体が悪いのではない。買春もこの時期には合法的なものではあった。しかし、お金に余裕のない村の若者が酒の味や遊郭通いに溺れて使い込みや盗みを働いたり、登楼してはいけない未成年なのに遊郭に出入りしたりして、「不良少年」と名指しされるような事件を起こしたのである。男女の密会や夜這いが集団的な文化への抑圧であるとすると、酒や遊郭通いの問題は、個人的な「堕落」の摘発である。本節の冒頭に掲げておいた事例二は、そうしたものの一つである。

酒の事例をいくつか掲げてみよう。

「盗んだ酒で／酒を飲む／不良少年が／悪事を働く」（十七歳、二二・十・三十）

「不良少年の白米搬出／売飛ばして呑に」（二十九歳、二四・六・十三）

「懐中時計を盗み／飲酒した悪少年／十六才の大工の弟子／説諭の上書類送検さる」（二六・十二・五）

たとえば、右の十七歳の事例は、尋常小学校を卒業後、祖父の家に農業見習いに行っているうちに酒をおぼえ、一回二合以上も呑むようになって酒代のつけがたまり、支払いに窮して侵入盗を繰り返していった、という事件である。

同様に、遊郭通いが盗みにつながる事例も数多い。

「金品を盗んで／遊興費に充てた犯人／廿歳の青年」（二二・五・二十五）

「捕へて見れば／我が子なり／女郎に浮れた馬鹿息子送検さる」（十八歳屋根葺職、二四・四・六）

「十八歳の少年／東西両郡を荒す／湯の浜遊郭で遊興費消」（二四・九・九）

「盗んだ金で女郎買ひ／末恐ろしき一七の少年」（大工職、二五・四・二十一）

「親の金を盗み豪遊／手のつけられぬ大工／松金と朝日楼で遊興」（十九歳、二五・六・九）

こうしていくつか並べてみると、未成年者が多いことがわかる。これは、遊郭や貸座敷での警察官の臨検で、未成年者が氏名・年齢の詐称で摘発された後、所持金の出所を尋問されて使い込みや盗みを自白するというパターンだからである。それゆえ、成人の場合には逆に、盗みで捕まった後、盗んだ金品を遊興費にあてたことを白状することが多かったようである。いずれにせよ、遊郭通い→金策に行き詰まる→窃盗→遊郭通い、という悪循環に陥っていたことは共通している。

県の警察部長は、一九二四年に、秋の「土洗い」の時期に合わせて、風俗取締りの訓示を各警察署に出した。

「一　未成年者の飲酒喫煙の取締を励行すること
二　料理や飲食店等視察取締を励行し前号未成年者の飲酒密買淫等を防止に留意する事
三　活動写真其他の遊興場及公園等に於ける視察を厳にし男女の密会集合に留意する事
四　貸座敷営業等の視察取締を厳にし未成年者の遊興防止に努むる事
五　農閑を利用して賭博に耽る者なきにあらざるを以て之が予防検挙に努むる事
六　山間地方に於ては特に此の期間に於て共同して濁酒の密造をなす弊習ある地方あるを以て之が視察取締を励行すること」（二四・十一・八）

五の賭博や六の密造酒を除くと、残りは青少年をもっぱら対象にした取締りであった。そして、ここでみてきたように、その取締りの視線は、一方では性に寛容な村の習俗に対して、もう一方では酒や買春による個人の「堕落化」とでもいうべきものに対して向けられていた。

とはいうものの、人数の限られた警察にできる取締りの範囲は限られていた。夜の農村の暗闇は広すぎてカバーできるものではなかった。遊郭の臨検は犯罪探知の有効な手段ではあったものの、始終おこなうわけでもなかった。さまざまな出来事は偶発的に露見し、事件化した。新聞沙汰になったような事件の向こう側には、数多くの男女の密会や、ちょっとした盗みや使い込み、未成年の登楼や飲酒喫煙があったはずである。取り締まる側からいうと、「不良青少年たち」の広大な闇が広がっていたわけである。

4　学生・生徒

事例三――二十歳女、市会議員の二女。高等女学校在学時に、隣接する中学校の先輩Aと仲良くなり、飽海郡の某鉱泉の旅館に投宿。事が知れて、両人とも「家事都合」の名目で退学した。Aは飽海郡の豪農の息子で、中学を退学した後の足どりはわからないが、現在早稲田の法科に学んでいるという風評である。ただし、退学後は彼女に手紙一本もよこしていない。

彼女は、退学した数ヶ月後に、鶴岡駅前の○○亭の主人の仲介で、東田川郡の豪農の長男B（三十二歳）と情を通じる関係になった。Bは、すでに妻子ある身であったが、乱交放蕩を尽くした遊び人で、公印偽造事件で執行猶予中の身でもあった。二人の噂が広がったため、彼女は母方の実家に預けられたが、たびたび抜け出して市内の銘酒屋でBと密会を繰り返し、最近は某氏宅に間借りして、正式に妾《めかけ》となる動きを見せている。
記者のインタビューに彼女は次のように答えたと報じられている。「（Aについて――広田）豪農の独《ひとり》息子だからつてあんまりです、妾《わたし》もね、一時は随分と想いつめたんですが今じやきれいさつぱりとあきらめちやつてね、どうせ男なんか女性のサムシングを要求するに過ぎなん《ママ》だから、度胸を決めて○○亭の××さんを仲介にBさんと情交を結んだのさ」「初会は去二月廿八日△△鉱泉浴場の二階だつたのです、妾《わたし》もうまかつたらうがBさんはすつかり参ひり、妾《わたし》の自由になつたんだから男つてつまらんものさね、要求通りのお金は何時《いつ》でも下さるし衣装はたくさん買つて頂けるしね、妾仕合《わたししあわせ》よ……」（二五・六・二十一／六・二十三、『鶴岡新聞』）

学生・生徒の風紀問題には、農村青少年の風紀問題と同様に、フォーマルな学生文化の中に反秩序・非秩序的なものが位置付くという集団的な側面と、酒や遊郭通いのような個人的な「堕落」という側面とがあったと思われる。しかし、高等教育機関の存在しなかった鶴岡地方では、前者の側面はきわめて弱かった。

一九二〇年に高等学校が設置された山形では、旧制高校の例にもれず、反世俗的な学生文化が存在していたようである。二五年には山形高校の風紀問題として県会で議論されたが、その後も警察の厄介になる者が続出、二六年には牛肉店で痛飲し乱暴しながら歩く高校生を巡査が連行していったため、同校の学生二〇人余りが仲間を奪い返すべく警察署に押しかけて大騒ぎになった（二六・四・三十）。遊郭通いに溺れ、寄宿舎の賄い費を数ヶ月も滞納するに至った学生を、教官会議で退学処分にすることが決まった時、二・三年生たちは処分が苛酷すぎるとして、生徒集会を開いて学校側に抗議を申し入れたという事件も起きている（二六・二・二十八）。

それに対し、鶴岡では、学校生徒の公然たる乱行はほとんどなかった。私がみた数年間の新聞記事のうち、生徒の起こした「風紀紊乱」事件で最も大きく扱われていたものは、農学校の生徒七人が料理屋にこっそり出入りしていたため、停学になったという事件であった（二六・十二・十九）。だが、生徒たちのよからぬ行為を伝えた記事の大半は、さほど深刻とはいえないものばかりである。たとえば、三・四人で市内の川に船を出し、「瓶詰類?を林立させ涼風吹く内川《うちかわ》上で高論放談し」て、すれ違う船の顰蹙を買ったとか（二五・七・一、『鶴岡新聞』）、「煙草をのんだり、俗謡を唄ひながら道をあるいたり」（二五・一・四）したことが見とがめられるといった程度であった。反秩序・非秩序的な生徒文化は、もしあったとしても、生徒のごく一部にこっそりとみられたものであったにちがいない。

むしろ、主として個人的な堕落に対する危機意識や恐怖感が、生徒の風紀問題に対する厳しいまなざしを作り上げていたように思われる。しかも、堕落そのものを阻止するというより、堕落を招来しかねない〈誘惑〉を遮断しようとする関心である。「接触する」というイメージがポイントである。「不良青少年」が社会や学校の周辺部分や夜の闇に潜んでおり、スキをみては日常生活に侵入してきて、純良な生徒たちに「接触」して、彼らを〈誘惑〉しようとする。真面目な男女の間ですら、その「接触」が相互に〈誘惑〉される関係を生み、思わざる「不良化」への道につながる。

――そういったイメージである。

中等学校の生徒たちは、地域内では「良家の子女」であった。純良無垢な彼・彼女たちに対して、二種類の「不良青少年」が近づいてくる。

一つは、魅惑的な道具を手にしたり、遊びを介して「良家の子女」に接近してくる者たちである。

「不良生《ママ》年が女に接近する唯一の手段として仲間の不良少女を手先に使ひ又はバイオリン尺八写真機等を以て道具とする者がある、夏休みに際し篤《ママ》に父兄は注意せよ」（二二・八・七）

「正月松の内は其処此処に開催される歌留多会とか、双六とか夜を徹して若い男女が、遊び耽る折をまたなき好機会として恐ろしい毒牙を磨きつゝ何しらぬ良家の少年少女に近寄る不良少年や少女の群」（二二・十二・八）

もう一つは、祭礼の夜の闇や映画館の暗がりを利用して「良家の子女」に近づいてくる者たちである。

「酒田町に於ける神社祭祀夜会式は例年の通り七月上旬より県社日枝神社を始め各社一斉に行はれる事であるが此の夜会式の雑踏を利用して不良青年は婦女子に対し熾《さか》んに間の手段を弄し、ために一生を誤るもの尠《すく》なからず」（二二・七・七）

「雪国の常として炬燵《こたつ》暮しの無聊《ぶりょう》を演芸によつてなぐさめんとする傾向があるため酒田市内の各活動館は昨今何れも相当に繁盛して居るがこれにつけこんで良家の子女を誘惑する不良分子も相当に跋扈《ばっこ》して居る」（二六・十二・二十三）

純良な男女の接近も、思いがけない結果につながりかねない、と警戒される。たとえば、近頃女学生が水泳をするようになったが、彼女たちの水泳場が、昔からの中学生の水泳場となっていた場所に近いので「風紀上甚だ宜しくない」。それゆえ、「父兄間の問題」となっている、というふうである（二四・七・二十五）。あるいは、映画館がはらむ問題性は、不良少年の接近だけではない、と一警察官は語る。「暗い中に若い男女が席を並べて居ると同《ど》うしても間違いが起き易い、不良といふ程でもないが、一寸《ちよつと》した出来心から異性が慕うやうになる、故に我々も充分取締るが子女を持つ親たちは十分注意し、前途ある子弟を誤らぬやうにして欲しい」と（二四・十・四）。

そう考えると、ラブレターは、純良な「良家の子女」に対する、性的関心を持った「接近」であるがゆえに、もっとも悪質な「誘惑」であることになる。農村男女の逢引きなどよりも一通のラブレターの方が、世間の強い反応を引き起こしていたように見える理由は、こうした観点から理解できる。

「近来不良少年の跋扈が甚だしく鶴岡署に於ては近い内に大々的にその撲滅策を講ずる由であるか△過日鶴岡市五日町八百屋大川やす子氏宛に色の着た角封が一通舞込んだが中を展いて見ると、内容は始終一貫純然たるラブレター△此に依つて見ると名宛人は全く同姓同名の者が他に有つて配達違ひのものだつた事が知れた△驚いた事にはその差出人は中学生某とある、調査を依頼された警察の某氏は「よもや本当の中学生ではないだらうが何しろ困た物だと嘆息してゐた△本当の学生とすれば教育上宥すべからざる大問題と云はねば成らぬ」（二四・十二・十八）

「▽去る十月の夜市内吉住町龍蔵寺境内稲荷神社の祭礼の折り奉納角力を見やうとした少女の袂の中へラブレターを投げ込んだ青年がある▽少女は帰宅後それを発見し両親の前で開封した

ところあまつたるい文句をならべた末密会場所を指定し図々しくも住所氏名まで書き添えてある▽其の筋へ届出でやうかと心配してゐたが此不良少年は市内○○（原文は地名―広田）伊藤某（仮名）とだけで将来を戒めて置く」（二五・八・十三、鶴岡新聞）

5　おわりに

風紀問題をとやかくいうことに関して、批判的な記事もなくはなかった。たとえば、盆踊りを「娯楽機関の全くない田舎の若い人々にとつて唯一の楽しみであり大きな田園芸術である」と評価したコラムでは、まれには男女の恋が芽ばえることもあるが、それはそれで結構、むしろ禁止することの方が弊害が多い、と警告を発していた（本間生「盆踊繁盛論」二四・八・十二）。あるいは、現代の青年は風紀がどうのこうのという前に、老壮年者たち自身が自分たちの不品行を反省しなければならない、という議論もあった（高橋儀太郎「青年教育の感化に就いて」二五・六・十七）。

しかし、こうした批判は例外的なものでしかなかった。多くの事件記事は、不良青少年の犯罪・非行を道徳的非難を込めたような書き方で報じ、ゴシップや警察の談話等は、「不良少年の跋扈」や「学生・生徒の風紀紊乱」を強調した。ただ、前節までで述べてきたように、「不良少年の世界」は一枚岩のものではなかった。

一九二〇年代のローカル新聞を通してみた「不良少年の世界」は、大きく分けて三つの集団によって成り立っていた。犯罪・非行を繰り返す、アウトサイダーとしての常習的犯罪青少年、旧習や悪弊による行動が目に余る、あるいは酒や遊興をおぼえて道を踏み外していく農村青少年、不良少年や異性との接触を通じて堕落していく良家の子女、という三つである（図1）。

もし、「不良青少年」が、「生来の気質」や極貧・家庭崩壊などに起因するもののみであったら、風紀問題や不良化問題はかくも執拗に繰り返し強調されることはなかったであろう。一方には、男女の密会や夜這いなど、農村に根強く続いてきた生活文化に対して、敵意が向けられていたために、もう一方では、良家の子女が不良青少年や異性との「接触」によって堕落することへの強い警戒心があったために、過剰なまでに風紀を取締ろうという関心が作動していたのではないだろうか。

　それゆえ、取り締まる側の定義の上では、〈不良〉の範囲はきわめて広かった。夜、人目を忍んで逢う農村男女も、恋心を抱いて女学生に近づく男子生徒も、〈不良〉と目された。当然のことながら、限られた取

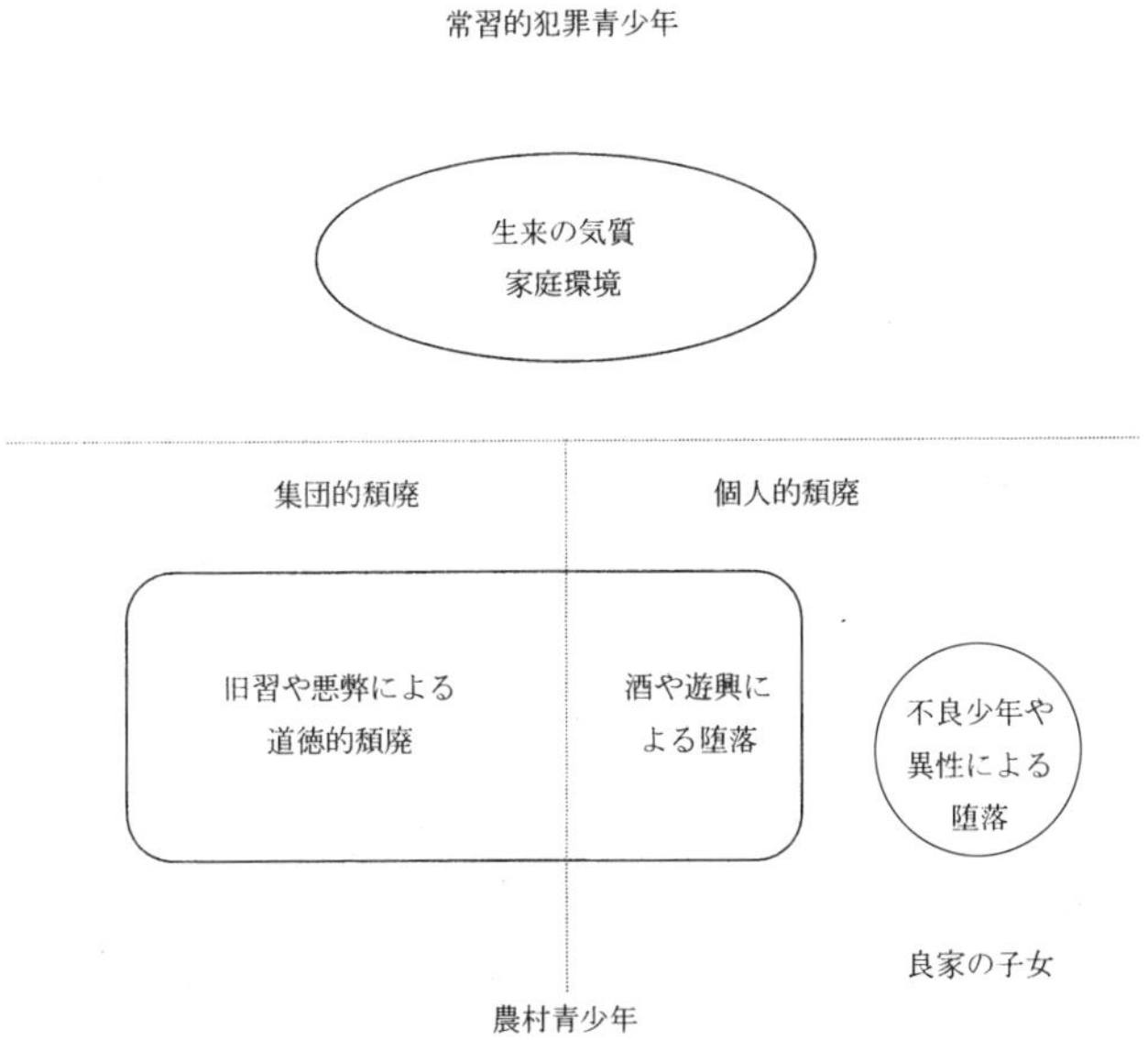

図1　1920年代地方における不良青少年の世界

締りの人数ではカバーしきれない。定義が広いために、〈不良〉に地つづきの世界が限りなく広がっていたからである。かくして、警察はますます風紀の取締りにやっきになり、「良家の子女」の親たちは、自分の子供に不良の魔手がのびてくるのではないかと不安になる。警戒心や不信感は広がるばかりである。その意味では、この時期の「不良青少年」は、虚像とはいわないまでも、今から考えると、ずいぶん誇張され、過度に危険視されたイメージでとらえられていたのかもしれない。

注

（1）両紙とも、東京大学明治新聞雑誌文庫に所蔵されているマイクロフィルム版を利用した。ただし、主たる資料とした『鶴岡日報』についていえば、途中の時期が一部分欠けている。それゆえ、閲覧できたのは正確にいうと、一九二一年十・十一月分、二二年分、二四年～二六年分になる。また、それ以外に、とびとびで数日分欠落したところがあった。
『鶴岡日報』は一九一四年に創刊された非政友派の新聞で、昭和初年には約三千部、三六年頃には一八〇〇～二千部ぐらい発行されていたという。『鶴岡新聞』は一九二一年に創刊された『鶴岡タイムス』が二三年に改題されたもので（以上、『鶴岡市史　下巻』鶴岡市役所、一九七五年、二三七～二三八頁）、紙面を見る限り、政友会色が強いように思われる。
また、関連する資料として、鶴岡市史編纂会編『新聞で見る鶴岡　大正　昭和』（鶴岡市、一九八四年）がある。

（2）なお、以下の資料の引用では、地名の一部および青少年の人名は、××、△△等により、伏字にした。原資料では、地名はすべて実名、少年の人名は一部仮名が使われている。この時期の少年事件の実名・仮名報道については、鮎川潤の興味深い論考がある（『少年非行の社会学』世界思想社、一九九四年、第三章「少年非行とマスメディア」）。

〔付記〕本稿は、平成十〜十二年度文部省科学研究費（基盤研究(B)(1)、課題番号一〇四一〇〇六五）による研究成果の一部分である。

家出する青少年／引きこもる青少年

『家出する青少年』という本がある（田寺政夫著、春陽堂、一九四一年）。この本によれば、昭和十年代には家出して上京する青少年がおびただしくいたことがわかる。警視庁管下各警察で保護される家出人の数は、一年間に一万七〜八千人、その大半が青少年であったという。彼らのうち、保護者がなかなかわからなかったり、呼び出しても引き取りに来なかったりしたため、家出人保護所に送られた者の人数も、一年間に三千人ほどになるという。確かに、本論で扱った『鶴岡日報』や『鶴岡新聞』にも、家出して捜索願が出されたり、保護されたりした事件が、しばしば出てくる。

かつての家は、多くの青少年にとって決して居心地の良いものではなかった。都会の栄華が田舎の青少年を引き寄せた側面はあったけれども、逆に、暮らしが単調でつまらない、将来に希望が持てない、家族との関係が面白くないなどの理由で、青少年が家の外へと押し出されるという側面もまた存在した。

戦後ある時期まで、上野駅は田舎から出てきた家出人の到着駅にもなっており、ヤクザや悪徳業者が彼ら（彼女ら）をだまそうと、うろうろしていたものだった。

その後、家にいてもつまらない・面白くない、という時代から、家にいるのが一番居心地がいいという時代に変化した。食事は親がきちんと作ってくれる。好きな音楽でも聴いたり、ビデオを見たり。イヤなヤツと顔を合わせないでもよいし、余計な人間関係でわずらわされることもない。

一九七〇年代後半に子供の家庭内暴力が問題になった。近年は引きこもりが問題になっている。家庭が一番居心地のいい場所になったからこそ、じっと引きこもるのだし、家庭外の人間関係ではわがままは許されないから、一番心を許せる親に向かって暴力を振るう形で、自分の感情を表現する。私に言わせると、引きこもりの問題性は、家出の問題性の裏返しのようなものである。

青少年が家に閉じこもる、今の事態も困ったものだが、おびただしい青少年が家出していた昔の時代もいいわけがない。少なくとも、「昔はよかった」と簡単に言ってしまわないように気をつけてほしい。

第六章　若者文化における秩序と反秩序

――盆踊りの禁止と復興をめぐって

稲垣恭子

1　はじめに

大正六年に発表された正宗白鳥の小説に「盆踊り」というのがある。小島と青木という二人の男が広島県の鞆に旅行に来て出会った盆踊りの日の話である。家運が傾いたとはいえ地方では名の売れた材木屋の若主人である小島は偶然にこの地の盆踊りを見物するのも旅の一興だと思うが、東京から来た青木の方はその喧噪でゆっくりと休息できそうにないことを嘆息する。それでも二人は夕食をすませてから盆踊り見物に出かけていく。通りでは狭い道に踊り手と見物客がごちゃ混ぜで騒いでいる。「竹に雀はなあ品よく留まる。留めて止らぬ色の道なあ」の盆踊唄に合わせて、手を泳がせ腰をひねって踊っている。小島の方は、傍で踊っている人の真似をしながら一緒に踊っているが、青木は、その泥臭い踊りに愛想をつかしている。後ろ鉢巻きをして腕をまくった赤銅色の漁夫の踊り振りは、櫓を漕ぐ時のような身体の構えで見ていても楽しいが、臙脂白粉を塗立てた土地の娘っ子どもの身振り手振りは胸が悪くなるほどいやらしく感じる。そして垢臭い衣服の臭いや魚臭い臭いも、青木には不快に感じられているのである。その晩は青木は早く寝たが、小島の方は帰ってこない。朝になって女性に送られて帰ってきた小島は「帰りに踊りを見ていると、昔の知った女に会ったのよ。尾道から踊り見に来ているんだよ。……踊りを終いまで踊ったり見たりしてる奴は馬鹿なんだ。いい加減なところで相手を見つけて引き込まなければ……」と得意らしくいうのである。

小島の態度や感覚は、まだ明治には残っていた盆踊りに対する庶民の感受性を映し出している。しかし、明治に入ってからは、こうした旧い習俗をもった盆踊りは猥雑で鄙俗な悪習として禁止されていくのである。むせ返るような盆踊りの熱気が田舎くさく野卑なものに思える青木の感覚には、そうした時代の新しい感受性が根づき始めていることが感じられる。

今日では、夏の風物詩としてまた郷土芸能として、明るくのどかなイメージを漂わせている盆踊りが、明治期においては禁止の対象となっていたという事実は、意外な感を与えるかもしれない。江戸から明治にかけて、盆踊りについては何度も禁止令が出されたが、特に明治に入ってからは、盆踊りの弊害がさまざまな角度から取り上げられ、全国的レベルで禁止されるようになっていくのである。

盆踊りは、音楽や踊り、衣装などによって人々の身体感覚や美意識が強く表現される場であるが、盆踊りの禁止は、そうした人々の身体感覚や美意識、生活態度の変化をとらえる上で重要な材料を提供するものであると思われる。盆踊りがどのような意味をもっていたのか、その魅力はどこにあったのか、そしてどのような論理でそれが禁止されていったのかは、そうした人々の意識や感覚、さらにはその思い描く世界の変化を眼前に示してくれる好適な題材である。

一方、盆踊りは、日常的な秩序から移行する祝祭的な時間と空間である。盆踊りの禁止は、こうした祝祭としての盆踊りが当該社会の秩序にとってもっていた社会的意味とその変化を考えていく上でも重要である。社会秩序を構成するひとつの秩序装置であった盆踊りに対する禁止は、それに代わる新しい社会秩序の再編成にとってどのような意味を持っていたのかを考えていくためのひとつのてがかりを提供するものだと考えられるのである。

こうした観点から、本章では、盆踊りの展開と禁止、復興の過程をたどりながら、その社会的な意味の変化を明らかにしたい。

2　盆踊りにおける秩序と反秩序

盆踊りの反秩序性

十五世紀頃から念仏躍《おど》りと趣向を凝らした華麗な衣装をまとって行なわれる風流《ふりゅう》の要素が結びついて始まったといわれる盆踊りは、次第に精霊迎えと精霊送りの盆の行事と結びついて、毎年八月の十三日から十六日あたりに限って行なわれる年中行事のひとつとして各地に普及するようになっていった。盆踊りに関するさまざまな文献史料が示しているのは、明治になって全面的に禁止されるようになるまで、盆踊りが日常のさまざまな秩序の枠を取り払い、踊りに参加するあらゆる人たちを熱狂させる祝祭空間であったということである。盆踊りが人々をそのように熱狂させたのはなぜだろうか。

盆踊りは、各地に広がっていく中で、それぞれ踊りや歌詞に特徴をもった盆踊りに分化していったが、その多くは、宗教的陶酔は消えていくものの「頭をふり肩をゆり野馬のごとし」といわれた一向宗の躍り念仏の熱狂的で陽気な享楽性を引き継いでいたといわれる。たとえば、「日本一テンポの速い盆踊り」とされる岩手の「参差踊り」や、激しい勢いで二〇分も踊りつづけるために体が弱くては踊れないというほどの会津の「カンショ踊り」、徳島の阿波踊りなどは、喧騒な音楽とともに激しく踊る、そうした狂熱的な盆踊りの代表的なものである。

こうした盆踊りの熱狂は、その音楽や歌詞、身体運動、踊りの場などによって醸成されていく。盆踊りは、たくさんの人が密集した空間の中で、鉦や太鼓といったリズム中心の囃子の音に包まれながら、躍動的な踊りを共同で踊ることをその特徴としている。打楽器を中心とする囃子と足踏みを主とする踊りは、音と身体の動きを融合し一体化させる。また、櫓や傘を中心にしてその廻りを踊る輪踊りも、列をなして踊りながら移動していく行列型の踊りも、近接し密集した状態での踊りであり、観る者と観られる者を分離する舞台での踊りと異なり、踊る者の間に音と身体運動の共有を通して一体感を生じさせるのである。このように、同じ空間を共有しながら、視覚や聴覚、嗅覚といった五感が一体となった身体感覚を生じさせる踊りは、身体の高揚と一時的な共同性を現出させるのである。こうした踊りが現出させる共同性は、それが上下関係を組み込んだ固定的な秩序ではなく、踊りを共有するすべての者の間に一時的に生じるものであり、その意味で反秩序的な力を胚胎しているということができよう。（実際、下層の民衆から始まった盆踊りは、次第に武士や貴族の間にも広がっていき、そうした身分混交の踊りを禁止する禁令も江戸には出されている。）

このような盆踊りのもつ反秩序性は、踊りの際の衣装や扮装にもうかがうことができる。盆踊りは、豪華さや一回性の美学を競う風流の系統を引継ぎ、きらびやかな衣装や人目を驚かせるような扮装を凝らすものが多い。十六世紀に「惣おどり」と呼ばれるようになった奈良の盆踊りでは、「今度奈良中惣おどり…奈良中のきんらん買尽くして、堺へ買に遣し候処、折ふし堺にもなくて五六端買求め」（上林澄雄『日本反文化の伝統』エナジー叢書、一九七三年、五二頁）たという例や「踏皮草鞋に至るまで、何れもきんきんに濃付けたり」（同書）といった記述からも、いかに贅沢な衣装を競ったかがうかがわれる。「異類異形」の過激さから流行のファッションへと徐々にその意味を変容させてはいくものの、浪費し一回性の美学を追求することで、上下関係やそれに基づく秩序を取り払おうとする表現行為であったと解釈することは可能である。また、たとえば「亡者踊り」といわれる秋田の西馬音内の盆踊りでは、精霊を迎え入れるための身体になったことを表現する彦三頭巾や編み笠で顔を隠して踊る。他者から識別しにくくまた精霊が宿った身体は、秩序内に位置づけられた身体を超え出ていると考えられているのである。このように、盆踊りにおける衣装や扮装は、それによって秩序内に位置づけられた自らの身体を解放し、定まらない状態におくことによって、解放と反秩序の感覚を感じさせるものでもあろう。

こうした盆踊りのもつ解放と反秩序の雰囲気は、性の解放とも強く結びついている。『日本婚姻史』によれば、盆行事が男女の機縁をつくることと結びついており、盆踊りはそのための婚前舞踊の性格をもっていたという。たとえば、和歌山県日高郡白崎村神谷浦の盆踊りは、それを機に婚約することを慣習としていたらしく、それが他の縁談に優先する特別な約束になったらしい（中山太郎『日本婚姻史』日文社、一九五六年、四二頁）。また、伊豆新島や伊豆利島の盆踊りの日には、男女を問わず乱婚が許されたのであり、江戸文政期に新島の盆踊りを目撃した者が「この盂蘭盆のうちは、人家の軒下、あるいは林の中、畑のはずれ、小屋厠のうちにても、男女行合次第に遊犯なり、大原の雑魚寝といふが如し実に畜類の所業なり」と記述しているという（同書、四四頁）。この他にも、盆踊りが男女関係の成立と密接に関わっていたことは、多く指摘されていることである。「踊り踊るなら品《シナ》よく踊れ、品《シナ》のよいのを嫁にとる」という歌詞が全国の盆踊り唄に繰り返し歌われることにも、そうした雰囲気を窺うことができよう。柳田国男によれば、青森や岩手にわたる盆踊りに繰り返し歌われる「なにヤとやーれ、なにヤとなされのう」という詞も、「何なりともせよかし、どうなりとなさるがよいと、男に向って呼びかけた恋の歌」であり、盆の夜の自由な性の交歓を表現していると解釈されているのである（柳田国男「清光館哀史」『雪国の春』筑摩書房、一九八九年）。盆踊りの陶酔とともに、風流を引き継ぐ衣装の華やかさや、容姿や声の良さを発揮する絶好の機会であったことなども、そうした雰囲気を盛り上げたのかもしれない。

　このように、盆踊りには日常の秩序を反転させる反秩序性と不安定性を内蔵していたのであり、それはまた多くは若者によって担われていたのである。

秩序装置としての盆踊り

盆踊りには反秩序性や定まりのなさがその特徴でありまた魅力でもあったと思われるが、そうした反社会的、反秩序的な性格は、盆踊りが年中行事のひとつとして組み込まれ、制度化されていくにしたがって秩序内化されていく。一回性と蕩尽、性の解放、生の昂揚は、盆の三日間に限定されることによって安定的な行事のひとつに組み込まれていくことになる。つまり、年中行事としての盆踊りは、反秩序性と秩序性、あるいは定まりのなさと安定を同時に体現する、いわば秩序装置のひとつになっていくと考えられるのである。

それはたとえば盆踊りのプロセスの解釈にも示されている。切子灯籠を飾った踊り屋台の廻りを踊りつづける輪踊りの後、「能登」というやや激しい曲とともに村境まで行列で踊り続けて終わる長野県下伊那郡阿南町新野の盆踊りや、彦三頭巾や編み笠で顔を隠して踊る秋田県の西馬音内の盆踊り、菅笠を被って太鼓をたたいて踊りながら新盆の家を廻り、酒食をもてなされる愛知県北設楽郡の盆踊りなどは、いずれも踊り手の身体に精霊や疫病神が宿っていると考えられることが多い（折口信夫「盆踊りと祭屋台と」『折口信夫全集　第二巻　古代研究』中公文庫、一九七五年）。踊っている間は精霊であれ疫病神であれ自分自身ではない存在になっているというわけである。菅笠や彦三頭巾などは、踊り手の顔を隠すことによって、その身体が日常性から離脱し笠や頭巾の下の「聖なる空間を宿す身体、精霊を迎え入れる身体」になると考えられているのである。そして、踊り手の身体に宿るのが精霊だけでなく悪霊や疫病神であれば、囃して攘却すると同時に、身体から精霊を切り離し、送り出すことにも注意が払われることになる。新野の盆踊りで、最後に村境まで踊りながら移動するのは、そうした踊り神を送り返すためだという。踊りの終了とともに踊り手の身体から切り離されなければ、身体が危うくなるのであり、送った後は再び踊ってはいけないといわれるのはそのためである（板谷徹「〈踊る〉こと、その世界」網野善彦他編『豪奢と流行―風流と盆踊り』平凡社、一九九一年、九四頁）。村境まで踊っていって、そこからは振り返らずに戻ってくるという空間の移動は、精霊が宿った不安定な身体からもとの安定した身体へ、盆踊りのもつ日常性からの離脱から秩序内への復帰へという回路を経験することである。そこでは、秩序と反秩序は、宗教化、儀礼化した形で象徴的に経験される。その意味で、盆踊りは、反秩序的な力を表現し、経験しながら秩序へと回帰していく経路を確認していく場であったと解釈することができるのである。

また、盆踊りはそれを踊る者同士の間に一時的な秩序を現出させるが、それは既成の共同体的な秩序とは異質な秩序である。地縁、血縁によって構成される秩序とは異なり、平等ではあるが流動的で不安定な、エネルギーに満ちた秩序である。藤井知昭によれば、地域的に閉鎖された山村の共同体である北設楽においても、盆踊りはそうした地縁的、血縁的な関係から解放される場であった。盆踊りは、歌うことと踊ることにおいて平等な場であり、そこでは、音頭とりが「ヘゲモニーをその声で奪い、臨時のそして新しいリーダー」となれる場なのである（藤井知昭「民族と音楽」林屋辰三郎編『化政文化の研究』一九七六年、四三二頁）。しかし、それは時間と空間を限ったところで生成されるものであり、それが終わればまたもとの秩序へと戻っていくことが保証されているのである。その意味でも盆踊りは既成の秩序と異質な秩序が同時に表現され体現される場だと考えられるのである。しかし、それは単なる既成の秩序への回帰ではない。北設楽では、特に、芸人の往来や外来者との接触が増加する化政期には、盆踊りのリーダーとなった若者によって外の文化から新しい歌詞や旋律がもちこまれ、定着していったという。少数の若者によって支持されるようになった外の文化が、その社会の秩序を破壊しない範囲内で、それを支持する若者のはねあがりとともに容認され、若者を中心としながら次第に定着していくのである（同書）。普段は外来の文化に対してきわめて閉鎖的な共同体が、盆踊りの際には、そこでの一時的なリーダーを通して外の文化を取り込み、内部のものにしていったのである。盆踊りは、日常からの離脱と反秩序性を時間と空間を限って現出させるが、それだけではなく、時にはそうした一時的なヘゲモニーを通して共同体に新しい文化がもちこまれ、活性化される場にもなるのである。その意味でも、盆踊りは、既成の秩序を反転させながら、既成の秩序を活性化させる契機をつくるひとつの場でもあったと考えられる。

このように、盆踊りは、それが社会不安の時代にあっては反社会的な集団的行動になる可能性のある舞踊狂熱を年中行事化し、騒乱の中心にもなりうる若者にその中心を担わせることによって、秩序と反秩序のぎりぎりのバランスをつくる秩序装置であったとみることができるのではないだろうか。

3　盆踊りの禁止

しかし、盆踊りは江戸中期から禁止の対象として意識されるようになる。それにともなって、大がかりで華美な盆踊りから衣装も浴衣がけの質素なものへと変化していったが、盆踊り自体がなくなることはなく、特に地方ではほとんど禁止の効果もなく盛大に行なわれていたようである。

明治に入ってからは、盆踊りは全国的なレベルでさらに厳しく禁止されるようになる。明治五年の教部省による太政官布告やそれを引き継いだ警察による芸能の統制は、それまで悪場所に封じ込められていた歌舞伎をはじめとする諸芸能を、国民教化政策の一環として位置づけることによって解放すると同時に、その内容ややり方に介入することによって規制していった。悪所や寺社の境内などで行なわれていた音曲、歌舞の類は、劇場の舞台の上で行なわれることになり、興行や営業は届け出制になり、演じられる内容も勧善懲悪を主とするものに限定されるようになっていった。そうした中で芸能は「改良」がすすめられ、教化の一助として位置づけられることになったのである。諸芸能が専門化され、劇場で鑑賞されるものになっていく一方、庶民がなす歌舞音曲である盆踊りは、それまでの諸芸能のもっていた「淫風醜態」を残し、風俗を壊乱するものとして禁止されていくようになる。明治五年の違式詿違条例に平行して、各府県が盆踊りの禁止令を布達していくのである。

盆踊りの禁止は、まず明治五～十年あたりに多くの府県から出されている。そこでは、盆踊りが鄙俗の旧弊であり、風紀、風俗を壊乱するものとして厳しく排斥されている（竹内利美・谷川健一編、一九七九年）。

たとえば、「裸体や異形の体で舞跳」（宇都宮県、明治五年）、「盆中に異形をもつて市中を徘徊」（和歌山県、明治二年）、「市街村落の別なく年少の輩盆踊と称し奇異の姿容をなし…徘徊」（栃木県、明治六年）「男は女装し、女は男装し、或いは異形のものを冠り、或いは思い々々の異風をなし」

（新潟県）といったように、裸体や異形の化粧や衣装、男装や女装といった風体が「不体裁」として問題視されるようになったのである。既に述べたように、盆踊りはもともと風流の系譜を引き継ぎ、豪華な衣装や華美な扮装で人目を驚かすものが持ち込まれることが多い。その日、その時だけのために時間と財を浪費する一回性の美学は、「不体裁」なものとして断罪されることになったのである。

また、盆会と称して男女が醜態をなして夜中に道路で踊り騒ぐのは「一家一己の冗費かつ職業の怠り」（福島県、明治七年）であるばかりでなく、「人身の健康を害する」（秋田県、明治六年）悪弊であるとして、厳しく禁じている。健康とか勤勉といった価値から盆踊りの熱狂が非難されるようになるのである。さらにまた、盆踊りでは、女児の美麗な衣服や太鼓の長さを競ったりして、それを後援する者たちの間に「喧嘩口論」がおこったりすることも多く、もっての外であると批判されてもいる（足柄県、明治七年）。ささいなことで喧嘩や騒動が起こったりするのも、盆踊りというような「鄙俗の宿習」のためであると断じられている。

このように、盆踊りは、下品、浪費、享楽、喧嘩などの醜態が繰り広げられる「旧来の悪習」の温床であり、「無益の事に時日を費やし」（岐阜県、明治七年）、「万一も利益なきもの」（愛媛県、明治十年）だとして禁じられるようになるのである。

しかし、さらに最も問題視されたのは、盆踊りの際に男女が混交して風儀が乱れることについてである。禁止令の文面の殆どに、「男女混雑もつとも鄙猥を極め」（香川県、明治六年）とか、「男女混同頗ル猥褻に渉り」（愛媛県、明治十年）といった表現で、盆踊りの際の男女関係への批判をみることができる。

盆踊りの期間が、実際に後々までこうした若者男女の性関係を含めた出会いの場であったことは、さまざまな民俗資料からも窺うことができる。小寺融吉によれば、滋賀県東浅井郡田根村では、盆の十六日は「踊りの輪から抜けて家路につく娘が、予て約束した青年に予定の如く拉し去られる如きは珍しくない」(小寺融吉『郷土舞踊と盆踊』一九四一年、八八―八九頁)ことだったらしく、また和歌山県神谷地方では、「女は今夜ばかりはとばかり扮装を凝らして出場に及ぶ、そして日頃から情思投合の男女はいつの間にか踊りの輪から消えてしまふ。結局翌朝まで踊つてゐる連中は、空くじを引いた者ばかり。だからこの盆踊りで約束ができたといえば、それですべて纏まつて誰も文句をいふ者はな」かったという(西川林之助『盆踊雑考』日本文芸社、一九三五年、四九頁)。そして、盆踊りの日は、親たちも娘の外出にやかましくなく、「酒を飲む程に、夜が更ける程に、若者たちの語り合い知り合う機会を提供した」(天野武『若者の民俗』ぺりかん社、一九八〇年、五七頁)という様子だったのである。

しかし、この盆踊りの日の男女の出会いには、一定のルールも存在していた。未婚者同士の関係は是認されても既婚者が入ってきた場合は未婚男子群から制裁を受けたり、他のムラの若者たちは、目にとまった娘がいるときは娘の属するムラの若者たちに「カシテクレ」と申し出たりしなければならなかった、という(同書、五六頁)。盆踊りとその中での男女の関係をとりしきっていたのは若者組であり、若者組の管轄下に盆踊りの仔細と秩序が保たれ、男女の婚姻の媒介も若者組を通して行なわれていたのである。

しかし、こうした若者組が主導する盆踊りは、「大概、夜中の嬉戯にして、男女混同、頗る猥褻に渉り竟に言ふべからざるの嫌ひなきを免れず。殊に妙齢の者共、心気を浮藻の地に動かし本業の妨害たる甚だしとす」（愛媛県、明治十年、竹内・谷川編、前掲書、四二一頁）とあるように、男女関係の風紀を乱す場になっているとして、厳しく禁じられるようになるのである。このように、盆踊りは、風紀、風俗問題として禁止と取締りの対象になっていったが、それは、それまで容認されていた生活態度や感覚が、下品とか不道徳あるいは逸脱と定義されるようになったことを示している。同時にまた、そうした盆踊りの禁止は、それを主導し主催する若者組と彼らによって形成、維持される秩序のあり方を否定し、排除していこうとする意識の表われでもあったのである。

こうした観点から盆踊りは禁止されていくことになったが、一方で、そうした蛮風、悪習を改良し近代的で新しい秩序を再編成していく手段として、教育が意識されるようになっていく。早くも明治七年の足柄県の禁令には、「最も恥ずべき醜態」である盆踊りの旧習に対して、「父兄たる者はその義務に注意し子弟の教育不解様、相心得るべき事成」（竹内・谷川編、前掲書、一五四頁）と記述されており、こうした悪習に対して教育的な観点が示されている。

盆踊りとそれに伴う習俗についてのこうした教育的な観点は、明治三十年代前後には、より明確に出てくるようになる。明治二十九年の『教育時論』には、教育の観点から明確に盆踊りの弊害と改良が述べられている。そこでは、盆踊りが、相変わらず「其扮装、歌詞、舞曲等、如何にも猥陋にして観るに堪へず、大に男女の健康を傷ひ、村巷の風儀を乱す」ものであると述べた上で、「学校教育の上進を謀り、普通教育の普及を欲するも、他方において、此の如き不健康猥陋的遊戯が続々として、全国各地の村巷間に行はるる間は、到底一国の風化を善良にし、男女の風俗を純潔ならしむること能はじ。依つて此際、教育の局に当たるもの、宜しく盆踊り改良の計を講じ、若くは別に快遊戯を按出し、遂に日本国民の遊戯ともいふべきものたるに至らしめんことを期すべし。」と続けられているのである（「盆踊と村巷男女の風儀」明治二十九年八月五日）。ここには、教育が日常生活の細部にいたる道徳化を含むものととらえられていることが示されている。同時にまた、盆踊りにみられるような人々のふるまいや若者組を中心としてつくられるそうした秩序維持のあり方が、健全で道徳的な「日本国民の遊戯」に対比され、野卑で鄙俗な悪習として排斥されている。教育は、そうした新しい秩序形成を媒介する重要な手段として認識されはじめているように思われるのである。

盆踊りは、このように明治になって道徳的、教育的な観点から禁止されていくが、それに対してまったく抵抗がなかったわけではない。新潟県では盆踊りが禁止されるともぐりでこれを行なおうとすることが後を立たず（竹内・谷川編、前掲書、二〇七頁）、佐渡国では「盆踊りは維新まで非常に盛なりしが、近来停止に因り、巡査の廻るを以て、其間を窺ひ忽ち散し忽ち集まり男女相混して遊楽する」（竹内・谷川編、前掲書、二一〇頁）状態であったらしい。また、そうして警察の目を盗んで踊る盆踊りを警官が差し止め、それに対して群集が警官と乱闘になり、さらには駐在所を破壊して検束者を奪還するといった大騒動もあったという（小寺融吉『日本近世舞踊史』国書刊行会、一九七四年、三七三頁）。盆踊りをめぐるこうした攻防は、単に娯楽を奪われることに対する抵抗であっただけではなく、盆踊りに象徴される共同体の秩序と明治国家がめざした近代的な秩序とをめぐるせめぎあいでもあったと考えられるのである。

4　盆踊りの復興と健全化

盆踊りは、明治期を通して厳しく禁止されていったが、明治の末から大正期にかけてからは、むしろ単なる禁止から盆踊りの改良と復興の提唱へと変化していくことになった。先に引用した明治二十九年の『教育時論』においても、「村巷の男女は、日々役々として、労働に従事するのみ、都会の男女が、時に触れ節に応じて、種々の快楽を享受するものとは、同日に論ずべからず。されば、一年中、盆祭の頃に方り、男女相混じ、一種の歌舞を演じて、以て平日の欝を散ぜんと欲するは、固より当然の事にして、敢て非難すべきにあらざれども、唯如何せん今日の所謂盆踊なるものは……（略）大に男女の健康を傷ひ、村巷の風儀を乱すとなれば、次第に此踊を改良して、高尚優美の方途に向かはしめんこと、実に今日の急務といはざるべからず」と述べられているように、盆踊りの改良が求められるようになったのである。

こうした変化は、地方改良の一助として農村娯楽を復活させようとする動きの中で徐々に広がっていった。「娯楽によつて愛郷心を養ひ、愛郷心によつて地方の繁栄を図るといふのは、我等の信ずる地方改良の要諦である」（天野藤男、一九一七年、二四頁）とか、「娯楽は人生に新鮮なる活動力を与へる興奮剤であつて、今日において安慰快楽を求むるのは、明日に至つて活動の資本を得んが為に他ならぬ。是れが即ち娯楽の真の意義の存するところである」（武内淡水「娯楽設備に対する農村の無理解」『斯民』第十八編第八号、一九二三年八月）といった見地から、盆踊りを娯楽として復活させようとし始めるのである。

その際、娯楽は「明日の活動の資本」でなければならないのであって、かつてのように夜通し踊り明かしたり、猥雑であってはならない。健全な民衆娯楽として改善される必要が述べられるようになるのである。たとえば『斯民』第十六編、第四号には、各県における盆踊の改善の実例が載せられている。新潟県では、「盆踊は古来本県における夏季唯一の娯楽なりしも、衛生上風紀上の弊害多かりし為、近年殆ど中止の姿となれり。されど長所も多きを以て青年会幹部等が主催となり、時と場所とを制限し、各係りを設けて規律的に運動をなすは夏季における地方唯一の娯楽機関たらしむるを得べし」といったように、設備を整え、時と場所を限って、質素に行なうことが奨励されている。同様に岡山県では、「盆踊に関する改善」として、時間の制限、音頭謡の改良、禁酒の断行を挙げている（今井兼寛「民衆娯楽の改善」『斯民』第十六編、第四号、一九二一年四月）。

このように、夜通し踊る従来の盆踊りを止めて昼間だけ時間を限って行なったり、喧嘩や衝突が起こらないように飲酒を禁じるといった改善が各県で行なわれるようになるのである。また、盆踊り唄の改良には、野口雨情、北原白秋といった詩人や中山晋平、藤井清水といった作曲家が携わり、猥雑な歌詞をやめて学校音楽につながるような叙情的で品のいい盆踊り唄が新しくつくられるようになっていく。こうして盆踊りは、健全な農村娯楽として改良されていくことになったのである。

また、盆踊りの際の男女関係についても改善の方途が探られることになる。天野藤男は、「一生懸命、真つ黒になつて働けば働く程、娘に嫌はれます、どんなに田舎をよくしようと思つたつても女に嫌はれては田舎にゐることはできません」という青年の嘆きをとりあげながら、それについて「我等は地方青年男女が盆踊りを愛する真の理由を熟知してゐる。而して之を奨励し、而も最後に至る迄、一糸をも乱さしめない、青春の意気に燃ゆる男女を接触せしめて、而して握手するのを許さしめない。此に盆踊の趣味が存する、盆踊奨励の苦心も存する」と回答している。盆踊りが農村娯楽の中心のひとつであり、また男女の出会いをつくる機会であることを積極的に認めながらも、それを性的な関係を伴わない「健全な」男女交際へと導いていこうとしているのである（天野藤男、前掲書、八八頁、一五七頁）。

このような、それまでの盆踊りとはかなりその性格を異にする健全娯楽としての盆踊りは、地方改良の方向と合致する青年団によって多く主催され、主導されるようになっていく。かつての盆踊りが若者組によって主導されていたのに対して、改良された盆踊りは、官製の青年団によって担われることになっていったのである。そうした例としてたとえば、山梨県北巨摩郡小泉村の小泉青年会では、青年団が盆踊りを主導して、旧来の盆踊り唄の中で卑俗なものを禁止し、田園情緒や人情味の溢れたものだけを選んで小冊子をつくり、予め村内に頒布して覚えさせたりしているということが紹介されている。また、岡山県英田郡の青年団においては、郷土の歴史や偉人を賞賛する歌詞をつくって踊り唄にした、という例も挙げられている（天野藤男、前掲書、一七八頁、一八二頁）。これらは「優良青年団」の主催する成功した盆踊りの例として取り上げられ、新しい盆踊りのお手本として紹介されているのである。

このように、明治期においては風俗壊乱の元凶として禁止された盆踊りは、大正期以降、衛生的で健全な娯楽としてむしろ風俗改良の手段になっていくのである。青年団が主催したり父兄の監督の下に行なわれる盆踊りは、かつてのような「鄙俗」で反秩序的なものではなく、健全な民衆娯楽のひとつとして再生したのである。「其先天的に共有せる享楽の情性を利導して、其情性を圧迫せずして之に結び付けて、健全なる発達の道を図る」(下村寿一「民風改善と隣保事業」『斯民』第十七編第十号、一九二二年十月)ためのひとつの場として、盆踊りは改めて位置を占めるようになったのである。こうして、学校を中心とする新しい習慣や規範が、盆踊りのような青年団、処女会などが主催する娯楽を通して、一般家庭へと浸透していくことになる。盆踊りの復興は、旧い習俗を近代的で新しい生活習慣に変容させていくための教育的な場へと、その意味と役割を変質させるものであった。反秩序的な力を生かしながら秩序を活性化させていく秩序装置としての盆踊りは、近代的で新しい規範とそれに基づく秩序を補完する教育的な娯楽に変容していったのである。

5 おわりに

盆踊りの禁止から復興への過程は、日常の秩序を超え出るようなエネルギーをどのように処理し秩序内化していくかの変化の過程として読みとることができる。盆踊りの禁止は、それまで容認されていた行動様式や習俗、感覚のあり方が不適切あるいは逸脱として問題視され始めたことを示している。風流の精神は単なる浪費や不体裁、あるいは下品なものへと観点が転換され、それにともなって徐々に生活様式そのものやそれに対する感じ方が変化していくようになるのである。それはまた、盆踊りのもつ祝祭性を否定することによって、新しい規範と秩序を形成しようとすることでもあった。農村を中心としたその後の盆踊りは、そうした新しい規範や行動様式、感じ方を前提とし、むしろそれらを浸透させていく手段として再発見され、復興された。それは、一時的で流動的な共同性という不安定なエネルギーを馴致し、日常生活の秩序を支え維持していく上で積極的な役割を果たすものへとその位置を転換することだったのである。反秩序的な盆踊りと新しい規範形成の中心を担う教育の論理は、その方向を合致させることになったのである。

盆踊りの熱狂

盆踊りがいつ頃から行なわれていたかは明確ではないが、文献上で盆踊りと思われる記述が現われるのは十五世紀前半のようである。『看聞御記』には、それまで行列で念仏を囃す形であったものが、郷民が即成院において念仏躍りを行なうようになったことが記されており、この念仏躍りが毎年七月十五日あるいは十六日に行なわれるようになったものが初期の盆踊りであるらしい。また、それが通常の念仏躍りと異なっているのは、それぞれ趣向を凝らした華麗な衣装を纏う風流の要素が加わっていることである。盆踊りは年中行事として始まったというよりも、こうした念仏躍りや風流が盆の期間にも行なわれたものだったのである。盆に行なわれるこうした念仏風流はきわめて盛大で、たとえば『言継卿記』には、山科言継が目撃した一乗寺の盆踊りでは二五〇人余りの男女が念仏を唱えながら踊ったことが記されている。

「盆踊り」の語が初めて文献上に現われるのは、明応六年（一四九七年）のようである。春日権神主師淳の「明応六年記」に、奈良で「南都中近年、盆の躍、異類異形一興、当年また奔走云々」とあり、異相を纏った人々が盆の踊りを踊ったと記述されている。そして昨日から「躍堂」を建てて「毎年、盆の躍は、昼、薬師寺にて躍り、夜、不空院の辻にて躍」ったところ、「新薬師寺、毎年の躍りに、堂ゆるぎて瓦も落ち、御仏たちもご損じある間、かの寺に難儀の由……」といった記述が続いている。盆踊りは、昼から深夜までお堂が揺らぐほどの狂舞だったようである。

こうした盆踊りの熱狂は、現在では、郷土文化として保存されているような盆踊りよりも、ジャズダンスを取り入れた踊りやリオのカーニバルのダンサーと競演するといった、さまざまな要素を混交させたイベント化した盆踊りのほうに、より多く引き継がれているといえるかもしれない。

第七章　「男女交際」という言説

中村隆文

1　はじめに――海老茶式部の煩悶

「海老茶式部」――この聞き慣れないことばは、明治時代に女学生を指して使われたものである。それは当時の女学生が一般的に海老茶袴を一種の制服として好んで着用したことに起因している。明治三十年代後半から四十年代にかけての新聞や雑誌では、このことばがもてはやされていた。というのも、この女学生という新しい社会的階層が当時の流行現象の一つとして注目を集めていたためである。

この時期には、ようやく日本でも大衆社会が登場し、ジャーナリズムでも受験戦争や高学歴志向などの現在に連なるキーワードの使用が目立つようになってきていた。そこでは、今まで手の届かなかった上位の階層に、もしかすると到達できるかもしれないという庶民の射幸心をあおるかのような記事が氾濫していた。従来は社会の上層の人々にしか関係のなかった色々な問題や事件が徐々に庶民の生活に近い位相で展開し始めたのである。

女学生問題もそうしたものの一つであった。この問題は、学生問題の一角として学歴の大衆化を前提にして語られている。この時期までは、女学生や学生という階層に所属する人々は、基本的に当時「上流」と呼ばれた階層か、資産家層の出身者であり、一般庶民とはかけ離れた存在であった。しかし学歴の取得は、日清戦争以後の日本経済の本格的な資本主義化に伴い、そうした一種の特権階層から、徐々に庶民レベルへと拡大していくことになる。

当時よく話題にされた「貧書生」問題や「学生堕落」問題などの学生をめぐる論議は、ほとんどこうした学歴の大衆化に伴って発生したものであった。その問題のおもだったストーリーは、庶民の子弟が財政的ないし文化的な裏付けなく学歴に憧れた結果として生じた社会的不幸、として定立されていたのである。

今から解説する「海老茶式部事件」もこうした社会背景から現われてくる。そもそも「海老茶式部」という名称には、先述した袴の色からくる由来だけでなく、紫式部に事寄せて勉学する若い女性を指し示すと同時に、他方では「源氏物語」の中で展開する性的な文脈をも含んだ女学生像が投影されていたと考えられる。言うならば「海老茶式部」は、一般庶民にとって、新しい知識を持った「お嬢様」としての憧れの対象、と同時に好奇心をそそる新たな風俗的対象でもあったのである。

一九〇六年十一月二十日『京都日出新聞』第一面に、「学生堕落せるか《轢死女生□嬢を弔す》」という論説が掲載される。その内容は京都府教育会付属講習会（小学校教員養成所）の一女学生の鉄道への飛び込み自殺を報じたものであった。

その文面によると、その女学生は地方から上洛後、直ちに「情魔の節操を弄する所」になると、自らの堕落を懺悔する意味から自殺したことになっている。この事件のそもそもの始まりは、自殺以前の同紙「綻びし海老茶式部（上）」（一九〇六年十一月十七日）という連載記事にある。それは実名入りの糾弾記事であり、その対象となった人物が自殺を図ることになる女学生、つまり「海老茶式部」であった。

その話の顚末は、女学生A嬢が、同嬢の下宿の向かいにあった楽器商B（独身、三十歳）のもとに出入りするうちに、Bの知り合いの同じく楽器商C（独身、二十一歳）と知り合い昵懇となる。そのことがBに横恋慕の気持ちを起こさせ、BとCの間でA嬢が「煩悶」するというものである。要するに一般的な独身者同士の三角関係がその内容であった。しかし記事はあくまでA嬢に対して辛辣なものとなっている。

次いで同紙は、A嬢がCに送った恋文を掲載している。その恋文にはA嬢とCとの交際についてBがA嬢を詰問したため、Cとのつき合いを諦めることが記されていた。つまりA嬢がCと夜毎に密会する有り様をBは知り、それをネタにしてA嬢に交際を迫り、まんまとA嬢を我が物としたくだりが説明されていたのである。

BのA嬢に対する恫喝の最大の手段となっていたのは、Bの「拙者を恨み玉ふなら充分恨み玉へ其代りと致して拙者が悪しき事と思ひたる事はたとへ一面識なき御両親へも早速通知致すべく」ということばであった。つまり、A嬢の所業を親元へ連絡することをネタに脅迫していたのである。

この言葉を受けて、A嬢は、「最早妾は此世に何の望みも御座なく　如何なる顔にて再び皆々様に御交際出来得るかと　世の儚なきを恨みて堰きくる涙も止めやらず　己が罪とのみ諦め申居候」（「綻びし海老茶式部（中）」同紙、一九〇六年十一月十八日）、と絶望してしまうのである。

さて、こうしたA嬢の絶望は、何に由来しているのだろうか。それは言うまでもなく男女交際でのしくじりであり、同時にそうした有様を親元に知られるという恐怖感だと推察できる。どうあれ、このストーリーの通奏低音として流れているのは、明らかに男女交際についての一種の倫理観であり、またそうした倫理観がA嬢を自殺にまで追い込んでいったのである。

この記事が掲載された十一月十八日の午後六時四五分頃、A嬢は山陰線に飛び込む。そのことで「海老茶式部」の物語は完結する。しかし、この問題を地方から上京した女学生が都会の「軽薄な」男性と交際することで「堕落」し、その結果自らの「身を恥ぢて」、女学生のシンボルでもあった海老茶袴を纏い自殺する、というジャーナリズムの筋書通りに理解してよいのだろうか。この事件は単に当時のジャーナリズムの傲慢さを示しているだけではなく、現在の私たちの生活の中にもかいま見ることのできる男女交際イメージの成立を物語っていると思われるのである。

そこで本稿では、こうしたイメージを近代になって初めて登場する「男女交際」という言説の形成に焦点をあてて分析する。「男女交際」ということばは、もとより「交際」の派生語である。「交際」については古くから「外交」とか「付き合い」などの意味で使用されていたが、「男女」と「交際」を繋げた「男女交際」という用語を一般化したのは福沢諭吉だと考えられる。彼は「男女交際」を「文明化」の根幹にある概念として、欧米文明を下敷きにしながら展開したが、それは現在の「男女交際」イメージとは少し違うものである。しかしそうした言説が日本に定着するには、福沢以降多くの議論と現実の修羅場をくぐり抜ける必要があった。本稿ではこうした「男女交際」という言説が、近代日本に定着する過程に注目し、それと共に形成される同イメージの倫理的枠組みを検討してみる。

2　福沢諭吉の「男女交際論」

この章では、福沢諭吉（一八三四―一九〇一）を取り上げる。周知のように福沢は幕末期から明治期にかけて多くの翻訳語を作っているが、その中でも society の訳語としての「人間交際」ということばは、当時としても秀逸なものの一つであろう（柳父章『翻訳語成立事情』、岩波書店、一九八二年）。このことばの成り立ちを追うことで、福沢の「交際」の意味する内容を先ず明らかにしてみる。

福沢が一八七五（明治八）年に発表した『文明論之概略』によれば、「文明とは人間交際の次第に改りて良き方に赴く有様を形容したる語にて、野蛮無法の独立に反し一国の体裁を成すと云ふ義なり」、と「文明」の字義にからめて「人間交際」の位置づけがなされている。

「人間交際」とは、文明化の根本的な指標であり、その有様によって国家の体裁をも決定する重要な概念なのである。そのことから福沢は、旧来の日本について、対等な人間関係の存在しない、文明化されていない国として批判を展開する。つまり「日本にて権力の偏重なるは、洽ねく其人間交際の中に浸潤して至らざる所なし。（中略、筆者）此偏重は交際の至大なるものより至小なるものに及び、大小を問はず公私に拘はらず、苟も爰に交際あれば其権力偏重ならざるはなし」、というように日本では到る所に「権力の偏重」が存在し、平等な交際は皆無であると述べていた。

要するに欧米と日本の「交際」の最大の差異は、どのような人間関係においても日本には上下や格差のある「交際」しか存在していないことにあり、この「交際」の欧米化すなわち対等な人間関係の樹立こそが、福沢の主張する日本の文明化のキーポイントであった。

男女交際の意味

さて「交際」をこのように捉えた福沢は、「男女交際」についてどんな見解をもっていたのだろうか。彼は自らの「男女交際論」（一八八六年）の「序」で、「近年西洋文明の風を慕ひ、漸く往来交際の忽せにすべからざるを悟ると雖ども、此往来交際や、単に男子の間に限りて、未だ女子の間に及ぶことなし。況んや男女両生《ママ》の間に於てをや」と述べている。

西洋文明を導入することで、「交際」は漸く活発になってきたが、その「交際」も男同士のものばかりで、女同士のものはなく、まして男女の「交際」などは全くない現状だと福沢は慨嘆している。

彼にとってこうした女性の「交際」をめぐる問題は、明治初年頃からの重要な関心事であった。それは、人類の半数は女性なのに何故男性と同等の権利をもてないのか（「男女同数論」『明六雑誌』第三一号、一八七五年三月）、西洋化を欲する日本が開国以来いまだに気付いていない「大訣典」は「男女釣合」のことだ（「人間交際の礼」『時事新報』一八八五年八月十日）とか、人倫の大本は夫婦なのに何故婦人だけが差別されるのか（「中津留別の書」一八七〇年）などの福沢の指摘をみれば明らかである。彼は男女同権の主張とともに「男女交際論」を展開するに至ったのである。

福沢はさらにこうした人権論に基づく「男女交際」に加え、「男女交際」独特の利点にも注目する。それは「男女相接して其情を和する」（同前「男女交際論」）という表現に集約される。彼によれば男性同士でも女性同士でも、お互いに「優しき至情」を持つことはできないが、男女ならば「其間に無限の情」があるかのようにうまくいくというのだ。旧来の日本では、こうした「男女交際」が行なわれていなかったので、特に男性の場合は、社会的にも逸脱した人々が発生していたと指摘している。

さらに今までの日本に離婚が多かったのも「男女交際」に関係しているとされていた。彼の統計によると、一八八三（明治十六）年の日本全体の結婚数は三三万七四五六件あったが、離婚数は一二万七一六二件あり、離婚数が結婚数の三分の一以上もあったと指摘している（「離婚の弊害」『時事新報』一八八六年七月二十八日）。そしてそれについて、「我国にて離婚の頻繁なる其原因は、固より一にして足らざれども、男女交際の道なきこと其最も重大なるものならん」（「離婚の原因」『時事新報』一八八六年七月二十九日）と福沢は断言していた。

彼は、従来の結婚制度はまるで「抽籤」のようなもので、結婚する相手のことをまったく知らずに一緒になるので、離婚が多くても当然なことだ、と批判していたのである。

肉交と情交

福沢は「男女交際」について、さらに細かい定義づけをしている。これは彼の「男女交際論」において最も重要な点であろう。彼は「男女交際」を「肉交」と「情交」の二種類に分けて説明している。「肉交」とは、「両生《ママ》の肉体直接の交にして、人間快楽の中にても頗る重きものなり」と表現される。

一方「情交」とは、「双方相互に説を以て交り、文事技芸を以て交り、或は会話し、或は同食する等、同生《ママ》相互の交際に異ならずと雖ども、唯その際に微妙不可思議なるは異生《ママ》相引くの働」（同前書）があるもの、としている。

つまり簡単にいえば「男女交際」には、肉体的な交わりと精神的な交わりの両者が存在すると定義づけていた。そしてその両者の関係はどちらを主とし従とすることもできないとし、「肉交の働は劇にして狭く、情交の働は寛にして広く、而して人間社会の幸福快楽を根本として両様の軽重如何を問ふ者あらば、我輩は孰れを重しとし孰れを軽しとして容易に答ること能はず、唯両様ともに至大至重にして其一を欠く可らずと答へんのみ」（同前書）と説明していた。

福沢は、「肉交」は激しいが狭い範囲に働くものとし、一方「情交」は緩かであるが広範囲に働くものと規定している。こうした両者の働きは孰れも重要なもので相互に欠くことのできないものだと強調したのである。

そして彼は本来人間に備わっていたこの男女の「交」を破壊したものは、「徳川政治」の「社会の圧政」の仕業であり、その結果女性は「人間交際」の外へ排斥され、「情交」は不可能となった、と述べる。福沢によれば徳川時代の「男女交際」は「肉交」しかない、寒々としたものだったと理解されている。よって新時代となった明治では、「情交」を復活し、「肉交」ともども本来の「男女交際」を実現すべきだと主張していたのである。

3　学校モラルとしての「男女交際」

福沢が「男女交際論」を発表した一八八六（明治十九）年は、第一次の女学校設立ブームとも呼べる時期であり、この数年でキリスト教主義女学校を中心にした私立女学校が一挙に増加する。勿論その生徒実数は前年の一八八五年において女子の中等教育在学率で、〇・〇四％（国立教育研究所『日本近代教育百年史』第四巻、一九七四年）とまだまだ僅少なものであるが、女学校当局者にとって女子教育普及には好時節と捉えられていた。

この章では、前章で見た福沢の「男女交際論」に批判を加えた巌本善治（一八六三―一九四二）を中心とする『女学雑誌』を検討する。周知のように同誌は、巌本が深くかかわった明治女学校の創立（一八八五年九月）より二ヶ月早く発刊され、一般女性および女学生の機関誌的な側面、と同時に進歩的知識人の読者を多く持つ一般誌的な側面とを持つものである。誌上において巌本は、自らの差配する女学校での教育を視野に入れながら福沢を批判している。言うならば、この雑誌での議論が、現在まで続く「男女交際」という言説の大枠を形成したと考えられるのである。

教育としての「男女交際」──福沢批判からの出発

『時事新報』に福沢の「男女交際論」が掲載されるとすぐに、『女学雑誌』は福沢批判を展開する。それは特に福沢が「肉交」を「情交」と同位置で評価する点に集中していた。現在のように性教育が学校教育に普及するまでは、恐らく学校教育の内部で「性」とりわけその男女の直接的な行為を話題にすることはなかったと思われる。こうした性をめぐる言説は、当然のごとく学校内では忌避されてきたわけである。この章では、学校モラルとも呼べるこうした現象をも、視野に入れながら「男女交際」という言説を検討していく。

一八八六（明治十九）年六月十五日発刊の『女学雑誌』第二六号社説「男女交済論」は、同月三日まで『時事新報』に連載されていた福沢の記事を取り上げ、批判を開始する。

先ず同誌記者は、福沢の「男女交際」の方法に注目している。彼は福沢の意見を、「男女ともに談笑遊戯相近づき相見るの仕組を設けて之を救ふより手段なかるべし其間に一二の危険ありとも此は火に焼け水に溺るゝものゝ多少ある如し　其故に全く火水を使はずと云ふの愚也　宜く大胆に男女を交済せしめ古来の習慣を破るべし」、と要約している。

なによりも記者が疑問を持ったのは、「男女交際」によって生ずる危険を顧みず、多少の犠牲は致し方ない、として展開される福沢説であった。記者の意見は、人間は本来交際の動物であるということから、女性にとっても当然交際が重要であるという主張については、福沢に一致しているが、その方法においては全く賛成できないとしている。

さらに記者は福沢説に従うととんでもないことになると批判している。その理由は今まで「数千年来悉く情交をたゝれた」人々に、そうした「交際」を自由にすると、閉じ込めていた火の気を一時に放ったり、堰止めていた水を一度に流すようなもので、到る所で焼死者や水死者が溢れ返り、とても福沢のいうような軽度の被害ではすまない、というものである。

そのため、「男女交際」の適当な方法として記者は次のような四段階法を提案していた。先ずその第一段階として、「一に女と女との交済を盛んにする」、次いで「二に夫婦と夫婦との交済を盛にする」、その後「三につまある男と夫ある女とを交済さする」、そして最終的に「独身の男女同士をして自由に交済さするを可とすべし」、としていた。

つまり最初に、女同士の交際、次に夫婦同士の交際、そして既婚の男と既婚の女の交際、最終段階で独身の男と独身の女の交際という順序である。しかしここで特に注意したいのは、最後に来るのが独身男女の交際という点であろう。要するに記者は、学校という独身の男女がそのほとんど全てを占める特殊な空間を、その最終的な段階に位置づけていたのである。勿論このことは『女学雑誌』そのものが、女学校に直接関わりを持った人々によって担われていたことと無縁ではない。

「肉交」の比重が「情交」と同等である福沢説の学校教育への適用は、年頃の女学生を抱えている学校当局者にとっては直ちに採用できるものではなかった。彼らは「男女交際」という考えには原則的に賛成していたが、その学校における実施をすぐさま実行するわけにはいかなかったのである。その実現には、「男女交際」を彼らなりに理論化し、学校におけるその方法的な問題も解決する必要があったからであろう。こうした過程は、この論説の二年後から本格的に同誌上で展開する「男女交際」論議でさらに明らかになる。

一八九〇（明治二十一）年六月十六日の同誌第一一四号は、「男女交際論」と題した社説によって、同名の福沢の著作を再び批判している。その批判点は先述した論説と同じく、福沢が「情交」と「肉交」を双方とも重要なものと位置づけていることに照準を合わせていた。『女学雑誌』記者は、福沢論にたいして「情交」の「肉交」に対する優位を、「吾人の考へには、肉交は迚も情交と比較すべき程の交際にあらず、甚はだ狭く、甚はだ卑しく、甚はだ厭き易き所ろのものと信ぜり。（中略、筆者）吾人の理想によれば、人間は遂に肉交を以て一種の義務と心得、仕方なくして夫婦肉体の交わりを為すの日に至らんと信ず」、と主張している。

記者によれば「肉交」は「情交」と比較すると余りにも矮小なものなので比較の対象にもならないとされている。そして夫婦の間でも最終的には「肉交」は一種の義務としてしかたなくする行為となる、と断言している。

さらに記者は、「夫婦間に行はるゝ最上の交際は、即ち情交なり。夫婦ならざるの男女間に行はるゝ交際は、必らず情交ならざる可らず」、と徹底的に「肉交」を排斥する。つまり夫婦の間でさえ「情交」が最上とされているのだから、当然のことながら夫婦以外の「男女交際」は絶対に「情交」でなければならないと結論づけていたのである。

では「情交」としての「男女交際」が普及すれば、どのようなことになるのだろうか。先ず「情交」が自由になると　「天下の姦淫々乱は確かにその三分の二を減」じ、少年の放蕩や芸妓娼妓の数や間男密通の不行跡も「大に減ず」ることになる、と予想する。つまり彼によると、「男女交際は情交を盛んにして人を人間にするの効益あるもの也」ということになる。つまり旧来の「人」が、お互いに「情交」を経験することで、近代的な「人間」になるという、極めて教育的な効果がそこには期待されていたのである。

危険な恋愛

こうした「情交」専一主義とも呼べる「男女交際」論は、必然的に「肉交」の対極として形成されていく。それ故に、「情交」から「肉交」への最大の転換点ともなる恋愛を危険視し、それを監視・警戒する発想を生みだしていったともいえよう。

一八八八（明治二十一）年七月十四日『女学雑誌』第一一八号社説「男女交際論―其危険」では、その恋愛への注意をしきりに促している。その内容は、男女の間というものはお互いに魅力を感じれば、「一瞥片視の間既でに言ふ可らざるの引力を生ぜしむる」ものであり、「愛恋の情一たび動く」と、冬の天候がたちまち春になり、砂漠に花が咲くかのような状態が現出する、と述べている。それ故、「男女交際」の危険性は、「或る限りに至る迄で男女を接近せしむるが為にして、而して其危険は、此の限りを立越えて彼等を接近せしむるが為に原づく」、と警告している。

つまり「男女交際」とは、男女を近づけお互いに親しみを持たせるという目的があるにもかかわらず、それが行き過ぎると忽ち危険な領域に突入してしまうというアンビバレントな性格を持ったものとして特に監督が必要なものであった。

恋愛とは、「男女が相ひ交際し、相ひ交際して親密となり、親密にして遂に其の奨動の趣く所ろに流れ行かんとするは、亦た同じく人性の自然なるもの也」、というように、ごく自然に「肉交」

を導き入れるものとして理解されている。そのため、男女間に、「情感電通し、意気合体し、同情愛思の念すでに油然として起るの時は、既に是れ一転将さに大危険の谷に陥入れんとする悪魔の手の触るゝ時」と認識されたのであった。

だからこそ、そうした危険を持ち込む「男女交際は、天の使にして亦悪魔なり」と象徴的に把握されていたのである。

恋愛の危険性を「男女交際」から取り除くために、『女学雑誌』のこうした主張は、「男女交際」の技法までも生み出すことになる。この技法とは、「今日男女交際に対する先進者が責任とする所ろは、当に細かに人情を察し、習慣に掛念し、男女をして彼の不測の罪悪に堕落せしめざるやうに為しつゝ、則はち亦た可成く清潔なる男女交際の方法を実行せしむるに在り」（社説「男女間の清徳」同前誌、第一六八号、一八八九年六月二十九日）、と記されているように、指導者が交際中の男女をしっかりと観察・指導して「肉交」に及ばないように監督しなければならないというものであった。

彼らにとって、「清潔なる男女交際」という「危険」を排除した「情交」専一の「交際」の普及が、第一に優先すべき課題として登場してきたのである。そしてこうした技法は当面女学校において実施されることになる。それは女学校への男子教員の採用やキリスト教会における男女の集会にて女学生を参加させることで、徐々に「男女交際」に慣れさせ、女学生に「清潔なる男女交際」の基礎を築かせるようにしむける、というものである。こうして「清潔なる男女交際」は、先ず第一に女学校を中心として普及し、女学校の増加に伴い一般学生をも巻き込んでいく学校モラルとして出発したといえるだろう。

次章で検討する課題は、こうして形成された「男女交際」のさらなる展開となるが、その時期的な問題に一言しておきたい。この時期（一八八五―一八八九年前後）の女学校設立ブームが終息するのは、この論議の沈静化と同時期であった。そのためか一八九〇（明治二十三）年から高等女学校規程が制定される一八九五（明治二十八）年までの「女学校教育の低迷期」（前掲、国立教育研究所）と呼ばれる期間には、ほとんど見るべき議論を確認することはできない。再度「男女交際論」が世論に登場するのは、第二次女学校設立ブームといえる一八九五年前後からである。とりわけその議論の広まりを考慮すると、一九〇〇（明治三十三）年に入ってからそれが本格化することが了解できる。そのため次章では主にこの時期を対象として検討していきたい。

4　哲学者たちの「男女交際」

一九〇〇年前後になると、「男女交際」についての倫理的な枠組みが、都市部の知識人層を中心にして漸く普及し始める。しかし当時の地方の「男女交際」は、こうした都市の学生意識や中流階層意識とは無縁であった。一八九二（明治二十五）年八月二十日付けの『女学雑誌』第三二五号には、方寸生（在故山）が「田舎嘆」と題して、「道徳界の零落田舎道念の堕落何ぞ夫れ甚だしき。家庭に於て純潔を見出す能はず、学舎に於て純潔を見出す能はざる也。これ近時小学児女の無罪の遊戯をつくづくと眺めて、慄焉として愕嘆したり。彼ら無罪の子女、齢十四五小学を卒へて出ずるの後、姦淫の罪を犯さざる者幾人かあると。未婚の女子に於て処女を見出す能はず、況んや処男をや。言ふに忍びず田舎道徳の内情推して知るべき也」と報告を記している。

ここで論者は、家庭や学校に純潔を見いだせず、小学校卒業をしたばかりの少女や少年でさえ姦淫するのが当然であるかのような地方の状況を嘆いていた。

こうした地方と都市との道徳的な格差について『女学雑誌』は、一八九七（明治三十）年から調査を開始する。櫻井鷗村（一八七二―一九二九）を中心とするこの調査は、誌面で「各地女風俗の報告を求む」（第四五〇号、一八九七年九月二十五日）と呼びかけられ、その内容として、（1）「男女交際の有様（未婚の子女の交際に関する世間の制裁は厳なるか寛なる乎。男尊女卑か否や等）」、（2）「女学生の富貴、修学者の増減、其志望の傾向等（女学生の主婦たる家庭、其帰郷後の実績等を含む）」、などの項目が挙げられていた。

こうした雑誌側の呼びかけに応じて、これ以後続々と報告書が掲載されていく。その数例を以下に記してみよう。

群馬県吾妻郡嬬戀村地方では、「毎夜青年婦女が夜遊に出づるの習慣ありて、彼の小屋に潜かに男女の声あるあれば、此処にもまた然るあり」、という状態であり、また青森県西津軽郡赤石村地方では、「男女成年に達すれば、自由に相通ず。又配偶を有する男女間と雖も、往々驚くべきの事あり。然れども父母乃至他人も敢て之を怪しまず」（同前誌、同号）、といった都市部とは全く異なった状況であった。

さらに京都府においても、「男女の間は市中はやゝ厳正なれども、田舎に入るに従つて混乱し、尤も甚だしきに至りては、男子十七八才に達すれば、之を別室に置きて、甚情婦の出入に便するの風あり。又女子十五六歳に達するときは、之をして自由に愛郎を撰ばしむるの習あり。また盆踊、夜祭等には、淫風公然に行はるゝの地方ありといふ」（A・B・蘄生「各地女風俗報告集」同前誌、第四五二号　一八九七年十月二十五日）、というような風俗が一般的であった。

以上のように当時の地方の状態は、ほとんどの場合「清潔なる男女交際」とは程遠いものである。こうした状態を改良すべく登場したのが次節で述べる哲学者たちであった。

丁酉倫理会の創設

さて明治の哲学者たちが結集した社会運動団体の名称は、丁酉倫理会である。この会は正式には一九〇〇（明治三十三）年に発足する。しかしその活動は丁酉の年つまり一八九七（明治三十）年一月二十一日に日清戦勝後の国民道徳を刷新するために創設された「我国現時の倫理問題に就き懇話」会［横井時雄（一八五七―一九二七、神学者、同志社社長）、大西祝（一八六四―一八九九、哲学者、東京専門学校講師）、姉崎正治（一八七三―一九四九、宗教学者、東京帝国大学助教授）、雀部顕宣（？―一九三八、宮城女子専門学校長）、岸本能武太（一八六五―一九二八、哲学者、ユニテリアン運動家、東京専門学校教授）］から継続していた。さらに同懇話会の二回目の会合（一八九七年一月二十八日）では同会の名称を「丁酉懇話会」と改め、この懇話会が発足後三年たった一九〇〇年一月、丁酉懇話会はその名称を「丁酉倫理会」と変更したのである。

丁酉倫理会の構成員は、上記の初期メンバー以外に、中島徳蔵、吉田賢龍、田中喜一（王堂）、浮田和民、桑木厳翼、吉田静致、千葉鑛蔵、松山直蔵、高島平三郎、藤井健次郎、高山林次郎（樗牛）、蟹江義丸、宮田脩、坪内雄蔵（逍遙）、安倍磯雄、金子馬治、野田義夫、井上哲次郎などで、当時の日本哲学界の中枢を網羅するかのような人員構成であった。

丁酉倫理会の「男女交際論」

丁酉倫理会での「男女交際」に関する講演は一九〇〇年代初頭から一〇年代にかけて数多く行なわれる。前章において、学校モラルとして語られ、さらに青年問題として展開されていた「男女交際論」は、再び社会全般を語る一般論として議論されることになる。では、同会で論議された「男女交際論」を、その大まかな骨子を反映していると考えられる「男女交際会」会長井上哲次郎（一八五五―一九四四、哲学者、東京帝国大学文科大学長）と、この後、日本女子教育会を結成し、この領域の理論家・実践家の第一人者となる下田次郎（一八七二―一九三八、教育学者、女子師範学校教授）の意見を中心として紹介していこう。

井上は「男女交際」の必要性を、日本の国際化と関連させて、「彼の北清事件があり又たそれに引き続いて今回日露の戦争があり日本は益々西洋諸国と関係が親しくなつて、従つて交互の世界的の交際と云ふものは従前に較べて一層盛になつて来る、詰り此世界の大勢に連れ合て矢張男女の交際と云ふものを改良して行かなければならぬ　従来の有様では到底いけないと斯う云ふ考へが学者の頭脳にも泛び、又世間の社会改良家の頭脳にも泛んで来たのであります」（「男女交際論」『丁酉倫理会　倫理講演集』、第二〇号、一九〇四年五月十五日）、と述べている。

つまり世界の大勢に準じる「男女交際」の普及、つまり国際化を意識した「男女交際」の展開こそが、当時の日本社会に必要であったと認識されていたのである。

この点について、下田も「男女交際論」の盛んとなった理由を、「男女交際論の起るのは何故かと云へば、日本が開国によつて外国と交通して、他の国の風俗習慣を見、我国の風俗習慣と比較して、始めて是が便利である、あれが悪いと云ふことを覚つたから、即ち日本人が日本の風俗習慣を客観的に見る様になつたからであります。そこで男女の交際論が起つて来るのである」（「男女の交際に就きて」同前誌、第一六号、一九〇四年一月十五日）、と述べ、欧米風俗と日本風俗との比較検討から、「男女交際論」が立ち上がってきたと説明している。

さてこうした国際化の流れと共に要請されることになった「男女交際」は、果たしてどのような利益を生むと考えられていたのだろうか。井上は、「男女両性はマア余程違つた所があるものでありますからして　此両性の交際は自然に相互に補つて行く所があるのであります、相互に補つて行くのみならず、余程是迄の日本の社会の弊風を矯めることが出来るだらう（中略、筆者）其弊風を矯むるの結果たるや男女両性の品格を次第に高尚に為して行くことが出来るに相違ない」と語っている。

井上によれば、日本社会の「弊風」を矯め、男女両性の「品格」を高尚にすることが「男女交際」の利点だとされている。

この点について下田は、「男女共家庭に於て、社会に於て遺憾なく交際をし、女子も積極的に働いて双方共　同等の位地に立つて、同等に尊敬し合ふて、男女の身体及び精神に自然合ふた仕事をさせるやうにするのが吾々の男女交際に於ける目的であります」、と述べ、「男女の性に基く自然の利益」を増進できると主張していた。

勿論こうした意見の背景には、宮田脩（一八七四―一九三七、女子教育家、奈良県畝傍中学校教諭、後の成女高等女学校長）の語る、「なるべく迅速に改造したいのは、男女間の交際であると思ふ、盖し大なる而も進んだ文明は、万物平等観の上に立たねばならないので、従来に於ける東洋の女子観の様に、同じ人類たる彼等に対して一等地下つた対遇をするのは決して文明其者の意思でないと云ふが其理由」（「恋愛の道徳的価値」同前誌、第一九号、一九〇四年四月十五日）、とする文明国としての自覚からくる男女平等観が大きく影響していたと考えられよう。

それでは、こうした「男女交際」を具体的にどのように実施するつもりだったのだろうか。井上は、女子教育の普及と社会組織の変更という、二つの具体策を提言している。

先ず、女子教育について、「教育が総ての根本になることであつて教育のない女子を幾ら勧めて男子と交際させやうとして所が到底ダメである、ナカナカ分らぬですナ、第一教育のない女子だと話しも本統《ママ》に出来ない、少し高尚なる話しをするとサツパリ分らぬ、話しが出来なければ到底交際は出来ませぬ、交際の一番大事な道具は談話にある」と述べて、女子教育の充実を重視している。

次に、「社会の組織に変更を来さんければならぬ、即ち男女交際の出来るやうに仕組を拵へんければならぬ、一体男女交際の最も能く行はれやうと云ふ為めには私の考では先づ宴会の改良をやらなければならぬ、（中略、筆者）宴会の改良を致しまするを其の結果として男女交際の改良が自然に出来るのであります」と、社会組織を変更して「男女交際」を実現するため、その端緒として宴会を改良すべきであると主張していた。

では、井上の言う「宴会」とはどのようなものなのだろうか。それは、「今後は西洋風の宴会を開いて成るべく西洋の礼を用ゐて、男女交際の円満に行はれむことを期せなければならぬ」(「男女交際論(前号の続)」同前誌、第二一号、一九〇四年六月十五日)というような、夫婦同伴で参加できる西洋風の宴会を指していた。井上を始めとして、下田、高島平三郎、大塚楠緒子(一八七五―一九一〇 歌人、小説家)などが同様に、既婚男女による交際を第一と考え、それに対する論議を繰り返す一方で実際にそうした「宴会」を丁酉倫理会内部で自らが実行していたのである。この点は後述するとして、それでは青年男女の交際はどのように考えられていたのだろうか。

青年の「男女交際」

一九〇〇年代にはいると女学校の数は、一八九九(明治三十二)年の高等女学校令の影響で官公立のものを中心に大幅に増加していく。ちなみに官公立女学校本科の入学志願者数を見てみると、一八九九年の指数を一(二六二〇人)とすると、一九〇〇年は一・四七(三八六三人)、一九〇二年は三・一(八一三一人)、一九〇五年は五・四八(一万四三六五人)、一九〇八年は七・九三(二万七九一人)となる(『文部省年報』)。前章でも少し触れたが、女学生の数的な増大が「男女交際」モラルの確立を促しているという側面も考慮しなければならない。

さて丁酉倫理会において、青年や学生の「男女交際」は、あくまでも既婚男女の交際の次に考えられるものであった。高島平三郎(一八六五―一九四六、児童心理学者・教育家)は、「男が女の精神を知り、女が男の精神を知つて、愉快な交りをするといふことは文明社会に大変必要な交際法であらうと思ひます。（中略、筆者）宴会といふ名前の付くものでなくても社交的に集つた其のパーチーを愉快にすることが出来るのです。かゝる社交法を学校や家庭で教へることが必要であります。今日は男子が客に応対する道などを教へることは少ないやうでありますが夫等の事を知つて居らねば決して男女の交際などは出来ぬ」（「男女交際論」同前誌、第一四号、一九〇三年八月十五日）、と述べている。つまり、男女がお互いの「精神」を知り、愉快に交わることが文明的な交際法であり、そのことを青少年に教育すべきであるとの主張であった。

こうした意味から、青年の「男女交際」は振興されようとしていた。それには、大きく分けて次の二つの方法が議せられている。

（一）　男女共学。

（二）　監督者のいるグループ交際。

それらを順に説明してみると、先ず（一）については、浮田和民（一八五九―一九四六、東京専門学校講師）が、「小学校時代の生徒の間に於ける様にしたらよかろうと思ひます、それは男女混合して居つても自然に制裁監督があるから猥らなことが少なく、特別に監督するの必要も実は無いやうなことであると思ふ」（「青年男女の交際」同前誌、第四四号、一九〇六年五月十五日）、と述べているように、小学校から共学にして「男女交際」に慣れさせるようにすれば、将来的に交際がうまくいくとの主張である。

下田の意見や溝淵進馬（一八七〇―？・高等師範学校教授）の「男女共学に就て」（同前誌、第四五

号　一九〇六年六月十五日）も同様の指摘である。

次に(二)について、同じく浮田の意見に耳を傾けると、「中等教育や、高等小学校以上の者になつては個人的に自由に交際させることは、剣呑と思ふ、無監督の下に交際を許すといふことは、下等社会はどうか知らぬけれ共、どうしても日本現今のレスペクテブルの社会では許されませぬ、個人的に今日本のやうな社会で青年男女の交際を許すといふことは過を勧めるやうなもので断じていかないと思ふ、だから中等教育に於ける男女は成る丈け正当なる演説会とか或は説教とかいふやうな場所へ時々集めて団体的監督の下に相会せしむる機会をモウ少し頻繁にしたい」、と小学校以上の青年には、監督者の下でのグループ交際を指導することを推奨している。

こうした主張は、「男女交際論」の論者のほとんどが持っており、同会内部でも、高島、下田の意見を始め、中嶋徳蔵（一八六四―一九四〇、倫理学者、哲学館講師）の「寄宿舎中心の男女教育」（同前誌、第三〇号　一九〇五年三月十五日）などが、その典型ともいえよう。

男女交際会（家族会）と哲学者たち

丁酉倫理会は、以上のように既婚者男女を中心とする社会改良としての「男女交際論」を展開していた。そしてその具体的な実践として井上哲次郎を会長とする男女交際会（家族会）を開催している。この活動は、毎回誌上で報告され、読者からの質疑応答が掲載されたのである。

では次に、この男女交際会の活動を見てみよう。この会については、一九〇四（明治三十七）年八月十五日付第二三号の『丁酉倫理会講演集』に捕風生が「間々録　男女交際会案」として、その実施プランを掲載している。その案によれば、「他の人も他の場所で同様の会合は容易く目論見得ると思ふ」、と同様の男女交際会を各地でも開催できるようにとの意図が込められた提案であった。

その規約の一部を見てみると、同会会員および「男女に限らず、若干の会員が各々独立の紳士淑女と認むる両性の人々」との集会を毎月一回催している。その内容は、自由談話、美術品の鑑賞、講話、音楽鑑賞、「会員の五分演説（成るべく夫人方が嬌唇を振って従来圧伏せられたる束縛の不合理を此所に聴くを得ば尤も妙ならん）」、「家族懇親会（年に一二回位、此は嬢さん方坊ッちゃん方を誘引し来る）」などである。特に、「未婚の紳士淑女には成るべく相互の性情人物を知り得るの機会を与ふるを目的とし、会の目的動作より正当に起れることに就き、多少世間軽率不正なる風評の生ずる時は、会員は協力して其の為めに盡くすこと」、と未婚男女の交際についても考慮されていた。

こうした規約を制定したのち、井上を会長、中島、千葉鑛蔵（一八七〇―一九三八、掬香、哲学者、東京専門学校講師）を幹事として男女交際会は、名称を「家族会」と変更して発足している。その第一回は翌一九〇五年四月に実施されている。その会合は、丁酉倫理会会員夫妻とスミレ会会員夫妻およびその関係者が集まり、上野の精養軒で開かれた。その内容は、会食と明治音楽会のヴァイオリン四重奏と井上、浮田の演説、および両会員の談話とで構成され、盛会の内に終了している。これ以後、家族会は毎年春と秋の二回、継続して催されている。

「家族会」は、上記のように都市中流階層以上を対象にした「男女交際」普及のための啓蒙活動として位置づけることができよう。しかしその一方で、こうした階層を目指す中学校教諭志望者にとって、丁酉倫理会の機関誌は大きな役割を担っていた。それは同誌が、中学校修身科教員受験の参考書として機能していたことによる。受験者への指導は主に「応問」のコーナーで行なわれている。これは読者の質問に同会員が回答するというもので、発刊当初から継続的に行なわれていた。また第二五号（一九〇四年十月十五日）以降は、文部省修身科予備試験問題解答が掲載され、受験色が一層濃厚になってきている。丁酉倫理会の活動は、「男女交際会」のみに止まらず、教員受験を通じて全国的な影響力を拡大していったと言うことができるだろう。

5　結びにかえて

「男女交際」という言説は、福沢諭吉によって創出される。彼はその内容を「肉交」と「情交」という二種類の交際によって成立していると捉えている。そして、日本の旧来の「男女交際」を「肉交」だけのものであると否定し、明治期を迎えた今後の日本の「男女交際」は、「情交」をも加えた文明的世界のものへと変化しなければならないと説明する。そしてこのことは同時に日本社会全体の文明化を促進するという結論を踏まえていた。

しかしこの論説が発表されるや否や、「肉交」と「情交」を相半ばする「男女交際」が正当であるとする福沢説に異を唱えるグループが登場する。それは巌本善治を中心とする『女学雑誌』の人々であった。明治女学校をその母体として持つ彼らは、「男女交際」を学校モラルの中でいかに実現するかを考え、その意味から「肉交」を排斥した「情交」専一の「男女交際」を主張する。これと同時に、最も「肉交」に直結する危険性を持つものとして「恋愛」への監視を厳重にすることを提言している。ここで成立するのが、「清潔（清らか）なる男女交際」という言説である。つまり青年男女にとっての「情交」専一の「男女交際」をこの言説に体現させたのである。そしてこのモラルは女学生数の増大とともに、中流階層を機軸として社会的な認知を獲得していく。

次に、こうした学校モラルとして、主に青年を対象として形成された「男女交際論」は、日清戦後の日本の国際化の流れと共に、今一度、一般社会を対象としたものに変化してくる。その主体となる担い手は、哲学者たちである。彼らは、戦後の国民道徳を刷新する動きの中で、丁酉倫理会を形成し、道徳教育運動を開始する。彼らは日本の国際化を旗印に、文明国としての自覚からくる男女平等観を実現するために、「男女交際論」を展開している。彼らの主張の特徴は、機関誌の発行、宴会の改良や既婚の男女を中心とした「男女交際会（家族会）」の実践を通して、具体的な「男女交際」の方法を普及したことであろう。

またその青年論は、初等教育における男女共学や監督者のいるグループ交際などを中心としたもので、あくまでも既婚者の「男女交際」を主とするものであった。同時に丁酉倫理会の活動は、その機関誌が中学校修身科教員受験の参考書として使用されることで、受験者を通して全国的にその主張を広めていったと考えることができるだろう。

福沢諭吉から始まった「男女交際」という言説は、明治の女学校を経由することで、学校モラルとして定着し、新たに一般社会にまでその影響を拡大していった、と考えることができるだろう。そしてその内容は、主に女学生のモラルを中心に形成され、一般学校への同モラルの適用・拡張が図られたと思われる。勿論こうした女学生モラルについては、十分な究明は行なわれていないため、今後の研究でさらに検討しなければならないことを付言しておく。

ところで、こうした「男女交際論」は、現在にまで大きな影響を投げかけている。筆者が、一九九八年度に石川県下全域の公立高校の生徒手帳を調査したとき、その半数以上に、次のような「男女交際」についての文言が記されていた。

「男女の交際は、常に礼儀と節度を守り、純潔公明であるように心掛けること」。

「交友は、公明正大なグループ交際であることが望ましい。特に男女交際は、他から誤解を受けない清純で明朗な交際であること」。

「男女共学の精神にかんがみ、男女の交際は純潔開放的でなければならない。その関係は人格的であり対等であって、少なくとも他から疑惑や誤解を招くものであってはならない」。

前時代的とも言うことができるこうしたことばが、今でもまだ流通していることは、現在もなお「男女交際」という言説が衰亡せずに生き続けていることを意味しているのだろうか。

都市と地方の男女交際

明治三十年代の地方と都市の男女の風俗は極端に異なったものである。本文で展開する男女交際論は、勿論都市部のものであるが、それが全国的に展開するのは大正期を経なければならない。ちなみに、この時期の都市部である大阪市の記録では、「男尊女卑多くは女子無教育の科によると思はる。（中略、筆者）男女双方共教育あるものは同等の権を有する交をなせり此頃青年男女間に於て青年男女が女子に向て『君はね僕はなあ』てふ言葉あるを見受く。」（『女学雑誌』第四七二号　明治三十一年九月二十五日）というように、教育を受けた男女間には同等のつき合いが生まれるという一般的な認識がすでに読みとれる。

しかしその一方で、都市部ではとても考えられないような事態が他方で展開していた。例えば、福岡県では「盗む」という結婚習俗が存在していた。その具体的な内容は、「男女何か一方（殊に女子の親方）に於て、通常の手続にては談合の整はざる場合に、なお且つ結婚せんとする時は、男子の友人は、彼女子の外出を窺つて強て之を奪ひ、車力に乗せて男の家に運びて、無理遣りに婚儀を遂げ、而して後女の親里に通知して、止むを得ず承諾せしむるなり。」（同前誌、第四五二号　明治三十年十月二十五日）といった強奪結婚が記録されている。

第八章　高等女学校同窓会の身体文化

――戦時期の実践と記憶の再構築メカニズム

黄　順姫

1　はじめに

いわゆる「老人」に付きまとう否定的なステレオタイプのイメージがある。弱者、時代遅れ、頑固、地味などがそれである。しかしながら、これらのイメージを覆すような出来事があった。二〇〇一年五月二十九日、日立市で「日立芳友会」という茨城県立水戸高等女学校日立支部同窓会が開かれた。一九四四年水戸高等女学校に入学、四九年に卒業した者の学年同窓会であった。同窓会では五年間彼女たちの担任をしていた古典文学の元教師が招かれていた。彼女たちの平均年齢は七十歳であり、元教師は八十三歳であった。同窓会を終えたばかりの彼女たちは明るく、元気で、生き生きしていた。丁寧な言葉使い、おしゃれな姿、自然に振る舞っていて身体にしみついているような礼儀正しさは、初めて出会う人を驚かせる。多感な少女時代に戦争を体験したとは思えない「老人」たちであった。

彼女たちは元教師に、先生、先生と親しく話しかけ、元教師は彼女たちが今なお生徒であるかのように優しく答える。それは単なる七十歳と八十三歳の個人の集まりではなく、女学校の教師と生徒にタイム・スリップした集まりの空間であった。ともに過去の記憶を喚起し、意味を確認していく。現在にいながら、生徒と教師に戻って、それぞれの役割を果たしていた。生徒が過去や現在のことについて話をすると、教師はそれをまとめたり、意味の方向性を与えたりする。

同窓会の空間は現在と過去が交差する象徴的空間である。そこは単なる現在の身体空間でも、過去の身体空間でもない。彼女たちの身体は現在にいながら、過去を喚起、再生し、その想像のなかで反省・熟考する空間に置かれているのである。彼女たちによって自らの記憶の再構築作業を共同で行なう空間である。その文化的、象徴的空間を「反省的空間（reflexive space）」と称する。

元教師は、七十歳の彼女たちをさして「この子たち」という。「この子たちは今でもほんとうに私に良くしてくれるんです」と語る。元教師、元生徒の彼女らと一緒に座談会に出席し、参与観察を行なう筆者にはとても違和感を感じる表現であった。七十歳の「老人」に「この子たち」とは、とても奇妙であった。それでも「この子たち」はそれを当然のように受け入れ、喜んで元教師との世界に止まった。

また、彼女たちは次のように述べる。「女学校時代に礼儀作法や、丁寧な言葉使いなどの教育は厳しかったですよ。戦後はそんな教育もなくてそれきりでした。でも、そのときに身についたものが、いまでも離れないで自然に出てくるんです。」「今の若い人のなかには敬語を使えない者が多くて、自分に『お』ばかりつけるんですね。でも私たちはいくら乱暴に話しても、ちゃんと敬語を使えるんです。女学校時代の教育が身に染みてるんですよ。」さらにまた、彼女たちは、「今でも女学校時代の古典文学の先生と有志が集まって勉強会を開き、先生に教えてもらっているんです。万葉集を読んだりしています」という。

女学校を卒業して五〇年以上経過した今日も同窓生が集まり、元教師を招待し、同窓会を開くことは何を意味しているのか。反省的空間のなかでは、女学校時代の社会的関係を持続し、過去を再構築する。そのなかで彼女たちは共通の身体文化を分有していることを認め合う。このような現象は、単に水戸高等女学校だけに限ったことではない。多くの女学校はそれぞれの学校同窓会、学年同窓会を開いている。これは一つの社会現象である。

そこで、本研究では、次の三つのことを考察し、分析を行なうことにする。第一に、同窓会の機能はなんであるのか、第二に、学校的実践と記憶の再構築メカニズムはいかなるものであるのか。第三に、同窓会の身体文化はどのように形成されるのかである。この三点の解明が本研究の目的である。

これらの研究を通して、卒業後、五〇年以上経過したにもかかわらず、同窓生の身体のなかに学校教育は維持、変容、再構築され、文化として生かされていることが了解されるだろう。学校教育は、より深い意味での身体教育であることが見出されることになる。本研究の目的を達成することによって、学校教育とは何か、という問いへの一つの答えが、意図せざる結果として浮かび上がる。そこに、本研究の隠れた意義があるように思われる。

2　理論枠

身体歴史の社会学

本研究は第二次世界大戦中に、女学校で学校生活を送った体験を有する同窓生たちの身体文化について考察を行なうものである。そのため、過去の学校生活のなかで身体化し、その後の五〇年以上の年月を通して無意識のなかに維持、変容した学校的文化に焦点を当てるものである。したがって、本研究は次の二つの理論枠を基礎にして進めている。第一に、同窓生たちの身体に刻まれている生きた歴史の社会学に位置づけられるものである。同窓生たちは過去の学校生活のなかで身体化した学校文化を、その後の生活の中で無意識に維持、強化、変容していくのである。また、彼女たちは過去の記憶を喚起し、再生、再構築する過程で新しい意味をもたせたり、あるいは、過去の意味づけを再度強化したりする。さらに、彼女たちの記憶の喚起、再構築の作業は生の営みとともに繰り返し行なわれる。

ここで、重要なのは、過去の時間、空間、出来事の喚起をどのように見なすかである。M・アルヴァックスは彼の著書『集合的記憶』のなかで、時間を次のように捉えている。すなわち、時間はただ流れるものではなく、持続するものであり、現在になお存続するものである。そして、時間は過去を回顧する条件として、個人の意識に豊かな枠を与え、そこに様々な想い出を配置させ、過去を再発見することを可能にさせるのである。しかしながら、たとえ個人が一人で自らの過去を回顧するとしても、さまざまな集団の成員として経験した集合的時間の社会的持続のなかに収斂するのである。このようにして、過去の物理的および社会的時間と空間のなかで集団の観点や観念をもちいて経験した個人的記憶は、集合的記憶の現象としてとらえることができるのである（アルヴァックス、一九八九年、一五九－一六二頁）。

この個人的記憶を喚起、再生することは、過去を単に保存、想起するのではない。過去は、現在の基盤のうえで再構築されるのである。そして、個人的記憶の集合的枠組みは、単に個人的記憶の組み合わせによって構築されるのではない。この集合的枠組みは、集合的記憶がおのおのの時代、社会の支配的思考に調和して過去のイメージを再構築する手段として使われるのである（Halwachs M. 1925 *Les Cadres sociaux de la mémoire*, Alcan. ＝1992 Coser, L. A., tr., *The Social frameworks of Memory*, in : Halwachs 1992, 三九－四〇頁）。

さらに、高等女学校の同窓生たちは、自らの身体に刻まれた過去の集合的記憶を、常に現在の時点から繰り返し想起、再構築し、再び身体に刻んでいくのである。これは、再構築し続ける、生きた痕跡としての身体である。

したがって、本研究は、彼女たちの生きている歴史としての身体を社会学的に捉えるものである。従来の「歴史主義」と区別される、「歴史の社会学」の理論に基盤をおく必要がある。研究の視点を、過去の時間軸にそって出来事をクロノロジカルな因果関連からではなく、過去を想起し再生する過程のなかで再構築する、生きられかつ生きつづける歴史の社会学的方法に位置づけるのである。それは、アルヴァックスの集合的記憶、W・ベンヤミンの歴史的唯物論、野家の歴史の正面図の理論につながるものである。（浜日出夫「歴史社会学」の可能性、『情況』二〇〇〇年八月号、情況出版、

一八五—二〇〇頁)

反省的身体(reflexive body)

本研究では、P・ブルデューのハビトゥス概念およびその理論を基盤にし、それを発展させた理論枠のうえに同窓生の身体文化の分析を行なう。ハビトゥスとは、個人がさまざまな状況に直面したとき、彼らが、その状況に適切に対処していくための心的・身的な性向の体系である。(Bourdieu, P., *Outline of a Theory of Practice*, Cambridge Univ. Press, 1977 : 78-87)それは過去の経験のなかで蓄積、統合され、なかば無意識的に習慣化された傾向、性向となる。そして結果的には個人の直面した状況に適切に対処していく。このハビトゥスは、現在だけでなく、未来の実践、および表象を生成する原理として作用するのである。さらに、ハビトゥスは、習慣化された体系を生成すると同時に、また、その体系における差異を知覚し、それを評価する体系でもある。したがって、ハビトゥスは、慣習行動およびその知覚を組織する構造であるとともに、身体化された構造として分割、評価される構造である。構造化する構造であり、また、構造化された構造である(ブルデュー、一九八九年、二六〇—二七一頁)。

では、高等女学校同窓生の身体文化を研究していくうえで、なぜハビトゥスに着目するのか。同窓生たちが第二次世界大戦の期間中(以後、戦時期と称する)に学校教育を受けてから、すでに五〇年以上の年月がたっている。そのような同窓生としての身体文化を彼女たちの意識の部分だけで分析するのは表面的なことである。彼女たちの学校文化は無意識のうちにハビトゥス化され、長い年月の中で変容し、再度、無意識のうちに身体化されているのである。したがって、身体文化の無意識的な部分までを射程に入れて分析するためには、ハビトゥスに注目する必要がある。

現在の同窓生の身体文化を分析するために、学校的実践と記憶を方法的に分離して考える必要がある。

過去の身体化された学校的実践と記憶のハビトゥスは、それぞれの場（champ）のなかで、場の独自の論理にしたがって機能する。たとえば一方で、過去の学校的記憶は、学校生活を通して体得した「学校知」「学校生活の思い出」として表象の領域のなかで独自に機能し、また他方で、過去の身体化された学校的実践は、無意識に現在の行動領域のなかに顕現化し固有の機能を果している。極端な場合、過去の記憶は忘却してしまったにも関わらず、過去に身体化した実践のハビトゥスは現在なお無意識のうちに現われつづけるのである。

しかしながら実際には、過去の実践と記憶のハビトゥス体系は、それぞれの場の論理をこえて、互いに影響を及ぼす場合がある。たとえば、過去の記憶が現在の実践に、また、過去の実践が現在の記憶の再生様式に関わってくるのである。すなわち、一方で、過去の記憶への反省的作業のあり方、評価の仕方は現在の実践のハビトゥスを修正、再構築する。また他方で、過去の実践のハビトゥスは無意識のうちに現在の身体に顕現化し、過去の記憶を喚起する仕方、再構築のあり方を規定する。このように、過去の実践と記憶のハビトゥスは互いに関与し、知覚、評価を行ない、影響を及ぼすのである。

次の図1は、反省的身体空間（reflexive body space）における実践と記憶の関係を表わしたもの

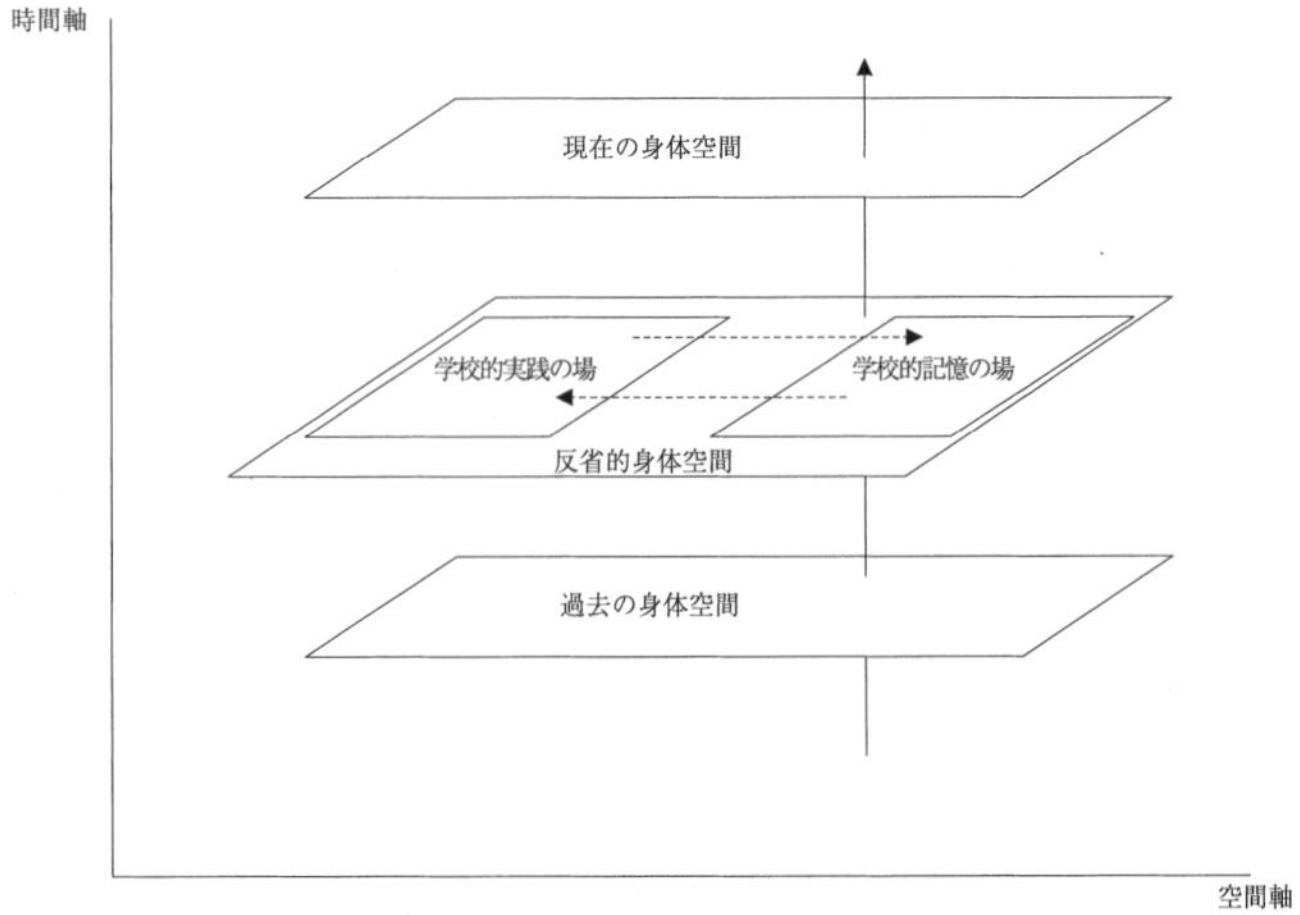

図1　学校的過去を再構築する反省的身体空間

である。

図1でわかるように、学校的実践と記憶の場は独自の構造を有しており、またそれぞれは複数のハビトゥス体系で成り立っている。たとえば、同窓生たちは、在学中生徒、教師、家族、地域、動員先の職場などの集団のなかで相互作用を行ない、実践と記憶のハビトゥスを形成した。このような下位ハビトゥスの複数性は、過去を回顧、再生する際に互いの関与的関係構造によって、総合的に調和した体系を再構築していく。そして、学校的実践と記憶の場は、反省的空間のなかで、独自の場の論理および互いへの関与の論理によって、同窓生たちの身体文化を再編成していくのである。

では、具体的に同窓生の過去の学校的実践と記憶のハビトゥスはどのように構築、再構築されるのか。そこでは、時間、空間、連続性が重要となる。同窓生の学校的身体の再構築作業は、時間および空間の軸のなかで反復して行なわれる。ブルデューは、社会の構造と個人の行為の関係のなかで、個人のハビトゥスがいかに構造化され、かつ構造化していくかの図式を提示した（一九八九年、二六二頁）。しかしながら、彼は、過去を回顧する時間および空間軸の連続的な過程のなかでハビトゥスがいかに再構造化され、かつ再構造化するかについては明確な図式を提示していない。

しかし、同窓生の学校的身体は、卒業後何十年が経過しても、過去の実践と記憶を回顧し内省することによって、ハビトゥスの再構築がなされるのである。このような現象を明らかにするために、時間、空間、連続性をとらえる新たな分析の道具が必要になる。

同窓生の現在の身体は、反省的身体空間のなかで、自らの過去の身体を想起し、内省を行なう。ここでは、その過去と現在の交差において内省を行なう身体を、「反省的身体（reflexive body）」と称する。そして、反省的身体は次の三つの特徴を有する。第一に、反省的身体は過去を再生し、再構築する。そして、反省的身体の内容、及び様式は、過去の身体を再生するときの集合的記憶の個人的・社会的枠の影響をうけ編成される。第二に、反省的身体は、過去の身体を想起、内省することを通して、現在の身体にたいして知覚・評価し、その身体性を築きあげる。さらに、未来の身体にたいする予測の機能を果たす。第三に、反省的身体は過去の身体を振り返る連続的な作業のなかにおいてそのつど生起し、再構築する。回顧する過去との時間的距離の遠近にかかわらず、また、回顧の内容にかかわらず、記憶を再生する形式において反省的身体は常に成立し、再編するのである。

では、具体的に同窓生たちが学校的実践と記憶を再生する反省的身体についてみることにする。

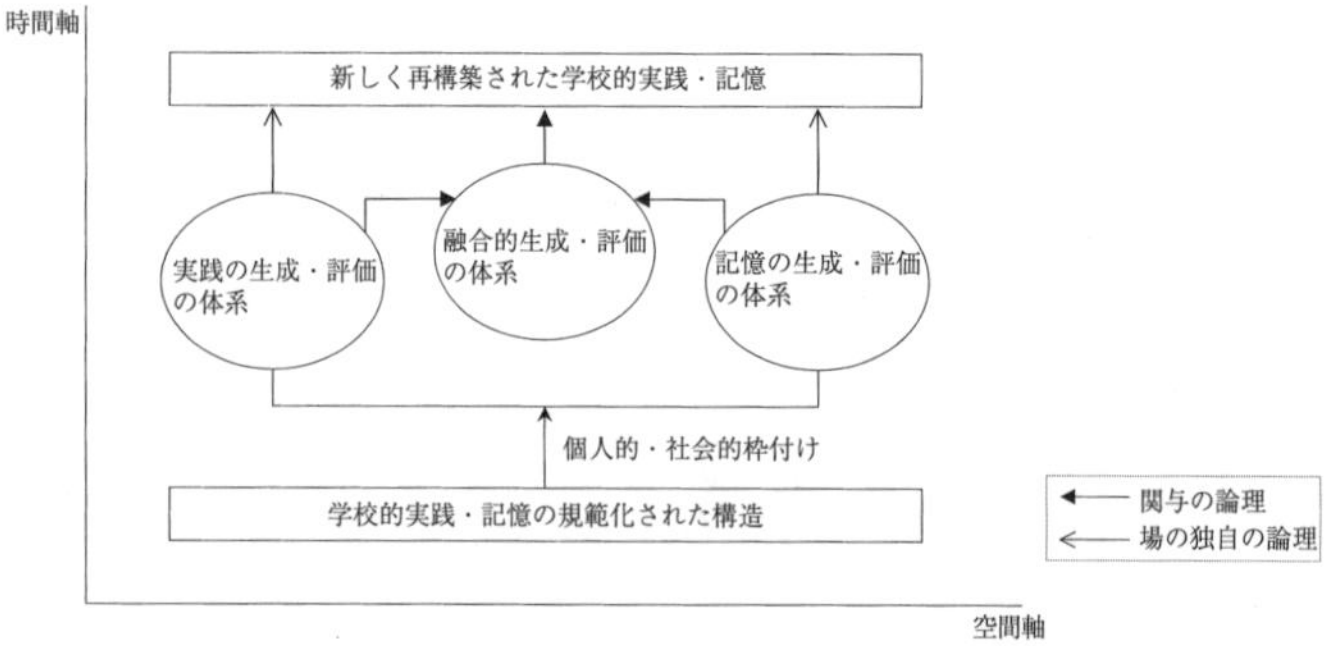

図2　反省的身体における学校的実践・記憶の再構築メカニズム

次の図2はそれを表わしたものである。

図2でわかるように、同窓生は現在および過去の時間軸と、学校の集合的空間軸において反省的身体を構築する。過去の記憶は現在の個人的・社会的枠組みという条件づけによって反省的身体空間のなかで再生される。その枠付けは、現在彼女たちが関与している集団の社会・文化的構造、および彼女自身のライフ・ステージなど個人の特性である。学校的実践と記憶の性向体系はそれぞれ独自の場のなかでこの再生作業を通して、新しく再構築されかつ再構築する。その性向体系は、新たな生成図式体系と評価図式体系からなるのである。しかしながら常に独立した場の論理だけが機能するのではない。それぞれの場が互いに関与し影響を及ぼすのである。たとえば記憶の評価図式は、実践のハビトゥスにたいして知覚、評価し、弁別していくのである。また、実践の場合も同様である。これらの実践と記憶の生成および評価の図式体系は互いに融合し、弁別的で新たな性向体系を作るのである。これが融合的生成・評価図式体系である。このように、学校的実践・記憶の規範化された構造は、場の独自の論理と関与の論理によって、新たに再構築される。

以上の考察によって、同窓生たちの学校的実践と記憶の再構築メカニズムは、彼女たちが記憶を回顧するときの個人的枠および社会的枠の関数であることが了解される。そして、実践と記憶のそれぞれの場の独自の論理と関与の論理にしたがって同窓生たちの身体文化のハビトゥスは再構築されかつ再構築していくのである。

3　調査の方法と手続き

調査の対象

高等女学校同窓会の身体文化を把握するために調査を行なった。ここでは、茨城県立水戸高等女学校、なかでも戦時期に学校生活を過ごした同窓生を対象にした。

それは次の二つの理由によるものである。第一は、同窓生の身体のなかで、戦時期という特殊な時代の学校文化がいかに機能しているのか、を見るのに適切であったからである。戦時期の高等女学校の教育は、戦前および戦後の学校教育と連続性、不連続性の両面を有している。そのなかでも、戦時期の学校生活においてはイデオロギー、情緒・感情、身体規律の面で、特殊で固有な文化が存在する。そのような学校文化を身体化した彼女たちは、敗戦直後、軍国主義から民主主義へのイデオロギーの急激な変化にともなって自らの身体化された学校教育の文化は否定された。また、情緒・感情、身体規律においても彼女たちが受けた学校教育の身体性は激変する社会に適応していくため、変容の危機に曝されたのである。彼女たちはその後の生き方のなかで、学校的実践と記憶における激しさを経験したという点で、現在の身体のなかにその痕跡、軌道が鮮明に現われる。他の時代の同窓生より学校的身体文化の多くの部分が否定されるなかで、それはいかに維持、変容されてきたのか、そのプロセスとシステムを把握することが重要である。

第二は、同窓生の身体文化を把握するうえで、学校を卒業してから五〇年以上の年月が過ぎたことである。第二次世界大戦の期間中に高等女学校の学校生活を行なった人々は、一九四一年以前にすでに入学していた生徒から、一九四五年に入学した生徒まで、年齢の幅は広い。現在彼女たちは七十歳近くか、それ以上になっている。一九四二年四月卒業者の場合は、卒業してすでに五九年が経過している。それでもなお彼女たちは同窓会を開いて過去を回顧する。命のある限り同窓会に出席したいと述べる人もいる。このように卒業して長い期間の間、過去の学校生活を想起して再構築する作業を続けてきた人々を対象にするのは、彼女たちがライフ・ステージの各段階で、過去をどのように再生したかの部分を考察することができるからである。また、長い年月を通して記憶の反復作業を行なうことで、記憶の再構築はどのように収斂していくのか、その過程をみることができるからである。

そして、調査の対象校を茨城県立水戸高等女学校(以下、水戸高女と称する)に選定した。それは、①この学校は県立の名門女学校であり、入学試験の難易度、競争率の高い学校であった。一九四〇年度からは、入試競争の激化、および知育偏重の筆記試験制度が見直され、内申書、人物考査、身体検査の総合によるものとする制度改正が行なわれた。水戸高女では五日間にわたり口頭試験、身体検査、運動能力測定の選抜試験を実施した。しかしながら、入試志願者はさらに増加し、一九四三年度には定員二五〇名にたいして、その数が六〇〇名に達していた。水戸市内の小学校では、在学の成績が一〇番以内、また地方からは一～二番の生徒が受験し、その半数以上が不合格になるほどの競争であった。（茨城県立水戸第二高等学校百年史編纂委員会編、『水戸二高百年史』二〇〇〇年、二一二―二一三頁）そのため入学者は高い学力を有しているという共通点がある。

さらに、水戸高女は、水戸およびその周辺地域で、家族の社会的、文化的地位の階梯で比較的に高い層の生徒が入学していた（前掲書、一九一頁）。生徒たちは、入学以前から家族のなかで華道、茶道のお稽古や読書などの文化的活動を習慣化していて、互いに類似した教養、文化的性向をもっていた。さらに、学校側は生徒達に「良妻賢母」を目的に、その完成教育をめざしていた。生徒の文化的階層における類似性、同質性の文化が存在していたのである。

②この学校は県立校であるため、戦時期文部省の教育政策が積極的に実施された。しかも、「水戸学」の発祥の地である水戸に所在するため、学校自らが戦時中の国体思想、天皇思想教育を積極的に行なっていた。水戸学は、水戸藩に生起した学問全体を指すが、十八世紀末期から「国体」観念と尊王攘夷思想を基軸とした国家主義思想体系を成立させた。そして水戸学は、近代日本の天皇制国家主義思想の主要な基盤をなし、教育や政策に大きな影響を及ぼした。（国史大辞典編纂委員会編『国史大辞典』、一九九三年、三八三―三八四頁）このような水戸の地域的環境は、戦時期において女学校だけでなく、水戸中学校、土浦中学校などの旧制中学校においても、学校自らが進んでこれらの思想教育を強化する要因となったのである（黄順姫、二〇〇一年、六二―八〇頁）。

③同窓生にとっての「母校」が現在も同じ場所に存在することである。敗戦後、一九四七年二月

文部省の新学制実施発表により、水戸高女は四月一日から五年制になった。そして、一九四八年四月一日新制高等学校発足により、三年制の茨城県立水戸第二高等学校（以下、水戸二高と称する）となった（茨城県立水戸第二高等学校百年史編纂委員会編、二〇〇〇年、七八四―七八五頁）。現在は、男女共学制をとっているが、女子生徒のみが在学している。学校は同窓生にとって学校的記憶の証左としての物理的空間であり、また、反省的空間へ導く手がかりである。しかも、彼女たちは学校を、母校という言説で表現することによって、自らの同窓生アイデンティティを学校に強く結びつける。さらに、現在も女子校であるということが、母校との文化的連続性を期待し、象徴的な意味での「場所愛」（topophilia）を強化する要因になっている。

調査の方法および手続き

調査は対象者への面接と、戦時期の学校生活に関する文献収集によって行なった。面接調査の方法は、調査対象者に過去の学校的実践と記憶を喚起させ、すでに身体化しなかば無意識になっているそれを、意識化させ熟考する回顧法を使用した。

面接調査の手続きは次の通りである。まず、面接調査は水戸二高の国語教師に研究の趣旨を説明し、被面接者を紹介してもらった。彼女は、同校の卒業生であり、『水戸二高百年史』の編纂委員として執筆に関わったため、調査の意図をよく理解し、面接対象者を紹介してくれた。面接対象者は一七名であり、その内訳は次の通りである。

①一九四〇年入学～一九四四年三月卒業、その後一年間学校の専攻科に在籍した者、一名である。

②一九四二年入学〜一九四六年卒業し、その後一九九七年〜一九八九年三月まで水戸二高で社会科の教師を務めた者、一名である。また、彼女は歴史を担当しながら、百年史編纂委員として学校史の執筆に関わった。

③一九四四年水戸高女に入学し、一九四九年三月に水戸二高を卒業した者、一三名である。

④一九四四年五月に水戸高女の国語の教師として赴任し、一九六一年三月まで水戸二高に務めた者、一名である。彼女は③の人々を卒業させるまでの五年間、古典文学を教えながら担任を務めたのである。

⑤一九五八年入学〜一九六一年三月に卒業し、国語の教師として一九八九年〜現在まで務めている者、一名である。彼女は、戦後の水戸二高の入学者であるが、④の教え子でありかつ百年史編纂委員であったため、戦時期および現在の学校文化について精通している。そこで学校文化を通時的に比較するため、彼女を調査の対象者とした。

以上一七名に対して、調査を実施した。

調査の日程は、①と②の場合、二〇〇一年六月一日に、水戸二高の会議室で三時間をかけて面接を行なった。そして、③、④、⑤の場合は、二〇〇一年五月二十九日、水戸高女の日立支部学年同窓会である、「日立芳友会」が終了した直後に行なった。そこでは座談会の形式で三時間をかけて調査を行なった。調査には、二回ともカセット・テープによる録音と、ビデオ・テープによる録画によって資料を収集した。そして、面接内容全部を文書化したのち、分析の資料として使用した。

調査の内容は、入学以前および女学生時代の文化的教養、戦時期の学校生活、校外の勤労奉仕・

工場動員、戦後における学校的実践と記憶の喚起に関するものであった。そして、個々のライフ・ステージの各段階で過去をどのように喚起し、意味付与してきたのかを回顧してもらった。

4 実践と記憶の関与における脱埋め込み・再埋め込み

反省的空間における同窓生の身体文化

戦時期の同窓生たちが同窓会で集まり、過去の学校的実践を喚起、再生することは何を意味するのか。集まりは時間、空間、記憶内容によって構成される反省的身体空間のなかでどのような機能を果たしているのか。第一に、同窓生は過去の学校的実践体験の共同体である。集合的体験は学校文化の同質性のなかで多様性を有している。さらに、彼女たちは現在さまざまな異なる集団、たとえば、家族、地域社会、職場などの集団の観点から過去を回顧するため、彼女たちの記憶の再生のあり方も多様である。同窓会は、個人的および集合的記憶の喚起作業を通して、新しい同窓生文化を構築し、それを分有する。したがって同窓会は、学校的身体文化を構築・再構築する機能を果たしている。

第二に、同窓会の集まりは反省的空間での共同作業を通して、彼女たちを取り巻く現在の社会的・文化的構造と自らの身体文化との調節機能を果たしている。彼女たちは戦時期の社会、学校の実践を通してその文化を身体化していた。そのハビトゥスのなかには大幅な修正や変容をなしたものもあれば、持続、強化されたものもある。たとえば、節約の態度、もったいないと思うハビトゥスは、戦後も彼女たちの身体のなかに持続する場合が多い。しかし、社会が豊かになり、規範化された消費の様式も変容してきた。そこで、彼女たちのハビトゥスは子ども、孫のそれとの間に、「文化的境界（cultural border）」の隔たりが形成されてしまう。しかしながら、同窓会は同質のハビトゥスを共有するため、たとえ子ども、孫に理解してもらえなくても、互いに安心し、安住するという「避難所としての機能」を果たす。また、彼女たちは同窓会を通して反省的空間の中で自らの身体を知覚・認識し、子ども、孫のそれと乖離することなく、調和するように自分たちの身体を作りなおす。同窓会は自分たちのハビトゥスに固執し、暴走するのではなく、互いを準拠枠として調和させる「調節機能」を果たしている。彼女たちが「頑固にならないように」「子どもや孫たちに自分たちの文化を押し付けないように」と互いに助言し話し合うことがこれを物語っている。

では、現在における戦時期同窓生の学校的身体文化の特徴はどのようなものであるのか。第一に、学校教育のイデオロギーにおいて平和への信念が強く、自主的な判断能力のない子どもに極端な思想教育を行なうことへの懸念が強い。第二に、戦時下の学校生活で、勤労動員、物資不足、授業時間・年限短縮のために断絶された知、教養への渇望が強い。また、その断絶への反動のため、学ぶこと、学歴取得への意志が強い。第三に、「皇国女性」として銃後の生活を守る妻、母を養成する学校の徹底した礼儀作法、節約態度、集団主義教育で身体化したハビトゥスが、現在の身体性のなかに存在する。ただし、皇国民養成のためという教育の目的・精神は切り取られ、実践のハビトゥスだけが維持されている。第四に、彼女たちは戦時期女学生に果たされた耐寒訓練、鍛練遠足、武道などの教育を通して身体が鍛えられた。さらに戦中に防空壕をほり、空襲時に避難し、汽車やバスの不通の時に長時間歩くなどの過酷な現実に耐え、敗戦にいたるまでの戦争を生き抜いた。その実践と記憶のハビトゥスが戦後の社会生活のなかで無意識の内に維持されてきた。「戦禍をくぐりぬけてきたので、どんな所、どんな時にでも生きられる」「歩くだけは得意中の得意」「体に無理するまでがんばってしまう」「体が先に動いてしまう」などの表現がこれを物語る。

知的教養、感性のハビトゥスの脱埋め込み・再埋め込み

戦時期の学校生活は、生徒たちの知的教養を高めたり、感性を磨いたりすることが困難であった。戦時期のなかでも特に一九四三年、四四年になるにつれより困難になっていった。そのため、生徒達のなかでも入学した年度によって学校生活の体験に少なからず差異がみられる。調査でも、四〇年入学のY・K、四二年入学のE・Bの場合は、他の四四年入学の被調査者一三名より情操豊かな学校生活の経験をもっている。

戦時期も女子の教養・情操教育のための学校行事は行なわれた。雛祭り、音楽会、講演会、農人形祭などがそれである。しかしながら、これらの行事はその内容において軍国教育を教え込むものであった。たとえば、一九四四年三月三日、例年通り雛祭りが開かれたが、午後の講話は「南方戦線」であった。講演会も「南方発展と婦人の力」、「シンガポール陥落」、「南方の皇軍の奮闘」、「撃ちてし止まぬ」など、戦時下で銃後を守る女子養成のための心性教育であった。（茨城県立水戸第二高等学校百年史編纂委員会編、二〇〇〇年、二〇一―二〇三頁）

生徒たちは女学校に入学する以前から家族のなかで読書、お稽古の文化的活動を身体化して入学

した者も多い。また、学校の図書館にも蔵書が多く、充実していた。しかしながら、戦時下の銃後援護の学校生活は知的教養をより一層高める機会を与えなかったのである。そして、多くの生徒たちが上級学校への進学を断念せざるを得なかった。このような戦時期の学校的実践と記憶は、その後の人生のなかでどのように変容してきたのか。

①記憶の喚起による学校的実践の修復

同窓生たちは過去を回顧する反省的空間において、戦時期の知的教養の断絶を「空白」、「穴があいた」、「知的飢え」などと意味付与を行なう。そして、現在の活発な知的実践によって、過去の空白、穴を埋めようと考えている。すなわち、過去の実践の一部を切り取り、それに修正を加え、再び埋め込もうとするのである。その実践を行なうのは現在の身体である。したがって、知的教養の場における過去の実践は、記憶の喚起のなかで修復・改善され、豊かな「文化的資本（cultural capital）」として現在の実践のなかに顕在化する。

次の事例にこの現象が現われている。

「うちは勤め人でした。親戚は外交官でした。どちらかというと戦前から海外の情報がよく入った方なんですよ。外国に対しては小学生の頃は敵愾心なんていうのは全然持ってないし、むしろ親しみを持ってたんですよね。ヨーロッパの方に憧れていてね。西洋人形や洋服も送ってもらったりしました。あの、青い目のお人形、顔が三つくらい四つくらいにカタカタまわるのね。戦争が始まってからは父は戦争に行かなかったんですけど、町で訓練の指導者になり、みんなに呼びかけているような状態だったんですね。私も自然に国の方針に素直に従い、愛国少女になりましたよ。憧れていた外国に対しても、敵だ敵だと言われると、自然にそうかなっていう感じになりました。

本はだいたい親の本を読んでましたね。夏目漱石とかそれから国木田独歩とか。特別に買うことはないから、家にある本を読んでたんですね。たまに病気で寝ているときに少女クラブなんていうのを買ってきてくれたけどね。小学校の頃から親の本を読み始めましたからね。読めない漢字はこう抜かすんですね。前後の関係で自然に読んでしまうんですね。父が日本文学全集をとってたでしょう、森鷗外の『山椒太夫』を。森鷗外のね、四年生の頃から読んで。あれかわいそうで読んだのよ、随分。あと、石川啄木の『一握の砂』とか、島崎藤村とか、読んだんですよ、自然にね。ああ、いいなって思って。小学校五年生の頃にね、『坊ちゃん』なんか読んでね、それでね、ハハハハって笑ってたのよね。そういうところしか分からないから。裏なんて分からないからね。

水戸高女には、母も、姉も、私も、戦後娘も行きましたね。母が一番栄光の水戸高女でしたね。戦争中の学校生活はなかなか大変でしたから、本も読めなかったんですよ。敗戦後、女学校時代は知識や本に飢えてましたから、本当に本をたくさん読みました。本を書き写ししてまでして読んで。哲学の本やら歴史の本やら随分たくさん読んで、それでお友達にも啓蒙されながら勉強していってね。

女学校の在学中は、日本は神の国と教えられましたからね。歴史をキチンと勉強しなければと思いましたね。大学に進学して歴史の教師になりました。教師になってからは、自分が勤務した図書館の本、特に歴史関係の本は全部読んでやろうと思ったのね。だから、どこに何が書いてあるって、どこにあの本があるってわかったくらいにね。

たまに政治家が歴史について変なこと言うんでしょ。私からすれば勉強不足ですよ。浅薄です。最近の新しい歴史教科書問題も。侵略した国々を刺激しなくてもいいと思いますが。だって、軍閥の派閥争いで罪もない国民全部を戦争に巻込んで犠牲にし、他国まで侵略しました。だから私は、今でも政治家に簡単に任せないで選挙には必ず行きます。

女学校卒業後は猛烈に勉強しましたよ。歴史を勉強し、生徒たちをきちんと育てなければと思って。学校で教える教材の本、文学書、自分の考え方なんかにたいする本、というふうに三本立てで読みました。定年退職した今でも本を読んだり、史跡巡りをしたり、日本画を描いたりしています」（一九四二年入学、E・N）。

②記憶の喚起による学校的実践の削除

戦時下において学校は生徒、家族、地域社会、軍部との関係を緊密にし、戦時教育を遂行するため、学校体制の再編を行なった。一九四一年は報国団と報国隊への組織改変を行なった。一九四二年は、生徒に「学校警詞」を毎朝始業前に斉誦させ、また、烈両公、藤田東湖などの詩文を編集した小冊子「水戸の余光」を発行し、水戸学精神の徹底高揚を図った。さらに、学校は従来の母の会が雛祭りに講演を行なうだけの形式的なものを改めて、新規にそれを設置した。戦時下の学校施設の充実、出征軍人遺族への後援などを通して、家族までを学校に取り込むことができた（茨城県水戸第二高等学校編『水戸二高七十年史』、一九七〇年、一五〇―一六五頁）。

さらにまた、一九四二年に保健婦の養成所設置、国民学校初等科訓導養成講習、四三年に看護婦養成の県立女子厚生学院を設置することによって、戦争遂行のための職業教育を徹底した。国の人口政策樹立要綱による結婚相談所も四二年に校内に設置し、結婚による「皇国の大使命達成」教育、早期結婚を奨励した。(茨城県水戸高等女学校編『学校だより』、一九四二年、二四頁)これによって、学校は、生徒たちに銃後援護、集団的、戦時職業的、脱官能的女性の身体文化を体得させようとした。そして、彼女たちの身体のメタファーは、「母性」「皇国女性」に帰結するのであった。

では、同窓生がこのような戦時下の学校的実践、特に、皇国・軍国思想および、それへ抵抗してはならないと思う性向、鬼畜米英教育による米・英国民への表象などについてどのように回顧するのか。次の事例はその実践にたいする記憶のあり方、実践の削除の困難さを表わしたものである。

「私は素直な生徒でしたね。水戸高女に入るために小学校四年生から一所懸命に受験勉強をしましたね。学校の先生が放課後に熱心に教えてくれました。地方では、学校のなかの一番、二番の生徒しか入学できないから。私は港町出身で父は組合の仕事をしてましたね。物資不足で少し品薄になる頃、私が小学校五年生の頃、母はすでに私を水戸高女に入れるつもりで、学校の冬のオーバーの布を買っておきましたね。入るかどうかもわからないときにね。おてんば娘にならないようにと、お茶やお花のお稽古もさせましたね。優等生だけど、港の女の子は元気がいいからね。入学試験のとき運動場で並んで待っていた時、他の子と喧嘩をして、学校の先生に注意されましたね。もう、落ちたと泣きながら帰りましたよ。そしたら、合格、本当に嬉しかったですね。

学校の教育を素直に受けて愛国少女になりました。学校では日誌を書かせて、毎日一〇人ほどのそれを集めて先生に出します。すると、先生が読んで、判を押したり、閲と書いてくれたりします。そして批評を書いてくれるときもあります。それで、先生は生徒の考えや、家庭状態なんかをよくわかってるわけですよ。一九四三年十一月に、満州開拓義勇軍の訓練所長加藤完治さんが「農人形祭」という題目で講演をしましたね。農業がいかに大事であるかを話してくれました。そのころ勤労奉仕で水村の共同炊事をしてました。乙女心から純粋に感動しましたよ。秋山先生に日誌を読まれた時に、軍国少女ですね、って言われました。当時の日誌は全部持っているので、今でも読んだり、もう一度読み直したりしてます。

本科を卒業して、専攻科に入り、国民学校の資格を得て、すぐ教えましたね。それで敗戦まで、空襲のときには子どもたちを連れて、防空壕に逃げ回ってましたね。それから敗戦ですよ。今までと違う民主主義を教えるんですからね。昨日まで子どもたちに忠君愛国とか、そのためにがんばりなさいとか言ってましたでしょ。それが生徒の前に立った時、何て言っていいか、ほんとうにわからなくなりましたね。

そして私もまだ若かったから、考えも深く及ばなかったけど。その時に、新しい傾向はこういう風だよといって、学校の中で、新しい民主主義の話をよくして下さった先生がいるんですよ。その先生のお話を聞いて、いつもそういうグループ活動をしていたわけね。だんだん分かってきてましたね。皇国・軍国教育で戦争をし、国民を犠牲にするのはいけないと思いましたね。そして、本当に薄皮が剝がれるように剝がれていきましたね。一年、二年かかりましたよ。でも、昔の勉強のしがらみが時々出ましたね。

それから、ずっと定年まで小学校の教師をしました。戦争は絶対いけませんよ。政治家たちのなかでたまに変な発言をする人がいますけど。軍国教育は受けたけど敗戦で戦争に行かなかった人とか、その次の世代の人のなかに、そんな発言をする人が多くいますね。知らない人たちがいろいろ言うのは本当に危ないです。軍国・皇国教育で人を死なせる戦争は絶対だめです。

また、戦時期には鬼畜米英の考え方だったでしょう。そんな教育をさせたし。そして、進駐軍は日本人の女性をさらうから、アメリカ兵が来たら逃げなさいって言われてました。お嫁さんになる人が着物なんか着てたら、危ないよ、進駐軍が来るから、うちの中に隠れてなさい、と言われましたね。だから、最初、私はアメリカ兵はああ言ってるけど、疑ってましたね。自分の心の中では、危ない、恐い、嫌だな、という感じでしたよ。自分だけじゃなく、親、親戚もそう言うでしょう。彼らの意識も変わらないから、そう簡単にはいきませんでしたね。タブーなものだから、もっとね。それで、私の場合は鬼畜米英の考え方から普通になるまでにかなり時間がかかりました。でも、生活の経験を通して自然になくなりましたね。

昔の教育を思い出すと、まだ、子どもたちが自分で判断ができないときに、極端に右とか、左とか、敵愾心とかの教育をさせてはいけないと思いますね。私達はそんな辛い経験をして生きてきてますからね。私たちは七十四歳前後ですけど、同窓会には一学年二五〇人中六〇人は集まります。専攻科は一クラス三七人だったけど、二三人程度集まりますね。同窓生が集まるとそんなことを確認しますね」（一九四〇年入学、K・K）。

③時間軸における実践と記憶の創出と再生産

同窓生たちが過去の学校的実践と記憶を生起する際、各々のライフ・ステージによって、記憶が再生される部分、規模、内容が異なってくる場合がある。喚起の時点において自らの個人的枠が、過去の記憶を選別、整理、統合し、新しい意味付与をするのである。しかしながら、彼女たちのライフ・ステージが変化しても、記憶の再生の内容、あり方、意味付与の仕方が変わらず、再生産する場合もある。ここでは彼女たちが、敗戦直後、子育てをしている三十、四十代と、夫婦だけあるいは独身の生活をしている六十、七十代とを比較することにする。

では、どのように実践と記憶が個人の時間軸に伴い過去を新しく創出するのか。また、どのような事柄は再生産されるのか。次の一九四四年入学者たちの事例はその変化を表わしている。

「最初卒業して何年間は、誰もが共通した戦争体験だからことさら目新しいことじゃなくて、なんとなく記憶のなかにふわふわしてたような気がするんですよね。それから、だんだん年を重ねていくにつれて、そういう記憶や体験を所有してない世代がどんどん出来てくると、その記憶はさらに強調されて、鮮烈に呼び起こされることがあります。そして、子供が大学受験の頃うろうろしていたとしたら、自分は戦争で勉強が出来なかったのに、という思いを強烈に呼び覚まされましたね」(A・K)。

「家のなかで、自分の体験を常に中心において子どもを育てる年代を過ごしてるので、自分は変わらないような気がするのね」(N・K)。「ただ時代が変わって、「もう、おばあちゃん考え方古いよ」とか、食べ物がない話をして、もったいないと言うと、「そんなこと経験してないから分からないよ」と言い返されたり。子どもや孫たちに、私たちの時代の考え方や価値観を押しつけるつもりはないんですけどね。自分では変わらないけれども、世の中変わってますよね」（O・J）。「でも、自分が時代において行かれてるのかと思うと、そうでもないような気がするんですね。どっかで自分の過去と妥協しているのか、それより、過去を自分流に解釈したりしているんでしょうね」（N・K）。

以上の事例は、卒業後、社会と自分の変化のなかで、記憶を再生する内容が変容していくことを表わしている。

しかしながら、彼女たちが記憶を喚起する作業を通して、新しい実践を生成する場合がある。彼女たちは一九八七年、同窓会に集まった際、戦争中の学校的実践と記憶を記録に残したいと考え、一九八〇年に文集『あかい三角形』を発行した。まえがきには次のように記してある。「あこがれの水戸高女の門をくぐり、米英撃滅を誓い、将来の軍国の母としての勉学を決意しつつ、その一歩を踏み出しました。（省略）敗戦のなかを生き抜いて行った姿勢のようなものを子ども達に伝えたい、その混乱の中でさえも失われなかった師弟の情や友情のすばらしさを理解してほしい、そして更に沢山の犠牲の中から得た平和の尊さを知ってほしい。そういう念願もありました」（二―三頁）。ここで過去の回顧を通して彼女たちのなかに、四つの新しいハビトゥスが創出されたのである。すなわち、過去の学校的実践と記憶が大切であると評価すること、記録にして次の世代に残したいと思う性向、出版を実行したこと、出版された文集を読み直す過程で同窓生アイデンティティを強化したことである。

しかし、学校的実践と記憶のハビトゥスは時間の経過にも変化しない場合がある。卒業後何十年たった現在でもそれは変わらないのである。しかしながら、その実践と記憶のハビトゥスは単に持続しているだけではなく、過去の回顧を通して同じ性向体系を再構築しているのである。すなわち、彼女たちが記憶を喚起するたびに、再構築される記憶の内容は同様の様式で解釈、意味付与され、再生産されるからである。次の事例がそれを表わしている。

「変わらないです。平和に関しての考え方は絶対変わらないです。敗戦直前に学校が空爆を受けて、それを自分たちの手で片づけ、兵舎で勉強したでしょう。平和がいかに大事か。その時も今も変わらないです。これは死ぬまでいつ振り返ってみたとしても変わらないと思います。たとえどういう時代になっても、平和にならなくてはならないということに関しては、私たちはきっとみんな変わらないです」（N・K、A・K、A・S、S・M）。「私達が一緒に体験したということは変わらないです。戦争で苦しく貧しい体験をしたことも同じです。だから、絶対戦争をしてはいけない。そんな考え方はぜったい変わらないです」（I・M、O・G、M・Y、Y・K）。

「私の七〇年の人生のなかで、学校時代が最も不幸な時代でした。戦争で父を亡くし、寝たきりの母を抱えて学校に通うっていうことだけが私の日課でした。悔しいと思ったことは、勉強できないこと、そして、着たい・見たい・食べたい、それ以前のその貧しさでした。その時、いつか自分が結婚して女の子を生むとしたら、絶対稼ぐ力を付けてやりたいと思いました。そして母と一緒に自分の娘にそれを伝え、育てました。娘は今四十一歳を過ぎましたけど、そう育てて良かったと思います。女学校時代に、そう考えていたこと、今でも間違ってなかったと思います」（F・J）。

5　再構築された学校的身体文化による日常の再解釈

女学校の同窓生達は戦時期の学校的実践と記憶を、その後五〇年以上にわたって回顧する作業を続けてきた。過去の身体を反省的身体空間に呼び起こし、その実践の内容や記憶の一部を当時の文脈から切り取り、現在の文脈の中でそれを熟考、調整し、再び実践と記憶のなかに埋め込むのである。彼女たちは一方で社会における集合的な枠を取り入れ、また他方で、ライフ・ヒストリーに基づく個人的な枠を採用して、同窓生とともに学校的実践と記憶を再構築する。そして、この学校的実践と記憶の再構築メカニズムにおける作業を通して、過去の記憶にたいするハビトゥスの質的、量的変容が生起するのである。

さらに、過去の実践と記憶を再生する際、民主主義、平和のイデオロギーなど、社会における集合的意識の枠が強い場合は、彼女たちの記憶の再構築の仕方にあまり多様性がみられない。しかし、感性、知的教養、美的センス・おしゃれ、身体管理など社会における集合的意識の枠が緩やかで、個人の自律、責任にゆだねられる場合は、記憶の再構築の仕方に多様性がみられる。このような再生過程を通して再構築された彼女たちの学校的身体文化は、互いに共有する同質的なものであるが、そのなかには、個々人の多様性が存在する。

また、同窓生たちは現実に直面し、過去の学校的実践と記憶から新しいそれを質的、量的に豊かな変容をとげた、生きた歴史としての身体を築いていく。その反面、身体に刻まれ再構築されたそれによって、彼女たちは現在の日常生活を理解し、解釈・再解釈していくのである。では、再構築された学校的身体文化による日常の再解釈過程をみることにする。同窓生たちはその集まりのなかで、過去の写真、日誌、校章などを持ち込み、教師を招待して過去を回顧する。それらは、過去の学校的実践と記憶が凝縮したものであり、またそれによって過去が思いだされる、生きた歴史のシンボルである。すなわち、C・レヴィ＝ストロースのいうチューリンガである（黄順姫、一九九八年、一九一頁）。そして、彼女たちは記憶の喚起作業を通し、身体化された新しいハビトゥス、および文集など客体化されたハビトゥスを創り出す。すなわち、新しいチューリンガを制作していくのである。このようにして、結局、同窓生たちが創出した新しいハビトゥスは身体に刻まれ、生きた歴史としてのそれを築いていく。この生きた歴史としての身体そのものがチューリンガになっていくのである。

彼女たちの学校的身体のハビトゥスは、集合的記憶の共同作業を通して、より豊かに派生し、また質的に大きく変容しながら蓄積していく。ジンメルは「生の本質、つまりその過程を『より以上の生』であって、『生より以上のもの』であることに見いだす」と述べている（茅野良男訳『生の哲学』ジンメル著作集九、白水社、一九九四年、四一頁）。

次の記述のなかに、記憶の再生からより多く派生したハビトゥスによる彼女たちの生の豊かさがみられる。「女学校時代に経験したこと、一生の糧になっています」（S・A）、「その時代を精一杯生きたということが財産になっています。これからの糧にして生きていきたいと思います」（S・E）、「現在この年でこういう会にも出られるような幸せな生活をしています。それはほんとうに戦争中に体験した辛いこと、耐えること、がんばることがあったから、現在があるんだと思います」

（M・Y）、「兄も出征し戦死しました。戦争の体験はしたけど、ほんの少し遅く生まれて、死なないですんだことは、本当に幸せだったと思います。母たちはどんなに辛かっただろうと、今になってよくわかります。今、ありがたい時代です」（K・Y）。

そして、次の記述のなかで、記憶の再生を通して新しく再構築されたハビトゥスによる日常の解釈・再解釈がみられる。その際、彼女たちは互いの意見を準拠枠として自分のなかに取り入れる。

「私たちが戦争中あるいは戦争の前、戦争の後を生きてきたそのいろいろな生活習慣を身につけているけど、無駄なものはひとつも無かったんじゃないかな、と思ってるんです。さらに、みんな何かの意味を持ってて、私もそれによって今をみなおし、今を生きてます。文化とかそういう生活習慣って言うものはそういうものじゃないですか」（元教師のS・T）。

「七十を迎えて人生のいろんなことが全部終わったような環境にいるんです。昔は戦争で人生を損したと思いましたが、ここにきてもう一度考えてみると、さっきおっしゃったように無駄なことはなかったっていうのは本当にそうだなと思います。ただ無駄でないということだけでなく、自分はあの時代に身についたことで、今の自分としては非常にプラスであると考えています。そしてその時の価値観というのは時代が変わっても、私が生きてる限り、我が家の中に生きていて、それがまた、次の代に何か伝わって残していくと思います。人間の本質そのものはそう変わらないでしょう。千年も前の昔の人間の生き方が歴史に刻まれ、その流れのなかを私たちも通過し、残していくのだから」（N・K）。

そして、彼女たちは同窓生としてのアイデンティティ、社会の構成員として生きる喜び、幸福感を自分たちで創出していく。同窓生にとって過去の学校は身体教育の場であり、歴史としての身体を形成していく基盤を提供してくれた場でもある。その学校的身体文化は、卒業してからも、彼女たちの生の営みが行なわれる限り、同窓生の反省的空間のなかで創り続けられ、豊かに変容をとげていくのである。

老いと同窓生ネットワーク

第二次世界大戦の期間中に高等女学校生活を送った人々は、今、七十歳以上になっている。彼女たちは多感な少女時代に戦争に巻き込まれ、学校で体得すべき知の世界、自由な教養の世界と断絶された。小学校の時から国粋主義、皇国思想を徹底的に教え込まれたうえ、戦争のための勤労奉仕、身体鍛錬などの教育を受けてきた。

今日「老人」の定義が曖昧なまま、彼女たちは社会的弱者として否定的なラベルが貼られやすい。さらに、彼らは、弱者のイメージに加え、戦争経験者という最も可哀相な時代の犠牲者としての暗いイメージにつきまとわれている。彼女たちは戦争を遂行する皇国女性、皇国母性のために学校が行なった教育を通して、集団主義、団結心、助け合い、ジェンダー、耐える身体、節約の性向などを身体化し、また、身体化させられた。

しかしながら、今日では彼女たちの身体化した文化と異なるそれが学校や社会で要求されている。高度情報化、国際化、市場経済のグローバル化をキーワードに、個性、個人主義、ジェンダー・フリー、情報過多、大量消費の特徴を有する社会で適応するため、過去とは異なる身体性が必要となってきた。

戦時期に女学生だった彼女たちが、今日の生活のなかで積極的に社会参加を行ない、アクティヴエイジングを楽しむためには、自らの身体文化を作り直さざるを得ない場面に大いに遭遇するのである。新しい身体性を獲得したり、自らの過去のそれを変容したりすることは、大変な作業である。そこで彼女たちは同窓生ネットワークに癒しの場を求める。そのネットワークは身体文化の共有によって彼女たちに安心感を与え、避難所として機能する。そして、彼女たちはそのなかで過去と現在の身体性を比較、認識、評価する過程を通して、積極的な社会活動を送るための身体性を模索している。

老いにおける同窓生ネットワークの果たす機能は、彼女たちだけでなく、彼女たちと共に相互作用を行ない、社会生活を営む社会構成員にとっても、重要な機能であるに違いないであろう。

III

第九章　「エーデルヴァイスの野郎ども」

佐藤卓己

1　はじめに――ドイツ史における抵抗と非行

まず、ナチズム時代の「抵抗」を扱ったドイツの中等学校用歴史教科書の一節。

「全面的な強制をしたことでかえって、学校を卒業したがまだ兵役には間がある少年や少女たちの反抗が助長されることになった。……エーデルヴァイス海賊団の少年たちはヒトラー・ユーゲントの指導者を襲い、外国人労働者やユダヤ人、強制収容所囚人をかくまい、抵抗グループのためにビラを撒き、そしてまた討論や旅行のためにも集会をもった。」

次いで、敗戦から約一年後の一九四六年五月十三日、第一回ドイツ教護者会議のエリザベス・バンベルガー報告「我が青少年の不良化と刑事処分への反対闘争」の一節。

「まったく働かずいい気な生活をする若者たちの存在は周知でしょう。さらに、女の子をはべらせ、盗んだ酒や毛皮その他の高級品を持ち込んで夜の酒盛りを催す〝エーデルヴァイス海賊団〟や

〝ロートス団〟の報告もあります。それは、皆が目で見て耳で聞きよく知っていることなのです。」

エーデルヴァイス海賊団（以下、海賊団と略記）は通常、前者つまり反ナチズム「抵抗」の文脈で紹介される。もちろん、海賊団は第三帝国とともに解散したわけではないのだが、後者つまり戦後「非行」が注目されることは今日では少ない。それは何故だろうか。一般に逸脱研究は、犯罪の「主体」である個人＝逸脱者を非難することを避けて、その逸脱「行為」のみに限定して議論する傾向がある。このことは、「不良」少年という主体本位の形容をさけて、「非行」少年という行為本位の形容が行政やマスコミで好まれることからも明らかであろう。しかし、「主体」ではなく「行為」に力点をおいた研究は、しばしば主体の時間的継続性を見落としがちである。

海賊団による戦時体制の「抵抗」と戦後体制の「非行」、この二つの記述ギャップを埋めることが小論の目的である。更に言えば、第三帝国における「抵抗／反抗／非行」少年を巡る議論は、逸脱行為が教育秩序の中で〝再生産〟されるという構築主義的な「逸脱」理解に極北モデルを提供するだろう。

さて、ドイツ近代史における「青年問題」研究としては、ウィーン反動体制下のブルシェンシャフト運動、世紀転換期のワンダーフォーゲル運動、その流れを引くブント青年運動、あるいはワイマール共和国期の社会主義青年運動などが、我が国でも注目されてきた。さらにナチズムと青年の関連では、整然と行進するヒトラー・ユーゲントの制服姿を、あるいは反ナチ抵抗運動に身を投じたミュンヘン大学生ショル兄妹の「白バラ」運動を想起する人も多いだろう。

しかし、こうした青年運動の担い手は、ブルシェンシャフトから「白バラ」まで、いずれもギムナジウム生徒および大学生であり、その研究も教育史家を中心に狭義な「教育」や「教養」に結び付けて論じられてきた。当然、そこでイメージされる青年像は、ヒトラー・ユーゲントを含め「純真と真面目」を暗黙の前提としていたといえる。つまり、彼らは「教育可能な青年」であった。

「落ちこぼれ」の社会史

一方、ドイツ史研究では一九八〇年代の地域史・日常史の進展によって、青年組織や教育制度から落ちこぼれた「不良少年」にも目が向けられ始めた。とりわけ、デートレフ・ポイカートの教授資格請求論文『社会的規律化の限界―ドイツ青少年保護の興隆と危機一八七八～一九三二年』(一九八四年)が学界に与えた衝撃は決定的といえた。それに続く多くの社会史研究を通じて、我が国でも「スウィング青年」や「海賊団」の存在は知られるようになった。ナチズムの民族主義理念に背を向けてスウィングやジャズの流れるナイトクラブでダンスに興じるブルジョア子弟も、徒党を組んで街頭に繰り出しヒトラー・ユーゲントを襲撃した海賊団の未熟練労働者も、ともに「純真と真面目」とは無縁と考えられた。なぜなら、いずれも当時は性的乱交などの「非行」ゆえに、「教育」ではなく「司法」の対象とされた「不良集団」であったからである。

「下からの社会史」の問題関心からしても当然だろうが、その後の研究はブルジョア的頽廃の臭いがするスウィング青年ではなく、労働者の生活世界から生まれた海賊団を中心に進展した。英語を話せるだけの教育を受け、外国製レコードや蓄音機を所有し、英国風スーツを身にまとったスウィング青年は、せいぜい政治的無関心であり、彼らに反ナチ抵抗を読み取ることは難しい。しかし、海賊団の場合、そこに「お上品な市民的価値観《リスペクタビリティ》」に対する「階級闘争」が存在していたことは否定できない。それゆえ、海賊団への着目は、「近代＝市民的」教育からのパラダイム転換といえる。

2　エーデルヴァイス海賊団の「抵抗」？

ヒトラー・ユーゲントと海賊団

ポイカートによれば、エーデルヴァイス海賊団は一九三〇年代末、ルール工業地帯に出現した十四歳から十七歳を中心とする見習工や未熟練労働者（女子を一部含む）の集団である。彼らは通常襟にエーデルヴァイスのバッチを付けたチェック柄のシャツを着用し、黒の半ズボン、白ソックスの組み合わせが多かった。仕事後に街頭に集まって軽口をたたき、ギターを伴奏に深夜まで謳い、戦時下の旅行禁止を無視して休暇中に男女連れ添ってキャンプに出かけた。

「エーデルヴァイス海賊団」の名称は、西部ドイツのグループ総称であり、個別の名称として、エッセンのロゥヴィング・ドゥーデス Roving Dudes、デュッセルドルフのキッテルスバッハ海賊団 Kittelsbach Piraten、ケルンのナヴァホ団 Nvajos などが知られている。しかし、各地のグループは週末旅行のキャンプなどで接触し、ある程度の連携を有していた。同じ労働者的ミリューに根ざした徒党としては、東部ドイツ・ライプチヒのモイテン Meuten、南ドイツ・ミュンヘンのブラーゼン Blasen も有名である。

青年の日常生活全般を統制下に置こうとしたヒトラー・ユーゲントが彼らを黙認するはずはなく、

パトロール隊を組織して、これを解散させようとした。そのため、かえってヒトラー・ユーゲントとの「闘争」が海賊団の存在理由となっていった。特に、「ヒトラー・ユーゲント法補助施行規則」発令の一九三九年三月二十五日以後、義務化されたヒトラー・ユーゲント活動の「外部」として、海賊団の存在は注目されるようになった。つまり、仲間と街頭にたむろする彼らの無害な日常行動も、刑法上の義務違反になってしまったのである。レベリング理論を援用するなら、「共同体異分子」のレッテルを貼られた海賊団の存在自体が、戦時動員社会の文化的統合を維持するための「境界」として機能していたといえる。

第二次大戦が激化した一九四二年には海賊団への国家的弾圧も強化され、警察による逮捕と短期拘留、さらに週末拘禁と矯正教育、ついには刑事裁判付託または強制収容所送りまでエスカレートした。弾圧と反撥の相乗効果が生まれ、一部には脱走兵や捕虜に避難所を提供したり、レジスタンスの地下組織と結びついて襲撃に加わったりする事態が発生した。ついに、一九四四年十一月には、ケルンのゲシュタポ署長暗殺の咎でエーレンフェルト地区の海賊団の中心メンバー十二名が公開処刑されている。

しかし、こうした海賊団の活動をナチ体制への「抵抗」として積極的に評価するべきかどうかについては、ドイツ本国でも長らく論争が続いてきた。

「逸脱か抵抗か」、あるいは「逸脱は抵抗か」

戦争末期、非ナチ化プランを構想した連合国において、ナチ支配に反抗した海賊団は「潜在的民主勢力」として高い評価が下されていた。終戦直後のドイツ社会でも政治的迫害の悲劇に人々の関心が集まり、海賊団と共産党の関係、あるいはブント系青年組織からの影響が〃再発見〃された。だが、海賊団を「抵抗」活動の連続性で捉える発想は、むしろナチ当局の側から生まれた。たとえば、一九四三年三月十五日付帝国保安部の文書は次のように報告している。

「マルクス主義の敵どもは、〃エーデルヴァイス海賊〃をいわゆる特別攻撃隊としてユーゲント内部に投入する計画を立てていた。」

こうしたナチ当局の疑惑は、自分の理解を越えた状況にお馴染みの紋切り型を投影したにすぎない。この結果、海賊団を禁止するフレームとして旧来の共産主義やブントとの連続性が〃発見〃されたのである。実際、海賊団に政治イデオロギーは希薄であり、階級的世代的にブント運動とは切れていた。ヒトラー・ユーゲント幹部なら、あるいはそう期待しただろうが、十四歳から十七歳までの少年一般に政治イデオロギーを期待するのは酷だろう。実際、「白バラ」のショル兄弟でさえ、大学に入るまでは熱烈なヒトラー・ユーゲントだったのである。

「経済奇蹟《ヴィルトシャフト・ヴンダー》」に彩られた一九五〇年代から一九六〇年代初頭は、ナチ時代の記憶が社会的に抑圧され、海賊団をめぐる議論も姿を消した。抵抗研究はもっぱらヒトラー暗殺事件の高級将校、告白教会の聖職者、「白バラ」の学生たちが対象とされた。労働運動史でも、七月二十日事件に連座した社会民主党や労働組合のインテリ幹部が言及されるにとどまった。つまり、「教養市民」モデルの「抵抗」イメージが形成されたと言える。この枠では反教養的な「反抗」は、ほとんど抵抗史から抜け落ちた。

一九六八年を頂点とする学生反乱を契機に、反共主義と復古主義の政治的影響力が弱まると、労働者階級に焦点を合わせた新しい抵抗運動研究が開始された。若い世代の新しい歴史的アイデンティティの探求から、当時の反体制青年がロック音楽に熱中した状況と重ねあわせて、反ファシズム闘争に海賊団を位置づける記述も現われた。

一九七八年から八一年には、ゲシュタポにより処刑されたケルンの「エーレンフェルダー海賊団」論争に注目が集まった。抵抗運動犠牲者としての認定と賠償を求める遺族の訴えに対して、連邦政府は「犯罪」行為に対する合法的処罰としてこれを拒否した。これに対し、「若いプロレタリア青年の無私なる犠牲」と評価し、名誉回復を支援する市民運動が組織された。こうした状況下でポイカートの『エーデルヴァイス海賊団─第三帝国における青年労働者抵抗運動』（一九八〇年）は刊行された。彼は、第三帝国における「逸脱的態度」の類型化を体制批判の範囲（部分的↓全体的）、行動の作用枠（私的↓国家関係的）の段階的区分の中で「非同調」Nonkonformität─「拒否」Verweigerung─「抗議」Protest─「抵抗」Widerstand と分類し、海賊団の行動を「非同調」に位置付けている。

ドイツ再統一後の一九九〇年代、外国人に対するスキンヘッズやネオナチの暴力行為が激化してくると、海賊団は新しい意味をもって甦った。市民運動の側で海賊団をナチ体制への「積極的抵抗」とみなす気運が高まり、現在ではエーデルヴァイスの徽章をつけて「海賊団」を自称する極左グループも活動している。だが一方で、スキンヘッズは海賊団と同じく都市下層青年を中心とするサブカルチャーであり、むしろ現在のスキンヘッズに海賊団を投影する立場も存在する。

反抗少年か、ストリート・ギャングか

こうしたドイツ本国の議論を踏まえて、海賊団の構成と背景、スタイルと行動を詳細に分析した研究として、竹中暉雄『エーデルヴァイス海賊団―ナチズム下の反抗少年グループ』(一九九八年)がある。教育史家による丹念な実証研究だが、それを読み終えて、私には次のような疑念が残った。国家の法秩序(ノモス)と民衆の生活世界(コスモス)、あるいは「国家の強制」と「民衆の抵抗」という二項対立で記述された「下からの社会史」は、「日常の逸脱」に「権力への抵抗」を過剰に読み込んでいるのではなかろうか。例えば、次のような文章である。

「全体主義国家であればあるほど、興奮状態にあって判断力を喪失している人々の意識を『我に返す』ために、少数者の意義はいっそう高まる。『よい子』ばかりがそろっているなかで非行に走るにも勇気が必要である。ましてや権力側の組織に反抗するにはなおのことそうであった。そういう意味において、エーデルヴァイス海賊団の存在を過小評価することもできない。」

こうした評価姿勢は、山下公子『ヒトラー暗殺計画と抵抗運動』(一九九七年)のような抵抗運動史の文脈ではさらに顕著だろう。しかし、「抵抗」から逆照された第三帝国史では、政治的イベントの背後に「普通の人々の日常生活」が広がっていたことが見落とされがちである(この点では、山本秀行『ナチズムの記憶―日常生活から見た第三帝国』一九九五年参照)。また、「総力戦体制下でのシステム社会化=現代化」を念頭におけば、ナチズム下の日常生活と戦後のそれが隔絶されたものと理解すべきではないだろう(山之内靖他編『総力戦と現代化』柏書房、一九九五年参照)。

少年時代に多少なりとも学校秩序に反抗した経験を持つ者なら、規律や服装を乱すことや徒党を

組んで騒ぐことなどにさして「勇気が必要である」とは思えないはずだ。率直に言って、こうした評価はフーコー流の規律＝訓練化パラダイムを絶対視する教育家にしばしば見られる偏向の裏返しにすぎないだろう。生活世界の非行と政治的な勇気は、無関係と言えないまでも位相の異なるものではなかろうか。むしろ、教育干渉の拡大によって非行を根絶できるとする進歩主義的な確信こそが、教育の危機の中で「生まれつき教育不可能な者」の排除を引き起こしたというポイカート『規律化の限界』の逆説を思い起こしたい。ナチ体制下では、規律化への不適応者は勇気などなくても否応なく「非同調」に追い込まれたのではあるまいか。

そうした疑問に答えるヒントを与えてくれたのは、原田一美『ナチ独裁下の子どもたち―ヒトラー・ユーゲント体制』（一九九九年）である。海賊団の対応にナチ政府が苦慮した事実は認めながらも、このような「ギャング」集団は「ヒトラー・ユーゲント体制の落ちこぼれ」であり、グループ同士で反目する「現在の暴走族に似通った」側面があると原田は指摘している。さらに原田は、ナチ体制へ反撥する彼らの心性が、マッチョ的な義理人情に彩られており、「むしろナチスのメンタリティと類似している点がある」ことも示唆している。さらに、海賊団が戦後はその攻撃対象をヒトラー・ユーゲントから占領軍やポーランド人難民やユダヤ人、連合国兵士と付き合うドイツ女性に切り替えて存続したことにも触れている。これは、山下の「抵抗」イメージはもとより竹中の「反抗」イメージとも大きく異なる「不良」イメージといえよう。この相違は第三帝国期に限定して海賊団を論じた竹中や山下と、戦後への連続性の中にそれを位置付けた原田との、射程の差であるように思える。

以下では、原田の「不良少年」連続性の典拠と思われるアルフォンス・ケンクマンの大著『非行青年―世界恐慌からナチズムを経て通貨改革までの大都市青年の生活世界』（一九九六年）を中心に、海賊団評価を再検討してみたい。ケンクマンは、一九三〇年から第三帝国期を経て一九四八年通貨改革に至る青年の逸脱行動を詳細に分析している。実際、海賊団の反抗的態度を正しく評価するためには、彼らの先駆や後継に関する研究が不可欠であり、「第三帝国期」という狭い政治史的枠組みはサブカルチャー研究にとって障害であるといえよう。

3　海賊団サブカルチャーの非民主的性格

海賊団サブカルチャーの萌芽―「ハルプシュタルケン」

ケンクマンの博士論文を指導したポイカートも、既に『教育学雑誌』（一九八四年四号）掲載の「ハルプシュタルケン―ヴェルヘルム期からアデナウアー期までの労働青年の抗議形態」において、第二帝政期の「ツッパリ」Halbstarken、ワイマール期の「愚連隊」Wilden Cliquen、三〇年代中期の「ナヴァホ団」Navajos、五〇年代の新しい「ツッパリ」Halbstarkenといった下層労働青年の対抗文化の連続性に「海賊団」を位置付けていた。

ドイツにおいて、下層青年の逸脱行動が「可視化」するのは、工業化と平行して都市への人口集中が本格化した十九世紀後半以降のことである。時期的には、ワンダーフォーゲル運動やユーゲント様式の成立とほぼ重なる。世紀転換期のドイツ社会に、「青年」問題が全面的に浮上した背景には、一八七一年統一の「若い国民国家」、あるいは「遅れてきた国民」（ヘルムート・プレスナー）として帝国主義列強の中に登場したドイツ第二帝政の特殊性があるといえる。一方、社会民主党に率いられた「若い階級」の台頭とともに、特に市民社会の脅威として意識されたのは、青年運動の学生たちではなく、国民学校卒業から兵役までの「教育＝管理の空白」に置かれた青年労働者の存在であった。「青年労働者」Jugendlicher——この新語は、やがて第一次大戦後には青年世代全般を指すようになる——を悪所から遠ざけるために、大都市部では教会系青少年協会の育成活動が開始された。つまり、「青年」の発見こそ、同時に「非行」「不良」という下位概念の発見でもあった。

世紀転換期の非行少年たちの実態は、クレメンス・シュルツ『ハルプシュタルケン』（一九一二年）によって知られるようになった。一八九七年ハンブルクで労働青少年の健全育成のためにザンクト・パウリ徒弟協会を組織したプロテスタント牧師シュルツは、同地でハルプシュタルケンと俗称された非行少年たちに直面した。シュルツによれば、ハルプシュタルケンは、秩序を目のかたきとし、規律、労働、義務から逃れようとする十五歳から二十二歳までの堕落した青少年である。川手圭一の整理（一九九六年）によれば、シュルツはこうした非行少年を年齢によって、十四歳までのブティエ Butje、十八歳までのブリト Brit、十八歳以上のハルプシュタルケンに細分化していた。

「彼（ブリト）が街角に立つとき、頭には、できるだけ粋で人目をひくように曲がった帽子を被り、そしてたいていその下からは、嫌らしくなまめかしい巻き毛が外側に飛び出している。……彼はめったに一人でいることはなく、たいてい同じような連中と一緒であり、彼らとしばしばばかげた子供っぽさで摑み合いをしていた。」

家庭から離れて「街頭の社会化」にさらされ、しかも家族の扶養義務を持たない「ぶらぶらしている者、何の役にも立たない者、ごくつぶし、怠け者の典型」であるブリトに、海賊団などその後の下層青年サブカルチャーの起源を求めたポイカートの主張はおそらく正しい。

ワイマール共和国の「ヴィルデ・クリケン」

これ以後、第一次大戦を挟んでワイマール期にも街頭の非行少年は社会問題であり続けるが、特に一九二九年世界恐慌勃発による失業者増大によって新局面を迎えた。恐慌がまず直撃したのは臨時工や見習、未熟練労働者であり、大都市の青年(十四〜二十五歳)の失業率は六〇%を越えた。家庭に続き、職場を失った彼らの社会化はますます街頭を中心とするようになった。この時期のハルプシュタルケンは、特に「ヴィルデ・クリケン」と呼ばれた。一九三〇年当時、青少年問題に関する報告で彼らは次のように表現されていた(田村栄子、二〇〇〇年より引用)。

「徒党は、害のないうろつき集団から『ほとんど』犯罪者集団に近いものまである。……特別危険なのは、奉公や仕事がない場合で、……きわめて容易に犯罪や性的行為へと導かれる。彼らは職業紹介所やホールや食事提供の場、街路で徒党を組んで集まる。共通の言葉をもち、不遜で、挑発的で、秩序という共通の敵をもっている。そこには気晴らし、注目、愛、とりわけプロレタリアート青少年のもとで過剰に高められた経験への渇望がある。それらは、もはや家庭では与えられないものである。徒党に加えてもらえるのは極めてむずかしく、嫌悪感を催させる儀式を通過しなければならない。リーダーは、能力主義で選ばれ、名だたる乱暴者でなければならない。」

こうした街頭の未熟練労働者の生活意識を、労働組合や社会民主党に組織された同世代の熟練労働者のそれと比較して、高橋秀寿（一九九七年）は次のように要約している。

「道具主義的な労働観を抱いて、余暇時間を家族より野外ですごす現在―享楽志向の彼らに対して、熟練労働者は長時間労働を強いられ、意味ある仕事に未来を託して、余暇を学習に費やし家族とすごした。」

しかし、続けて「失業とそれにともなう問題に対して抵抗力をもちえたのはこの（「非行」）予備軍のほうであった。……意味ある労働を得るため「現在」を犠牲にしていた熟練労働者にとって、失業は深刻な〝意味喪失〟を招き、ナチズムへの〝免疫〟力も弱かったのである」、とまで断言できるだろうか。こうした「非行少年」たちが選挙権を持った場合、共産党とナチ党の間で揺れ動いた可能性を否定する材料は少ないように思える。そこで問題となるのが、「ナチズムへの免疫力」、あるいは「ナチ的心性との距離」である。

たとえば、「反知性」「反教養」という視点で見た場合、ナチズムとクリケンとの距離は、「知は力なり」を掲げた社会主義青年運動との距離に比べて限りなく小さい。実際、ナチ運動台頭期を考えれば、四十代になったばかりの指導者ヒトラーを筆頭に二十代を主体とした中堅幹部によるナチ党は、一つの青年運動であり、その反教養主義は『我が闘争』などで繰り返し表明されていた。クリケンを「街角のチンピラ」Eckensteher と考えるなら、レーム事件で粛清される「褐色のチンピラ」（ナチ突撃隊）とは差異より類似が多いだろう。それは都市下層「落ちこぼれ」文化の共通要素であり、ポール・ウイリス『ハマータウンの野郎ども』が描き出した現代イギリスの下層労働青年の心性とも重なるだろう。その特徴を、ウイリスは「権威への反抗と権威順応者の排斥、インフォーマルな集団、集団に独自な時間と空間、笑いふざけ、退屈と興奮、男尊女卑、人種差別」の七項目から分析している。同じことが「エーデルヴァイスの野郎ども」について言えるのである。

「エーデルヴァイスの野郎ども」の心性—反教養主義と蛮勇主義

海賊団の活動が活発化したのが、第二次大戦勃発以後であることは既に述べた。それまで「教育」の対象から排除されていた彼ら青年労働者をも、人的資源として根こそぎ動員すべく公布されたのが、三九年ヒトラー・ユーゲント法補助施行規則である。こうした「国防＝教育」国家の統制強化に対する反撥の噴出点として、海賊団現象の顕在化は理解できる。本来なら、義務教育の終了とともに「教育」から解放＝排除されていた労働青年たちに教育国家の強制的画一化が及んだからである。彼らの憎悪が、その中核ヒトラー・ユーゲントに集中したのはそのためである。

しかし、一方で海賊団は他の反抗グループ「スウィング青年」とも激しい対立関係にあった。ライン地方ではスウィング青年の社会的構成は中流階層以上に限定されており、お洒落に着飾った彼らは、海賊団を「ごろつき《プロレーテン》」と呼んで蔑視していた。ジャズ音楽愛好など趣味や教養において、彼らは「空軍補助」や「高射砲補助」に志願したヒトラー・ユーゲントと多くを共有していた。戦時期のヒトラー・ユーゲント世代は一般に「空軍補助世代」と呼ばれることもあるが、中流階層以上の子弟が多い空軍補助兵と、海賊団との間には階級的な断絶が存在する。そもそも、中等教育以上を修了したスウィング青年たちと、国民学校卒の海賊団が趣味において連帯することは考えられなかった。海賊団は「自分たちの強さを証明するために」スウィング青年への襲撃を繰り返した。

また、銃後に留まる空軍補助兵を「ドイツ最期の希望」と揶揄した海賊たちは、むしろ最前線での冒険と出世を夢見ていた。一般に戦争は社会的流動性を高めるが、それまで労働者階級の生活世界に閉じ込められていた海賊たちの活動空間は著しく拡大した。海賊たちが「軍隊の危険な兵科に自ら進んで志願する」ことについては、当時から多くの証言がある。一九四三年七月十九日付デュイスブルクのゲシュタポ総括報告によると、落下傘部隊や武装親衛隊、戦車部隊が特に彼らのお気に入りだった。実際、彼らが召集を逃れようとした形跡は、この四三年までほとんど見出せない。また、海賊団の名称が示すように、「冒険が実現する」海軍は、彼らの憧れでもあった。武装親衛隊や海軍への志望の背景には、ブルーカラー労働者としての職業的志向、つまりUボートや機甲車両などへのテクノロジー嗜好もあったはずだ。

武装親衛隊との親和性

それゆえ、ナチズムの戦争目的に関して海賊団が批判することは、一九四三年まで例外的であった。戦争を「男らしさを示す精華」として様式化したナチ宣伝は、その意味で労働者ミリューに広く浸透したマッチョ気取りを巧みに摑んでいた。海賊たちは「兵役義務をみごとに果たさねばならない」という点では意見がほぼ一致していた。こうしたライン地方の海賊団状況からすれば、ミュンヘンの非行集団が労働義務のみならず兵役義務まで逃れようとしたという一九四〇年十二月十九日付ミュンヘン高級親衛隊報告の信憑性に疑念がわく、とケンクマンは述べている。むしろ多くの場合、海賊たちは兵役を社会的上昇のチャンスに結びつけたという仮説のほうが妥当だろう。デュッセルドルフの非合法共産党活動家は、四三年ごろの状況をこう証言している。「多くのエーデルヴァイス海賊団員は自発的に志願するのみならず、将校になろうという目論見に熱中していた。」

実際、そうしたチャンスはあったのである。開戦前の一九三六年段階では、士官候補生中に工場労働者および農村下層の出身者は存在しなかったが、一九四二年十月までにその数は全体の約九％までに上昇した。同年、将校任官条件としてギムナジウム修了資格が外され、若い労働者が国防軍で出世する可能性が増大していた。一九四二年末には、国民学校卒業のみで将校を志願する者が、一一・二％に達していた。総力戦の中で、貴族的将校団を頂き伝統を誇った国防軍さえ「国民社会主義人民軍」（ベルンハルト・R・クレーナー）に変わろうとしていたのである。

そうした中で、海賊たちが武装親衛隊に入隊を希望したのは、それが保守的な国防軍に対する新興エリート部隊と考えられていたためだろう。さらに、機甲化師団の充実も魅力だが、むしろ喧伝された強固な「戦友理念」が海賊団の組織原理と似ていると感じたことも一因だろう。

モーリンゲン少年保護収容所に入れられた十六歳の海賊団員（金属工）が作詞した海賊団歌「我等が船出するとき Und wenn wir auf Fahrt gehen」は、そのタイトルが親衛隊の歌「我等が進軍するとき Und wenn wir marschiren」に酷似している。

「海賊は同志戦友だ　自分の義務を果たすんだ
気後れなんかするものか　勝利のうちに凱旋だ」

一九四二年十二月ケルンのライプチヒ広場で海賊団は次のように団結を誓ったという。

「私はエーデルヴァイス海賊団に忠誠と服従を捧げることを誓う。また、海賊団のために全身全霊を尽くし、一旦緩急あれば我が命までも捧げることを誓う。」

武装親衛隊の誓いの言葉「我等が栄誉は我等の忠誠—その忠誠は死に至るまで」とほぼ同じスタイルである。敗戦後、ハンブルクの海賊団は親衛隊を完全に模倣して、「一人は全体のために、全体は一人のために」、「我等の栄誉は我等の忠誠なり」を叫んでいたという。

こうした海賊たちの武装親衛隊志願にはナチ党側さえ明らかに困惑していた。一九四二年十一月十日付けのナチ党デュッセルドルフ地区指導者の報告では、それが次のように表現されている。

「両親からその子が武装親衛隊に志願したと聞いたときには、何とも驚いた。あんな乱暴者など我等が栄誉ある親衛隊とは無関係だ、と私は思っていたのだが。」

だから、これを「抵抗」運動の視角で解釈すると、山下公子の次のような結論になる。

「武装親衛隊への入隊は兵役の代わりとなった。……エーデルヴァイス海賊団だから抵抗の闘士と言えないのと同様に、エーデルヴァイス海賊団だから武装親衛隊に入ったとも言えないのである。」

こうした見解も、戦時期に限れば否定することは難しい。しかし、戦後においても、海賊たちの軍事的冒険志向が持続した場合でも果してそう言えるだろうか。彼らの少なからぬメンバーが戦後、フランス外人部隊に志願入隊しており、一九四七年夏にデュッセルドルフのフランス軍徴募所には毎日四〇人以上の志願者があったのである。

海賊団の戦後——排外主義・マチスモ・反共主義

戦後、海賊団が謳った歌詞は、ナチ心性との連続性をよく示している。

「鞘付ナイフがピカリと光れば、ポーランドの豚野郎は慌てて逃げ出し、エーデルヴァイス海賊団のお出ましだ。生きるか死ぬか、それだけさ。俺たちの望みは自由なドイツ人であることさ。」

これを歌いつつ海賊団はユダヤ人やポーランド人難民を襲い、時計や指輪など金品を奪っている。戦後ライン地方で続発したのは、はたして「新しい」海賊団現象だったろうか。ユダヤ人難民がバイエルンのキャンプに集められた後には、彼らの矛先はポーランド人に向けられた。ポーランド難民センターがあったリューネブルクの統合軍事法廷で一九四六年四月十日イギリス人検事は起訴状をこう朗読した。

「海賊団はポーランド人に嫌がらせや暴行を行なっており、あのヒトラー的な野蛮極まる攻撃方法を続けるために、なお徒党を維持している。」

ポーランド人を襲撃することに海賊たちは何らの罪悪感ももたず、自分たちをある種の「ドイツ市民軍《ビュルガーヴェア》」と見なしていた。一九四六年二月エッセンの刑事警察に逮捕された二十二歳のクルト・Mは調書でこう述べている。

「我等エーデルヴァイス海賊団はポーランド人をドイツから追っ払い、闇商人の悪事をやめさせることを目的とした自助組織と自負している。自分は決して私腹を肥やしてないし、そうしたことは私の仲間についても許しはしない。」

こうした排外主義の矛先は、占領軍と親しくしているドイツ女性にも向けられた。一九四六年二月にイギリス秘密諜報員は次のように報告している。
「叩きのめすヒトラー・ユーゲント幹部がいなくなった現在、エーデルヴァイス海賊団のスポーツの中心はドイツ少女が連合軍と関係をもつのを阻止することである。」

彼女たちへの社会的制裁として、その髪を切り落としたり頭からタールをぶっかける、と海賊団は脅迫していた。一九四五年秋、ケルンの海賊団メンバーのハインツ・Dは、こうした女性たちへの怒りを次のように書き残している。

「我々は幸運にも戦争を生き延び、ようやく故郷に戻ってきた。だが、家に帰って我々が目撃せねばならなかったことは何だ。ドイツ女性は外人どもと遊びに出ている。幾多のドイツ男子がその命を捧げ、あるいは手足を犠牲にしたのに、その戦傷者に貴女たちは感謝するどころか、外国人と嬉々としてベッドに向かう。チョコレートをくれるそいつらが、貴女の兄弟の生命を奪ってまだ間がないというのに。……我々は貴女たちに警告する。ドイツ男子のみに貞節を尽くせ。それ以外はどうでもよい。貴女たちはドイツ男子以外とキスしてはならない。だから、汝ドイツ女性に警告しよう。さもなくば、汝の髪がどうなるか、よく考えてみるがいい。」

同じような内容は、「娘さん、コンゴのニグロを愛しなさい」のような替え歌によって表現された。少なからぬ海賊たちがナチ時代の人種偏見を保持していたことは自明である。

それでも一九四五年夏までは、海賊団は連合軍に反ナチ的政治結社とみなされ、実際ケルンの事例のようにアメリカ軍に協力したこともあった。しかし、海賊団によるアメリカ軍の通信回線の破壊、軍用列車の脱線などが続発すると、同年秋までに軍政当局は海賊団の取締りに踏み切った。これに対して、海賊団はちょうどヒトラー・ユーゲントを替え歌で挑発したように、イギリス軍に向けて「英国への爆撃」や「英国に出撃するとき」などのナチ軍歌を歌っている。

ウィスコンシン大学の社会学者ハワード・ベッカーは、アメリカ占領軍政部スタッフとして『ドイツ青年、拘束か自由か』（一九四六年）を執筆している。そこには海賊団への期待が失望に変わっていく様子がよくあらわれている。

「エーデルヴァイス海賊は一九四五年五月（終戦）以後、あっという間に連合軍に反旗を翻した。ナチスに対して彼らが熱中した反抗は、ほとんど一夜にして占領当局に対する抵抗へと変化した。……彼らの忠誠は結局のところドイツにあり、しばしば強烈に国粋主義的な形式を帯びている。」

だが、こうした事態は連合国側にとってまったく予想外だったわけではない。イギリス外務省のW・D・アレンは既に一九四四年十二月十七日付の覚書『エーデルヴァイス海賊団とそれに類似する反抗集団』で次のように報告していた。

「少なくとも命令に従うことに慣れている若いナチスとは対照的に、エーデルヴァイス海賊団は規律化と取締りに敵対するだろう。」

海賊団の敵―昨日のナチ党、今日の共産党

当然ながら、海賊団の反抗は復活した社会主義運動にも向けられた。一般的には海賊団メンバーは社会主義とまったく無関係であった。たとえば、ケンクマンは次のようなエピソードを挙げている。戦後、アメリカ軍に逮捕された後の尋問で、海賊団の一人は自分を「金権政治家《プルートクラート》」であると答

えた。古典語教育とは無縁の彼が、この言葉の意味を理解していたとは思えない。彼は「プルートクラート」が何かは知らないが、「(我々は) マルクス主義者、民主主義者、金権政治家と対峙している」というゲッベルスの宣伝を繰り返しラジオで聞いていた。彼はゲッベルスと対峙する「敵」の中で、マルクス主義者でも民主主義者でもない自分を、この耳慣れない政治用語と同一化したに過ぎないとケンクマンは推定している。

　敗戦直後、ケルンなどでは再建された共産党が海賊団への呼びかけを強化した。そのため、海賊団は旧ブント系組織とともに、共産党指導下の「反ファシスト青年組織」、すなわち「自由ドイツ青年団」FDJに合流した。自由ドイツ青年団内部では、そのゆるやかな人民戦線的結合を外部に示す宣伝材料と海賊団は目されていた。こうした事例から、戦後の海賊団を「共産党指導のワンダーフォーゲル集団」と見なした議論も存在した。しかし、海賊団は政治的話題が持ち出されると、共産主義を罵倒してすぐに組織から去っていった。また、ソビエト占領地区にいた海賊たちは「人狼《ヴェアヴォルフ》」――敗戦直前に喧伝されたドイツ民間人によるゲリラ活動――の容疑で逮捕されている。全体的に考えるなら、武装親衛隊へ入隊して前線《フロント》へ出たのと同じ冒険志向から、一時的に共産党の活動《フロント》サークルに加わったと考える方が妥当であろう。

　一九四九年ドイツ連邦共和国成立後、海賊団に関する報道は消滅したが、東ドイツでは一九五二年になっても自由ドイツ青年団の各支部が「いわゆるエーデルヴァイス海賊団」を摘発している。例えば、ハルバーシュタットでは海賊団はナチ党歌「ホルスト・ヴェッセル」を歌って自由ドイツ青年団を挑発し、フランクフルト・アム・オーデルでは自由ドイツ青年団の展示物を破壊し、ハレでは社会主義統一党や自由ドイツ青年団のメンバーを襲撃している。ヒトラー・ユーゲントと海賊団との関係が、東ドイツでは自由ドイツ青年団との間で「再建」された。この事実は、西ドイツではアメリカ産の大衆消費文化が流入し若者文化のあり様が一変したのに対して、東ドイツでは伝統的な労働者青年サブカルチャーがある程度は存続していたことを意味している。西ドイツでも同じ一九五〇年代に新しい非行少年が「ハルプシュタルケン」と呼ばれたことは、戦後の共和国再建を「ワイマール精神」への復帰と考えるアデナウアー時代の復古精神によく対応している。だが、もちろん現実のボン体制はワイマール体制への復帰ではなかった。

4　おわりにかえて――スキンヘッズの源流か？

第三帝国の歴史記述は、しばしば総統ヒトラーの死とともに打ち切られるが、そこに生活した多くの民衆はそれを越えて生き続けた。ライン＝ヴェストファーレン地区への大規模な連合軍の空爆は一九四二年五月に始まり、「絶えざる非常事態」を海賊たちは敗戦以前から体験していた。あるいは、そうした公的秩序の麻痺状態こそが海賊団現象を激化させたともいえる。戦争と戦後の混乱の中で、青年たちは自由と生活必需品を「調達」するために徒党を必要としていたのである。第三帝国期に禁止され戦後に復活した社会主義運動などとは違って、明確な組織構造をもたないサブカルチャーの研究では、「ドイツ零年」は意味を持たない。敗戦後のドイツ各地の新聞にも海賊団による犯罪記事が多く掲載されている。そのすべてが「エーデルヴァイス海賊団」を名乗ったわけではないが、海賊団の行動スタイルを色濃く残していた。戦中―戦後のメンバーの連続性もケンクマンによって一部確認されている。敗戦直後に占領軍に逮捕された海賊団員は、十九歳から二十二歳までが多く、それはちょうどナチへの抵抗が盛んだった一九四二年に十五歳から十八歳までだった海賊団員に重なる。むしろ、空間的には海賊団現象は、敗戦の衝撃と混乱による社会的流動性の高まりとともにライン・ルール地方を越えてドイツ全土に拡大した。

一九四八年の通貨改革によってはじめて、海賊たちは「普通の日常生活」に復帰し、これを境に「エーデルヴァイス海賊団」は歴史化する。もちろん、その消滅を促進した前提は、戦争の都市爆撃や工場疎開によって決定的となった伝統的な労働者的ミリューの解体であり、ラジオやテレビなどマスメディアの発展で加速化した文化消費の個人化であった。つまり、意図せざる結果としてにせよ、ナチズムと戦争による伝統的な労働者階級文化の破壊によって、「落ちこぼれ」文化はやがて階級を越えて広がっていった。

一九五〇年代初頭に西ドイツで登場した「ハルプシュタルケン」は、半世紀前の同名集団とはかなり変化している。マッチョ的性格、歌唱や服装の趣味などは旧来の伝統を引いているが、ジェームズ・ディーンに倣って皮ジャンにジーンズを着込みロック音楽に熱中する彼らには、アメリカ大衆消費文化の影響が顕著である。その意味では、「エーデルヴァイス海賊団」と「スウィング青年」という階級の距離は著しく縮まったといえよう。しかし、最大の原因は、高学歴化と職業教育システムの拡張によって「教育の空白期間」が消滅したことだろう。事実、このハルプシュタルケンの暴動に参加した若者の一〇―二五%は中産階級出身とされている。階級を越えて体制不満派が集まることで、サブカルチャーとしての「青年文化」が明確に浮上する。

さらに一九六〇年代になると、余暇社会におけるサブカルチャーの商品化、モータリゼーションによる街頭公共圏の空洞化に加えて、テレビによる「子供の消滅」(ニール・ポストマン)が始まった。活字メディアの読み書き能力によって段階的に分節化されていた情報回路は、テレビの普及によって均質化されてしまった。情報アクセスにおける子供と大人の境界が曖昧になると、その中間段階である「青年期」も曖昧なものとなった。反権威主義を標榜した一九六八年の学生反乱は、社会主義や大衆文化批判で理論武装したテレビ第一世代の現象であり、映画館を溜まり場とした「海賊団」現象との断絶は明らかである。

ところが、一九八〇年代にイギリスから新種の非行集団モデルが北ドイツに上陸する。頭髪を剃り上げた独特のスタイルから「スキンヘッズ」と呼ばれている。八割以上が男性で、二十代前半までの未熟練労働者が中心である。「オイ=パンク」と称せられるスキンバンドが、人種差別的・排外的歌詞を絶叫しているため、我が国ではネオナチ極右と混同されて議論されることの多い彼らだが、エーデルヴァイス海賊団と同様、政治的あるいは組織的な背景は乏しく、極右政党からの援助や指導をうかがわせる証拠はほとんど存在しない。当然ながら、彼らが極右政党の人材供給源であるとする通念も「落ちこぼれ文化」に対する偏見に根ざしている可能性が高い。

以上、ケンクマンの研究をふまえれば、海賊団がナチ体制に特有な現象ではなく、伝統的な労働者ミリューにおける「落ちこぼれ文化」からの反応であり、かつまた後にくる消費社会における「落ちこぼれ文化」の前触れであることがわかる。

こうした歴史的連続性に立脚した視線は、ナチズムのドイツに限らず、我が国の「過激化した少年犯罪」あるいは「サブカルチャー化した非行」という現代進行中の現象を論ずる場合にも不可欠と言えよう。

映画『ヨーロッパ・ヨーロッパ』におけるヒトラー・ユーゲント

この章では「落ちこぼれ」集団としてエーデルヴァイス海賊団を論じたが、彼らが敵対した「優等生」こそ、ヒトラー・ユーゲントである。一九三八年日本へもやって来たヒトラー・ユーゲントは、我が国の青年運動にも大きな影響を与えた。教育と逸脱の関係では、エーデルヴァイス海賊団と対にして次のような究極の命題を提起している。

「人道的に逸脱した社会国家において、真面目な優等生の献身と不真面目な落ちこぼれの非行はどちらが逸脱的か?」

今日、少年犯罪が報じられるたびに、一部の識者が繰り返す「社会が悪い、むしろ少年は被害者だ」という論理の前提にも連なる難問である。

　これに誠実に向き合った映画がアグニェシュカ・ホランド監督『ヨーロッパ・ヨーロッパ―僕を愛したふたつの国』(一九九〇年独仏共同制作・東宝ビデオ)である。一九九一年度ゴールデン・グローブ外国映画賞、一九九三年日本映画批評家賞外国映画部門監督賞などに輝き、世界的にヒットした作品である。しかし、『ヒトラー・ユーゲントのザロモン』というタイトルで公開されたドイツ本国では、辛辣な批評にさらされ興行成績も伸び悩んだ。ドイツ映画としてアカデミー賞へのエントリー拒否が決定されたとき、ポーランド人のホランド監督は「過去を否定しようとするドイツの意図がうかがえる」と激怒したという。

　『ヨーロッパ・ヨーロッパ』は、一九二五年四月二十日(総統誕生日)にドイツで生まれた実在のユダヤ人少年ソロモン・ペレルの数奇な運命を描く物語である。「水晶の夜」から逃れて移り住んだポーランドで家族とはぐれ、一九三九年ソビエト占領下の孤児院に入るが宗教批判を堂々と展開して共産主義青年団(コムソール)の一員となり、一九四一年ドイツ軍の捕虜になると流暢なドイツ語で自分は「在外ドイツ人Volksdeutsche」だと名乗り、通訳として戦場で大活躍する。やがて、貴族出身将校の養子になり、アドルフ・ヒトラー学校に入学する。映画では、このエリート学校での集団生活が克明に描かれている。整然とした朝礼や行進シーン、鉤十字の描かれたプールでの実戦泳法、勤労奉仕、銃剣突撃練習からユダヤ人の見分け方を教える人種学講義まで詳細に再現されている。総統への忠誠の誓いも全文唱えられ、軍歌もフルコーラス歌われる。「長き剣をふりかざせ/突き刺そう/ユダヤの豚を/血の川を流させよう。」

　戦後民主主義に生きるドイツ人観客にはヒトラー体制「エリート校」の徹底的な再現こそが「悪趣味」と感じられたはずである。教養ある大学生ショル兄妹の反ナチ抵抗運動を描いた「趣味の良い」ミヒャエル・フェアホーヘン監督『白バラ』(一九八二年西独製作)と比較しつつビデオ鑑賞したいものである。

第十章　十八世紀フランスにおける封印令状と家族秩序の動揺
――わが子の監禁を願い出るとき

喜名信之

1　封印令状

ミラボーは、その華々しい雄弁でフランス革命期立憲議会の英雄となったが、革命以前は、数度の投獄、監禁、逃亡と、スキャンダルにまみれた青年時代を送った。興味深いことは、この投獄・監禁が「封印令状」に基づいて行なわれたことであった。封印令状とは、請願によって、国王が発行する逮捕・監禁を命ずる令状である。ミラボーの場合、封印令状の請願者は、経済学者で『人間の友―あるいは人口の理論』の著者、父親ミラボー侯爵であった。投獄や監禁の理由は、主に女性問題、金銭問題などにみられる常軌を逸した行動にあったが、監禁される側からみれば封印令状は専制的なものにほかならず、未来の革命家は、後年、この父親による投獄について次のように厳しく告発している。

「息子の敵の言い分のみを聞いて、息子自身の話を聞くのを拒絶し、法が定めるよりも息子を罰した上で、さらに法的に正当と認められない手段に訴えて、息子をじわじわといけにえにし、人間の主人であれば下男に対してすら拒絶しないであろうことまで、息子には拒絶するーこれはまさに近親者殺しである」(ハント、一九九九年、四九頁)

いつの時代にも、親たちが、手を焼く息子や娘を監禁したいと考えたり、あるいは実際にそうすることは少なからずあったと思われる。しかしその監禁を国王といういわば時代の最高権力者を通して行なうことは、われわれの目から見れば、大変風変わりな制度に見える。この点で、封印令状は十八世紀フランスにおける家族秩序の動揺と王権の介入の意味を考察する格好の手がかりを与えてくれる。最初に、封印令状とは何であったかを見ておこう。

封印令状とは、「国王の命によって書かれ、国務卿によって副署され、玉爾によって封印された令状」(Farge, A et Foucault, M, 1982)である。その起源は、国王の私的な決定を記したものであったが、国王自らと行政の中心であった国務卿が署名するこの令状は、次第に重要事項を命ずる令状となっていく。封印令状の多くは、「王の名によって de par le roi」にはじまり、理由も期間も明示されることなく、特定の人物の投獄・監禁を命ずるものであった。封印令状の伝統的なイメージが、思うようにならない強力な貴族や政治的ライバルを逮捕・投獄するというような国王の恣意的な権力と絶対王制の圧制を想起させるのも、こうした封印令状の性格によるものである。

しかし近年の研究は、こうしたイメージが封印令状の実状を反映させたものではないことを明らかにしている。エマンニュエリは、十八世紀プロヴァンス地方における封印令状について、綿密な

表1

	1745-1759	1760-1774	1775-1789	全体	
父親………………	81	94	98	273	44%
母親………………	29	41	22	92	14%
両親………………	21	36	27	84	13%
妻…………………	5	7	1	13	
夫…………………	10	18	28	56	8.7%
義理の両親………	3	6	2	11	
兄弟、姉妹………	7	8	3	18	
おじ、おば………	3	3	1	7	
家族全体………	4	11	39	54	8.7%
息子………………		1	1	2	
祖父、祖母………	3			3	
財産管理人………			1	1	
検事総長………			1	1	
地方行政官………		2	1	3	
私人………………	4		5	9	
領主、貴族………	2		1	3	

(Emmanuelli, F.-Xavier, 1974, p. 373)

調査を行ない、十八世紀中頃から大革命までに発行された六四二人の封印令状の請願者がどのような人々であったかを明らかにした。

表1に見られるように、封印令状の請願者は、父親、母親（これは父親がいない場合と考えられる）および両親によるものが全体で七一％におよぶ。義理の両親を含めた親族や兄弟や夫婦によるものは合算して一二％と以外に少ない。また家族関係とは無関係と思われるものは、一七％にすぎない。封印令状は基本的に直系の親子関係をめぐるものであり、特に家長である父と子の間の問題であると考えられる。

エマンニュエリは、封印令状によって監禁された二〇一人の出身階層も調査している。表2はそれを示したものである。

職業分類を社会階層の区分とする古典的

表2

農民（自作）………３	
漁師………１	
都市の賃金生活者………14	6.6%
（召使い、学校教師、従業員、船乗り）	
手工業者および製造業者………24	11.3%
小売り業………16	7.5%
商業………42	19.8%
（卸売り業38、仲買業４）	
自由業………26	12.2%
（弁護士、公証人、外科医、内科医、代訴人）	
金利生活者………11	5.1%
法官の官職保有者………17	8%
（高等法院９、財務局２、代官２、開示裁判所１、湾港管理者１、裁判官１、下級管理２）	
軍関係（将校３、兵士３、他７）………13	6.1%
財界人（マルセイユ商工財務官、ヴィギュリー管区会計官）………２	
ルーバン副行政官………１	
聖職者………１	
貴族、自称貴族………30	14.1%

（前掲書 p. 376）

な見方を採用すれば、小ブルジョワジー（手工業者および製造業者、小売業）が一八・八％、中流ブルジョワジー（商人、自由業）が三二％と両者で、合計五〇％と約半数を占めている。明らかに上流ブルジョワジーに含まれると思われるものは一五％、自称もふくめて貴族が一四・一％、その他軍人、聖職者などが一二％ということになる。民衆は八・五％である。

　封印令状によって監禁されたものは、社会の幅広い階層にわたり、国王と敵対する大貴族に限定されるわけではない。封印令状は、小・中ブルジョワジーを中心に幅広い層にわたって、親子間の紛争を、国王を媒介にして、解決する手段であったとみることができる。これまでのイメージのように、王権は、一方的に上から人々を支配したのではなく、人々もまた自らの問題解決のために王権を利用したのである。

次に封印令状発行の手続きについてだが、請願者がパリ在住の場合は、パリ警察長官、地方在住の場合には、地方総監に請願書を提出する。両者は、配下のものに請願書の調査を依頼する。この調査によって、請願書の内容が正しいと判断されると、封印令状が発行される。監禁の費用や食費は、基本的に家族が負担する。監禁の場所は、城塞、修道院、収容施設が一般的であった。この監禁の場所に関して注目すべきことは、アンシャン・レジーム期に初等民衆教育の普及に力をつくしたF・ラサール設立のキリスト教学校同胞団が、三つの監禁施設を所有していたことである。封印令状による監禁と初等民衆教育の精神とのつながりが示唆されていて興味深い。

封印令状がどのくらい発行されたかについては、論者によって様々であり、定説はない。しかし十八世紀になると特に珍しいものではなくなっていたようであるから、かなりの数に及んだと推察することができる。この背景には封印令状の発行が容易になったことと同時に、家族秩序の動揺があったと考えられる。

2　家族秩序の動揺

親子間の紛争とはどのようなものであったのだろうか。封印令状そのものは、ある人物の監禁を命じているだけで、そうした事情を物語ることはない。こうした事情を示しているのは、封印状発行のための請願書である。
ファルジュとフーコーが編集した『家族の混乱』（1982）は、封印令状発行のための請願書と関係文書を編集し、解説をつけたものである。この書に収録された請願書は、アルスナル図書館に移管されていたバスティーユ史料に含まれていたものである。バスティーユ史料とは、アンシャン・レジーム期にバスティーユに集められ、大革命期に散逸し、再び集められた違警罪des affaires de policeに関する訴訟記録である。ファルジュとフーコーもまたこれらの訴訟記録の大部分が封印令状発行のための請願書であり、しかもその多くが家族の私的な問題であったことに驚いている。これはすでに見たところである。『家族の混乱』は、これらの請願書を、夫婦関係と親子関係にわけて収録したものである。収録された数は決して多くはないが、これらの請願書は、封印令状発行の請求に至る家族の事情を鮮明に伝えている。これらの請願書の中で最も典型的な例としてマルク・ルネ・カイイに関する請願書とそれに関連する書簡をみていこう。

（請願書）
警察長官閣下
高等法院判事ジャン・ジャック・カイイとその妻デュポアは、謹んで申しあげます。両人の息子マルク・ルネ・カイイ二十一歳は、両人が与えた良き教育も忘れ、売春婦や悪しき生業の男たちのところに、足繁く通うばかりです。息子ルネは、彼らとともにあまりにひどい放蕩にふけっておりますので、その行く末が惨めなものになるのではと恐れます。そうしたことになりませぬよう、請願者は、この息子が本来なすべきことに立ち戻るべく諭してまいりましたが、すべて徒労に終わりました。そこで請願者は、閣下のお力にすがる次第です。
尊き閣下、お願い申しあげたきことは、請願者の息子マルク・ルネ・カイイが、改悛の印を示すまで、矯正をうけながら拘留されるために、サン・ラザールのR・ペールの施設へ送られることを命じていただくことでございます。宿泊費用については、請願者がお支払いいたします。請願者は、より正しきとき、より必要なときのみお聞き入れくださる閣下の裁きに、希望を託します。

カイイ、デュポア、カイイ

As. Arch. Bastille 11003, fol. 26 (1728)

(書簡)
フルーリ枢機卿猊下
マルク・ルネ・カイイは、放蕩生活のゆえ、その父親の嘆願により一七二八年九月八日付の王令に基づいてサン・ラザールに送られました。しかしながら父親も引き渡しを求めておりますので、彼を釈放することにいかなる不都合もないと考えます。

Ars. Arch. Bastille 11003, fol. 31 (1728)
(ファルジュ/フーコー前掲書、pp.222-223)

請願書は、カイイ夫妻が息子のマルク・ルネの監禁を求める一七二八年のものである。この請願

表3

17歳以下	17-19歳	20-22歳	23-25歳	26-28歳	29-31歳	31歳以上
6人	13人	20人	26人	15人	7人	6人

書は認められ、マルク・ルネは、両親の願い通り、サン・ラザールのR・ペールの施設に収容されたようである。だが書簡からもわかるように両親は、すぐに息子の釈放を求めている。

請願書と釈放の短い期間に何があったかはわからないが、「改悛の印を示すまで」とあるように、罪を悔いて家族に謝罪することが釈放の条件であったから、カイイ青年の場合も、家族との何らかの和解があったものと思われる。

次に請願書によって監禁を要請される人たちの年齢を見てみたい。カイイ青年は二十一歳であるが、ファルジュ／フーコーが収集した請願書では、年齢は表3の通りである。二十歳から二十五歳の間が、半数近くを占めているが、ファルジュ／フーコーは、この時期が「家族関係の危機的な瞬間」であるという。中世以来西洋社会においては、世代間の調整には大変困難をともなった。この時代は、結婚年齢が高くなることなどに見られるように、自立し、大人の世界に入っていくことが困難になり、そうした青年の不満は騒擾行為となって表われる。一方大人は、子どもの行動の責任があり、コントロールする権利を有すると考える。この世代間の共存が困難になり、もはや大人が子どもに直接的に権威を行使することができない時期、親子関係の依存のシステムが弱体化する時期が、まさにこの年齢期であるという。（ファルジュ／フーコー前掲書、p.157）

さて封印令状による監禁の理由についてだが、数多くの封印令状を対象としたエマンニュエリの研究からみておこう。彼の研究は親子関係に限定されない封印令状一般だが、まず彼は、プロヴァンスにおける原因のはっきりした四五二の封印令状の原因を大きく、(1)放蕩・不品行・狂気・暴力のタイプと(2)犯罪タイプ(3)不釣り合いな結婚の三つに分けている。(1)のタイプは、放蕩(狭義の放蕩九九、売春一七、娘に対する悪しき母親の実例四、無軌道一三、同棲一二、姦通五、強姦二)の一五二、不品行の七六、狂気の七二、暴力的行為関係(暴力的行為二七、酒乱五)の二二で、合計三八〇人である。これは全体の八四%を占める。(2)犯罪のタイプは、盗み(主に家庭内三〇、誹謗一、資格の横領一、詐欺的行為二、詐欺破産一、ペテン一、偽りの告発一、殺人の脅し一、文書偽造四、背信・背任九、略奪一、殺人未遂四、暴力行為三、職業上の違反行為一、密売一の計六二人である。(3)不釣り合いな結婚は一〇人である(Emmanuelli, 1974, p. 374)。

封印令状にみられる理由は、家庭内の小さな問題から、今日からみればかなり重い犯罪まで幅広く多様であるが、最も多いのは放蕩系の逸脱であり、犯罪的な行動は少ない。

カイイ青年の場合はどうであったか。請願書には、「売春婦や悪党(悪しき生業の男)たちのところに、足繁く通うばかりです。息子ルネは、彼らとともにあまりにひどい放蕩にふけっておりますので、その行く末が惨めなものなるのではと恐れます」と記されている。その罪状は最も多い放蕩である。詳細は知ることができないけれども、この文面から理解できることは、カイイ青年が売春婦や悪党と交際し、正業につかず遊興にふけっているということであろう。しかし、これを文字通りにとることはできない。請願書が説得力のあるものにするためには、誇張されることが多かったからである。問題となっている青年とつきあいのある女性や男性は、すべて売春婦であり、悪党ということになっていた可能性が高いのである。

またカイイ青年の場合は、放蕩が請願の理由であるが、子どもの監禁を請願する親の理由は複数であることが一般的である。例えば、ピエール・ラランド青年に対する請願書の中に書かれた例を見てみよう。彼は、徒弟奉公が終わる前に父の家にもどり、父に対して全く服従せず、大酒を飲み、放浪し、外泊し、キャバレーをはしごし、ビリヤードにふけり、橋の上で過ごし、父の衣類を売り、靴屋の道具を売りさばくのである。

したがって、何か特定の理由を探すことが、監禁の現実を知ることになるとは思われない。むしろ個々の理由を越えて何を両親は恐れたのかを知ることが重要である。ファルジュ／フーコーが編纂した請願書から次の四つを指摘しておこう。

一　子どもが邪魔になった時。これは、父親が再婚する時など、結婚の生涯になる前妻の子どもの監禁を請願する場合である。また前妻の遺産などが絡んでいることも見られる。

二　子どもの家庭内暴力。これは、親への脅かし、酒乱や狂気などの理由となることが多い。

三　金銭的理由。子どもの逸脱行動が将来一層激しくなったときに、家族に金銭的に負担をかけるのではないかという恐れから、監禁が要請される。子どもの奉公先での使い込みなどに対して、封印令状が請願されるのもこの場合である。

四　家族の名誉のため。子どもの逸脱行動が激しくなり、犯罪者となったときに家族に与えるダメージを避けるために封印令状が請願される。この感情は、多くの封印令状に共通してみられるもので、その意味で監禁を要請する基本的な動機であろう。
カイイ青年の場合は、おそらく三の金銭的理由と四の家族の名誉が関わっていると思われる。

3　伝統的社会関係の衰退と王の身体

それでは、なぜ十八世紀に封印令状による子どもの監禁が盛んになるのだろうか。まずこの問題を、親子の葛藤が起こる家族という場から考えてみたい。この時代の家族はどのような家族だったのだろうか。カイイ青年に関する請願書の中に「両人が与えた良き教育も忘れ」という記述がある。これは、一七五〇年代の請願書によく見られる表現であり、一七二八年の時点では、この表現はめずらしい。むしろ「多くの愛情をあたえたが」という表現がよく使われている。いずれにしても、この二つの表現は、「子どもの教育」と「感情の交流」が家族形成の基本的な条件である近代家族意識を前提としている。したがって封印令状は、近代家族を舞台として生起する問題である。この家族は、結合の絆を、感情の結びつきに求めたゆえに、一旦それがこじれると、その葛藤はその構成員では解決不可能なほど深いものになったにちがいない。家族の葛藤は、まずこのような濃密な感情空間という近代家族のあり方にもとめられる。しかし、そうした家族の葛藤から、なぜ封印令状という王権に直接救いをもとめたのだろうか。この問題は、家族を含めた社会的な絆の衰退から考えることができる。

もう一度カイイ青年に関する請願書をみてみよう。特に末尾の署名に注目したい。カイイ青年の場合は、順にカイイ、デュポア、カイイとある。最初と二番目のサインは、両親のものであり、三番目のサインは家族の他の一員か親族のものであろう。請願書には、全く署名のない場合もあるが、複数の署名が一般的である。非識字者が多かったこの時代、一人は代書人であることもあるが、その場合も含めてこれらの人々は、家族と親密な関係を有し、家族とともに子どもの逸脱行動に対する感情を共有した人々である。カイイ家のようにこの時代のパリに住む人々にとって、重要な社会的結合関係（なんらかの特定の社会的絆によって結びつく人びとの関係）は、親族、仕事仲間、近隣者であった（柴田三千雄、一九八八年、七三頁）。これらの家族以外に署名した人は、近隣者が多く、親族は少なかったと思われる。近隣者とはどのような存在だったのだろうか。この近隣者の社会的結合関係である近隣関係とは、同一のカルティエに住むゆえに共通の規範に属するのだという意識を相互に持つときの関係であり、これを無視しては生きていくことが困難になるような最も重要な社会関係であった。この近隣関係の注目すべき機能は、カルティエ内の個人的紛争を調停する力を有していたことである。封印令状の末尾にサインをした人々もこうした近隣者が多かったと考えられる。

このことから、一七二八年というこの時代においても、近隣者が家族成員間の紛争に関与していたことをうかがうことができる。しかしながら一方で、封印令状の請願者の一員になるということは、そうした紛争そのものを調停する力をすでに失っていたことも意味している。封印令状が広がっていく背景には、伝統的な社会関係の衰退という現実があったのである。フィリップ・アリエスは、「勝利したのは、個人主義ではなく、家族であった」といったが、この勝利は、また家族の孤立化という代償を招くものであった。

親族や仕事仲間や近隣関係に頼ることができないとすれば、家族はどこに頼ればよかったのか。他の手段としては、訴訟という手段があった。しかし裁判制度は大変複雑であり、長い時間がかかり、費用も決して小さいものではなかった。また裁判に訴えた場合は、家族の恥が外にでることを避けることもできなかった。こうした点で、封印令状による子どもの監禁は、家族の事情に応える便利で現実的な手段であったといえよう。

さらに家族にとって封印令状による監禁は、訴訟による監禁とは大きく異なる性格を有していた。例えばカイイの請願書の一節には「悔悛の印を示すまで、矯正をうけながら拘留されるために」とある。封印令状の請願書すべてに矯正が求められているわけではないが、この矯正という観点こそ、封印令状による監禁を家族が求めた重要な理由であった。アンシャン・レジーム期において、封印令状による監禁は、子どもの矯正を願う両親が公的に頼りうるおそらく唯一の手段であったと思われる。

しかしながら、封印令状そのものには、すでに見たように監禁を命ずることしか記載されていない。子どもの矯正をはかるということはどこにも書かれてはいないのである。封印令状による監禁が子どもの矯正を可能にするという考えは、多くの人々が共有した観念に基づくものである。それではなぜこうした観念が、封印令状に付与されたのか。あるいは、こうした観念は何に由来するのか。この問題を考えるとき、封印令状がしばしば「王令」と呼ばれたように、封印令状を発行する最終的な権限者である「王」の問題として考える必要がある。

伝統的で一般的な王の表象に結びついたイメージは、「父」、「正義の味方」、「保護者」というものである（シャルチエ、一九九四年、一七一頁）。封印令状は、子どもに苦しむ家族を救うという点では、こうしたイメージで説明しうるが、子どもの矯正ということには、直接結びつかない。

封印令状は、国王が、家族の願いに基づいて、その子どもの監禁を命ずるものであるが、監禁すなわち身体の拘束という否応なく身体的な側面を内に含んでいる。この身体というレベルで考える時、拘束される子どもの身体に対置するものは何か。それは、子どもの監禁を命ずる王の身体にほかならない。王の身体とはどのに表象されたのであろうか。この問題をまず、カントーロヴィチの『王の二つの身体』（一九九二年）から見ていこう。

カントーロヴィチは、エリザベス一世の時代に、つぎのような国王二体論は、広く認められていたという。「……、王は自らの内に二つの身体、すなわち自然的身体と政治的身体を有しているからである。彼の自然的身体は可死的身体であり、本性上あるいは偶有的に生ずるあらゆる弱点に服し、幼年期や老衰期の虚弱や、多くの人々の自然的身体に起こるのと同様の欠陥にさらされている。しかし彼の政治的身体は、目で見たり手で触れたりできない体であって、政治的身体や統治機構から成り、人民を指導し、公共の福祉を図るために設けられたのである」（前掲書、二四―二五頁）。

王は生身の身体と同時に国家や共同体そのものが集約された存在である不死の政治的な身体からなる。この国王二体論という虚構は、政治的身体の不死性と超越性によって、王朝と王権そのものの連続性を保証する役割を有した。この王の二つの身体は、フランスにおいては英国ほど理論化されることはなかったが、十六世紀以降「王は決して死なない」という言葉が流布していたように、深く根付いていた。封印令状による子どもの矯正は、このような王の身体のあふれる生命力というイメージと結びついたものではなかったろうか。王の政治的身体のこの「癒す」という側面について正面から論じたのが、マルク・ブロックの『王の奇跡』（一九九八年）である。ブロックによれば、中世以来フランスの国王は、その手で触ることによって病、特に瘰癧を癒すという奇跡をなす力を有していると考えられてきた。王は、聖別式の塗油と即位の際に病を癒す聖人マルクールに祈りをささげることを通して、この神秘的な力を獲得するのである。十八世紀のルイ十六世の時代においてもこうした表象は存続し、「王の権力は超自然のものであり、彼の権威も身体も、聖なるものの次元に属すものであることを、証拠だてるので」ある。王の二つの身体および奇跡をなす王のいずれの表象も、その身体の神秘性と永遠性を基礎として、王権とその社会の連続をもたらすことに貢献する。フランス絶対王制は、ブロックがいうように、その政治制度によってのみ維持されていたわけではないのである。

さて封印令状に、監禁される子どもの身体に対置される王の身体とは、以上のようなものであった。したがって、家族が封印令状による監禁を通して子どもの矯正をはかるということは、社会そのものが集約され、連続性そのものである王の身体が、子どもの矯正に関与するということが、表象のレベルで含意されていたのである。

以上封印令状とはどのようなものであったかを、家族に焦点をおいてみてきた。次に王権にとって封印令状とはどのようなものであったかを検討したい。

4　封印令状のジレンマ

絶対王制は、父子関係を社会秩序の基礎として位置づけていた。例えば、絶対王制のイデオローグであったボーダンは、「国家のミニチュア版としての家族のなかで、国王の代理人である父（家父長）にその他の家族構成員が全面的に従属することを」正当化し、「家父長の頂点に立つ国王は、威厳と慈愛とが交差したまさに「人民の父」にほかならない」（リン・ハント前掲書より引用）と考えている。一六三九年国王自身が、「子どもの両親に対する尊敬の念は、臣民の君主に対する正当な服従につながっている」と宣言している。またリン・ハントは、絶対王制下の社会秩序について次のように述べている。「王は服従の絆によって結びあわされた政治体の頭であった。農民は地主に、職人は親方に、有力者たちは王に、妻は夫に、子どもは両親に服従したのである。国家における権威は家族における権威をモデルにしていた」（前掲書、二一頁）のである。

子が父親に服従することが、臣民が国王に服従する基礎というわけである。したがって封印令状による子どもの監禁は、父権の補完であると同時に王権の維持にもつながっているのである。またドンズロは、封印令状について次のように述べている。「公的な決定機関と家族の決定機関とのあいだでの義務と保護の規則的な交換の内側で意味をもっている。それは一方では、公的な秩序にとって宗教・良俗に反する個人がもたらす不安を、他方では、家族の利害にたいして、その特定の成員の不服従がもたらす不安を抑えるものである」（ジャック・ドンズロ著、宇波彰訳『家族に介入する社会』一九九一年、五六頁）。封印令状は、家族（父親）と国王の両者の利害の一致する点であり、その意味で家族と王権にとって相互補助的なものであったと見ることもできる。

しかしながら、家族を対象とする封印令状は、この相互補助的に機能したのだろうか。封印令状は、手に負えない子どもに苦しむ両親（父親）を救うものであったが、このことは父親の無力を補うことであった。しかしながら、無力な父親（家父長）が、絶対王制の社会秩序の基礎になりえるのだろうか。すでに述べたように、封印令状の請願書の中の父親は、「愛情あふれる父」であり、「子どもの教育に熱心な父親」であった。このような父親は十八世紀においてどのような父親であったのだろうか。

リン・ハントは、『フランス革命と家族ロマンス』の中で十八世紀のフランスにおける父親の変容を論じている。彼女によれば、父と子の双方についての新しい態度に最も大きな影響を与える源泉となったのは小説であったという。十八世紀にフランスで小説が盛んになったのは、個人のアイデンティティーの源と個人と家族の葛藤への関心が高まったことの印である。一七二五年から一七七五年の五〇年間に、小説においても戯曲においても、家族の描かれ方は決定的に変化した。一七三〇年代、一七四〇年代、一七五〇年代の小説では家族の世界が混乱の中に表現されている。これらの小説の中では、専制君主的な父が反抗的で不信心の息子に抵抗されるのである。ルソーの『新エロイーズ』のデタンジュ男爵のように、厳格な家父長と愛情深い父親の父の役割のあいだを揺れ動く父親を経て、一七六〇年代、一七七〇年代、一七八〇年代では、頑固な暴君は良き父として、また子どもに悩まされるおとなしい父になっていった。ついで、父というのは有徳で情にもろく、あたらしいやり方で子どもたちの世話をやくものだという像が固まるとほぼ同時に、こうした父は小説から姿を消しはじめた。父は小説の中で意味のない存在になっていくのである。リン・ハントは、「ゆるぎない権威に基づいてふるまうのでなく、愛情と気づかいとに基づいてふるまう、新しい型の父として」描かれることを、「父であることを表象するもの、および権威をめぐるすべての関係が意味するものにおける、重要な移行」とみなす。そしてさらに「この良き父への移行によって、絶対主義的な王の権威に致命的な打撃があたえられた」（前掲書　五七頁）と論じている。

封印令状のための請願書の中では、リン・ハントの指摘よりも若干早いが、一七二八年の段階で、すでに愛情のあふれた父親が多くみられた。これは封印令状請願をより正当化するための父親自身の自己評価であるが、それが正当化の力を持ったとすれば、優しい父親像を理想とするありかたはすでに定着しつつあったと考えられる。そしてこの良き父親像は、リン・ハントが文学において指摘した以上に、王の権威に致命的な打撃を与えたと思われる。すでに述べたように、絶対王制は、家父長の権威に従う家族のあり方をその統治の重要な基礎としていた。これが可能であるためには、家父長も権威をもった存在でなければならない。家父長に反抗する子どもを監禁する封印令状は、一見父親の権威を守るもののようにみえるが、その実父親がすでに権威を失っていることを露呈するものにほかならなかった。したがって、十八世紀に広がる封印令状は、現実においても表象のレベルにおいても、父親が権威を失っていることを示すものであり、同時に国王自身の権威を喪失させていく奇妙な制度であった。

このようなジレンマを解決することなく、封印令状は一七八九年に失効する。革命家は、封印令状を絶対王制の圧政の象徴として嫌悪した。バスティーユ襲撃は、革命の象徴的な出来事とされるが、バスティーユが、主に封印令状によって請願された人々を監禁する場所であったからだ。封印令状は、国王と家父長の二つの権威に基づく絶対王制の秩序維持の中心とみなされていたのである。ドンズロは、このことに関して次のように述べている。「監獄と封印状とを二つとも廃止するというのが、多くの夢の仕事であり、国家の権力と家族の権力との古くからのからみあいを一掃した白紙の状態を出発点として、市民の幸福の組織者としての国家の計画がある。それはすでにすたれる運命にある家族への帰属とは無関係に、万人のための看護・労働・教育をおこなおうという計画である。しかし、監獄と封印状の廃止は、その代償を生み出した」(前掲書、五八頁)。そして、ドンズロはこの代償を「全体主義の悪夢」であると論じている。その代償が「全体主義の悪夢」であったかどうかはなお検討が必要であろうが、決して良い夢でなかったことは確かであろう。

フランス革命は、王の自然身体のみならず、政治的身体も消滅させた。フランス革命は権力の転換であったが、同時に青年や子どもに対する視線の転換点でもあった。これ以降、逸脱した家庭内の青少年を、王の身体を媒介として矯正をはかるというような、迂回的な方策はもはやとられない。万人に対して、あらかじめ逸脱しないようにはかるという予防的な方策がとって代わるであろう。そこでは、すべての青少年が、直接的に捕捉される存在となる。ドンズロが示唆している万人の教育がその重要な手段となるはずである。

その青年期に封印令状による監禁に苦しんだミラボーは、革命期には公教育論者となり、公教育の実現につとめた中心人物となったが、ミラボーの中で、封印令状の苦い経験と公教育の理想はどのように折り合いがついていたのだろうか。

パスカル『パンセ』

パスカル（一六二三―一六六二）は、文学者、思想家、自然科学者として一級であったが、彼の人間や社会に対する洞察の鋭さにも私たちは驚かされる。『パンセ』の中から、本稿と関係の深い二つの断章を紹介しよう。次の断章は、父と子の愛情の根拠を人間の「自然性」の中に見ようとする、形成されつつあった親子観に懐疑のまなざしを向けている。

「父親たちは、子供たちの自然な愛が消えてしまいはしないかということを恐れる。では、消えることがあるようなこの自然性とは、いったい何だろう。

習慣は第二の自然性であって、第一の自然性を破壊する。しかし自然性とは何なのだろう。なぜ習慣は自然でないのだろう。私は、習慣が第二の自然であるように、この自然性それ自身も、第一の習慣であるにすぎないのではないかということを恐れる。」

また次の断章は、王の「権威」が、想像力と習慣から生まれてくるメカニズムをみごとに語っている。

「近衛兵や鼓手や将校、それに人間という機械に敬意と畏怖をいだかせるあらゆるものを従えている王たちを見慣れていると、ときとして王がたったひとりで、それらの随員がいないばあいでも、王の顔をみれば、臣民の心には敬意と畏怖の念が生じる。というのも、人々は、王たちの姿と、ふつうはそれとむすびついている彼らの随員とを、切り離して考えないからである。そして人びとは、右に述べた結果がこのような習慣に由来するものであることに気づかず、それは生まれながらの力に由来するものだ、と考える。そのために、王の顔には神の性質がきざみつけられているのだ、といったことばが出てくるのである。」（パスカル『パンセⅠ』前田陽一・由木康訳、中央公論社、二〇〇一年）

第十一章　アメリカ合衆国における「非行少年」の誕生
――一八二〇年代のアメリカ少年保護事情

徳岡秀雄

1　はじめに――「少年保護院」（House of Refuge）の誕生

シカゴ少年裁判所設立の背景について論じたプラットの名著 *The Child Savers*（1969）の副題は「The Invention of Delinquency となっている（但し邦訳の副題は「少年裁判所の起源」とされている）。しかし、「犯罪（crime）」とは区別された「少年非行（delinquency）」あるいは「非行少年（delinquent）」という概念の発明は更に遡れるのであって、少年裁判所の成立は非行少年処遇の完成を意味するに過ぎない。

少年司法政策の具体化は、一八九九年のイリノイ州法に基づくシカゴ少年裁判所が最初だと一般的には誤解されやすい。しかしそれは、完成であって創始ではない。少年司法政策の成人からの分離は、一八二〇年代の少年保護院の設立に始まる。

十九世紀初頭の東海岸、特にニューヨーク、ボストン、フィラデルフィアは、移民の増加と都市化による急激な人口増加に見舞われた。匿名化した人々が富や地位や権力を激しく競い合うという未曾有の事態のなかで、さまざまな社会問題が一挙に露呈し、既存の社会秩序や道徳は大きい危機に直面することになる。

「非行」ということばは、一八一六年ロンドンにおいて、「首都における少年非行の驚異的増加に関する原因調査のための委員会報告」で使用されたのが最初ではないかと言われている。アメリカでは、初の少年教護収容施設 House of Refuge（少年保護院）設立の母体となった貧窮予防協会の一八一八年報告書が、貧困の主要原因の一つとして、非行少年に言及している。この報告書は、非行という用語を公的に使用したアメリカ最初の例であろうと言われているが、そこでは、非行少年とは、法を破り、もしくは怠学・怠業のゆえに街頭を徘徊する、あるいは正常な家庭を欠く、二一歳未満の者の意であった。

少年保護院設立を目指して貧窮予防協会から一八二三年に改組された非行少年更生協会は、この施設が次の少年たちを収容すべきことを提案している。一定年齢未満であって浮浪・無宿のゆえに警察の警告を受けた者、あるいは微罪で摘発された者。本来なら州立刑務所に送られるべき犯罪者。悪意あるいは怠惰のゆえに道徳に無頓着な親によって、生活上・道徳上の不潔、食物の欠乏、無教育の状態に放置され、犯罪者の餌食に陥りやすい者、以上の三者である。

ニューヨーク少年保護院設立認可のための法律は、非行少年について初めて法上の規定を行なった。それは、法に抵触し有罪の確定した少年、あるいは街頭を浮浪する少年の意であったが、年齢についての言及はなかった。こうして、犯罪者とともに浮浪者をも含む非行少年の概念が成立した。

事実、この施設最初の入所者一六名のうち九名は犯罪者ではなかった。ペンシルベニアでも一八二六年の法で、少年保護院の理事者は、浮浪者として保護された少年、有罪確定者のほか、犯罪行為の嫌疑で逮捕が予想される容疑者をも収容する権限を有すると規定した。

このように非行という概念は、少年保護院への入所対象者を確定するために規定されたが、それは当初、犯罪を犯した少年と浮浪者として保護された少年との二種類を意味していた。少年保護院は、刑務所の代用であると同時に、浮浪児用の救貧院でもあったのである。

「改革をめざす紳士たち(Gentlemen reformers)」によって、一八二五年、ニューヨークにHouse of Refugeが、翌年にはボストンにHouse of Reformationが、フィラデルフィアには一八二八年にHouse of Refugeが、それぞれ開設された。

少年保護院は未成年者のための刑務所であり、かつ未成年者用の救貧院でもあった。このような性格をもつ施設に収容する対象者を規定するために、犯罪少年と浮浪少年の両者を含む「非行少年」という概念が発明され、州政府が非行少年を親から取り上げて収容できる権限、すなわちイン・ロコ・パレンティス(in loco parentis＝後のパレンス・パトリエ)理念が採用され、不定期収容が制度化されたのである。

少年保護院は、刑務所から子どもを救出し、救貧院から未成年者を救出しようとする運動と、子どもは大人とは区別されたユニークな存在だとする少年観とが交錯した結果、少年用の「刑務所プラス救貧院」として誕生した。それは、少年期への注目の結果、犯罪の原因と貧困の原因が相互に因果関係を形成しており、しかもそれが共に幼少期にあることを見出したからでもある。以下にその詳細を見ていこう。

2 刑事政策の近代化

植民地時代の刑罰は、応報と威嚇抑止を目的としていた。刑罰は広場などで公然と集団的に執行された。生命刑のほか、流刑、追放刑、耳の切り落としなど身体の一部を切断する身体刑、掌や額への焼き印・緋文字などの頭文字入り着衣・さらし台や足枷などの恥辱刑、等が用いられた。しかし、独立後のアメリカ社会では地理的移動が大きくなり、孤立した閉鎖的なコミュニティのイメージは崩壊していった。匿名性が高くなると、恥辱刑は機能しなくなる。また、部外者を地域社会外に追放する（追放先の先住者にとっては、もともとはなはだ迷惑な刑罰であったが）などといった偏狭なローカリズムも、全体社会の拡大とともに、犯罪者を自分の右手から左手に移すに過ぎなくなるなど、伝統的な社会統制メカニズムは時代遅れになっていった。死刑のカテゴリーを増やしたり、追放刑・身体刑・恥辱刑の数種を組み合わせ併用するなど試みたが、犯罪統制の実効は挙がらなかった。

こうした時代に、ベッカリーアとハワードの思想が紹介される。ヨーロッパの啓蒙思想を刑事政策に適用したベッカリーアの『犯罪と刑罰』（一七六四年）の英訳本が、一七七七年には南カロライナで出版される。彼の主張は、合理的な人間観・犯罪者観を前提にした威嚇抑止論であった。刑罰は犯罪によって得る利益を上回りさえすればよいのであり、迅速・確実になされさえすれば過酷である必要はないとして、残忍な身体刑や死刑を廃止して重労働刑に代えることを主張した。尤も彼は、刑務所を主要な刑罰手段として具体的にイメージしていたわけではない。

それに対して、より積極的にリハビリテーションを目的とした刑務所制度を提案したのがハワードであった。いわば名誉職的に州執行官に任じられた彼は、忠実にその職務を果たそうと、ヨーロッパ各地の拘置所や救貧感化院などの収容施設を数次にわたって訪問調査した。その報告である『監獄事情』（一七七七年）の中で、彼は随所にベッカリーアを援用しつつ、分類処遇やリハビリテーションの発想を具体化した、懲治監獄（penitentiary house）の設立を主張した。penitenceとは、罪を悔い改めるという意味である。

ベッカリーアやハワードなど啓蒙主義思想への接近によって、犯罪の原因は植民地時代の刑罰法令そのものの性質にあるのだと確信した改革者たちは、犯罪除去のために刑事法の改正へと立ち上がった。そして、従来の死刑や身体刑に代わる懲罰の合理的手段として、刑務所への監禁刑に注目し、確実で人道的な刑罰を目ざしたのである。こうして一七九〇年以後、刑務所が「発明」される。裁判の前に、裁判をするために身柄を拘束する拘置所は古くから存在したが、裁判の後、刑罰として身柄を拘束し、重労働を科す刑務所はこの時が最初であった。それは、自由の拘束が罰としての意味を持ちうるほどに、その価値が認識されるようになった時代の産物でもあろう。

しかし、改革者たちにとっては、ともかく死刑を自由刑に代えることに意義があったので、法の改正のみが関心の焦点であった。彼らは、刑務所のハードウェアやソフトウェアについての明確な理念を欠いており、もちろん見習うべき先例もなかった。当時建築された刑務所の様式は、技術水準の制約もあったのであろうが、民家を大きくしたもの（まさに the big house）にすぎなかったし、管理運営も家族的日常生活をモデルにしていた。短期受刑者も処遇困難な長期受刑者も、年齢や性の区別もなく、累犯者も初犯者も雑居している状態で、刑務所は、たちまち悪風感染の「犯罪学校」に近い現実を露呈しはじめた。

死刑に処すわけにはいかなくなった犯罪者から社会を防衛するという消極的な無害化の発想ではなく、彼らを有用な社会成員として再教育しようとする再社会化・教育刑への注目は、この時期になって初めて台頭して来たと言える。こうしてハード面・ソフト面ともに構想を新たにした刑務所は、一八二〇年代に入って懲治監獄（penitentiary）という新たな段階に至る。ニューヨークではオーバーン懲治監獄で、夜間は独房で就寝させるが昼間は独房を出て広い作業場で沈黙を守りながら共同作業に従事させるという一部隔離・夜間独居方式を採用する。他方、ベンサムが創案したパノプチコン（一望監視の円形監獄）のアイディアを取り入れたペンシルベニアの懲治監獄では、受刑者を昼夜とも完全に独房に隔離して、反省・悔悟（penitence）の生活を送らせようとした。ニューヨークとペンシルベニアの二方式は、個別作業か集団作業かを除けばほとんど酷似していたにもかかわらず、その差異がきわめて大きいものと認識され、その利害得失について激しい論争を惹起させた。両者はその後の新刑務所のモデルとなり、新構想の州立刑務所の建設が続いた。新方式の刑務所は世界の注目するところとなり、トクヴィルらの視察訪問を受けるまでになった。

3　社会福祉政策の近代化

アメリカ植民地の救貧対策は、母国エリザベス救貧法をモデルにして、植民地の実情に合うように取捨選択しつつ形成された。一般的な救済方法は、いわゆる居宅（院外）救済である。生活困窮者は、自宅にあって現金や現物を給付された。身辺介護を要する困窮者は身内に引き取られ、身寄りのない者は隣人宅などに寄宿し、引き取り手に対してはタウンが資金援助した。また、貧窮者競売制度もあった。貧困者に対しては減税や免税も行なわれた。怠惰に起因する労働可能な貧困者は労働を強制され、年季奉公などに出され、ときにはタウンから追放されもした。救貧院がなかったわけではないが、それは、この種の手立てが期待できない場合の最後の手段として、例外的に用いられたに過ぎなかった。

孤児・貧窮児童・被放任児童は、実父母からも引き離されて、年季奉公に出されるか競売にかけられるかした。当時の貧困観からすれば、貧困な親は、単に経済的に貧困状態であるにとどまらない。不道徳か無能力か、いずれにしても親たるに値しないのであるから、貧困な親をもつ子どもは強制的に親の監護から切り離されるべきだと考えられていた。貧困状態、さらには貧困から派生する物乞い・浮浪・放任・無視といった状態にある子どもを、貧困な親とそれにともなう危険な環境から隔離するために、強制的に徒弟奉公や農家委託に出すという方法は、救貧法の一環として当初から法に組み込まれていたと言える。アメリカ社会は植民地時代から一貫して、親たるに値しない貧窮者から子どもを引き離す慣行を維持し続けたのである。

しかし十九世紀ともなると、貧困を宿命的に受容していた頃とは異なり、貧困が社会問題として徐々に顕在化してくる。まず、当時のアメリカは貧困な移民の増加や産業革命の進行に伴う深刻な不況にも見舞われ、救貧人口が増加し、救貧費が財政を圧迫したことから人々の関心が集まった。しかし、客観的側面以上に注目すべきは、貧困者は社会にとって危険な存在であるという社会意識の出現である。啓蒙主義精神は合理的人間観を普及させ、人々は、もはや貧困を宿命的な所与のものとして受容することができず、除去できるし、すべきものであると考えるようになった。旧大陸との違いに一層敏感になり、資源的にも制度的にも恵まれているアメリカに貧窮者は存在するはずがない、にもかかわらず存在するのはなぜか、と改善可能性への大きい期待は、人々の間に一層大きな欲求不満を生み出す。

こうして、貧窮者の実態と救貧対策の効果とを調査・分析することへの関心が高揚し、多くの調査報告書が出された。関心の故に調査を始めるのであるから、その結果は当然のごとく、貧窮は個人的怠慢のゆえであるとする論調で溢れていた。見えたことは事実であるが、見ようとするからこそ見えるのだからである。生活圏の拡大とともに、貧窮者は運命的な同胞であり隣人であるという地位を失い、匿名的な一般化された下層としてカテゴリー化されるようになる。そして彼らは、怠惰な、不道徳な、社会秩序を不安定にする「危険な階層」、犯罪者に極めて近い存在へと変質する。

貧窮者に対する見方が自己責任主義へと変化するにつれて、これまでの救貧対策も見直されることになる。貧窮者に現金や現物を援助する公的救済は、貧窮者に怠惰と依存の習慣を植えつけ、逆に彼らを貧窮化させるので、一度味をしめるとますますエスカレートする麻薬のように危険で有害である、公的扶助は受給者に権利意識ばかり助長させて感謝の念を失わせる、と世論の批判が高まった。

この時期、院外救済から院内救済へと社会福祉政策を大きく転換させる契機になったのが、クインシー・レポートとイエーツ・レポートであった。一八二一年に公的院外救済に関する調査を行なうマサチューセッツ州の委員会議長に就任したクインシー・ボストン市長は、以下のように主張している。①あらゆる貧民救済方法のうち、最も浪費的で高くつき、かつ被救恤者の道徳に害があり、勤勉の習慣にとって破壊的なものは、居宅での救済である。②最も経済的な方法は、授産所をともなった救貧院での院内救済である。そこでは受給貧民の能力に応じた仕事が与えられ、貧民は自らの生活資料を稼ぎ出すことができる。

一八二四年、ニューヨーク州議会からの委託に応え、実態調査をふまえて議会に提出された内務長官イエーツの報告書も同様である。彼は、各カウンティに十分な規模の農場を付設した授産施設を設置すること、受給貧民はそこでカウンティの費用によって維持され、農業を中心とする健全な労働に雇用され、彼らの児童は注意深く教育され、適切な年齢に達したときに、何らかの有益な事業ないし商業に就かされるべきこと、などを提案した（古川孝順他編『社会福祉の歴史』有斐閣選書、一九七七年、九七―九九頁）。彼らによって救貧院は、最後の手段ではなく、効率のよい最良の策だとされたのである。

4　犯罪と貧困との相互因果性認識

重罪犯罪者を死刑や追放刑にし、人々の視野から遠ざけている限り、犯罪者への関心は、その時限りのものでありえた。しかし、彼らを長く刑務所に留め、彼らと否応なしに対峙することになると、いきおい犯罪の原因や犯罪者の更生に焦点が移行することにもなろう。神学の支配から脱し、啓蒙主義思想によって合理的精神を身につけた人々にとっては、人間はもはや罪人として生まれるのではなかった。犯罪の原因が人間の外にある限り、それを探し出し除去することによって、犯罪を社会から除去し、犯罪者を更生させることが可能なはずであった。

また、古くはイギリス救貧法の時代から、そしてアメリカ植民地の時代にも、浮浪は犯罪とみなされていた。救済に値しない怠惰な貧困者も厳しく罰せられた。さらに、追放刑が刑罰の手段であったことからは、浮浪して流入する新参者は犯罪の故に他の地域を追放された者である確率も高かった。

十八世紀末からの産業化に伴う未熟練労働者化の過程で、景気変動による多くの失業者が輩出されたであろう。地理的移動の激しさは、植民地時代の例外的な他所者とは比較にならない数の浮浪者を生み出したと思われる。貧困を個人責任に帰する意識の浸透とともに、貧困と、貧困から派生する浮浪や放任などの状態が罪悪視されるようになる。

十九世紀になると、犯罪の原因は貧困にあり、貧困者はまぎれもなく近い将来、犯罪者になる可能性をもった「危険な階層」だと見なされるようになる。その過程で幼少期の家族体験が関心の焦

図表1

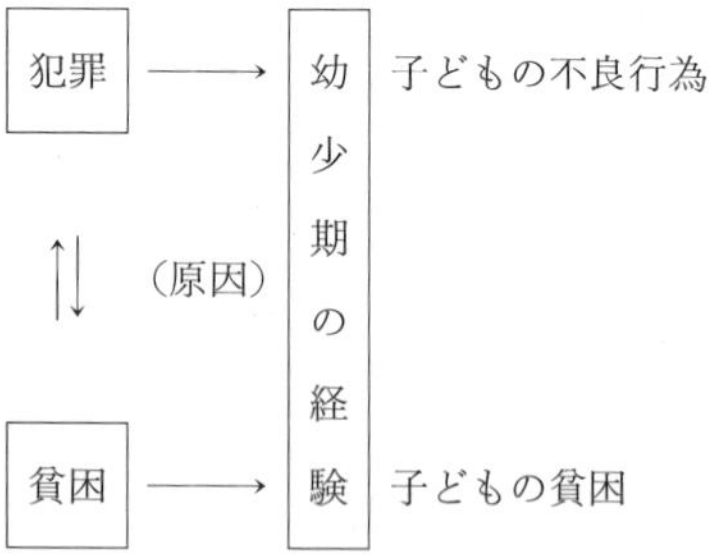

点になってきた。宿命論から徐々に解放され、人間の内部にではなく外在するはずの、環境に存するはずの犯罪原因を探し続けた博愛主義者たちの視線は、犯罪原因としての貧困に、さらには犯罪と貧困、双方の原因としての幼少期の家庭環境、生育歴へと向かっていった。貧窮予防協会が一八二三年に非行少年更生協会へと改組されたゆえんであろう。

ニューヨーク州オーバーン刑務所の一八二九年および一八三〇年の報告書が受刑者の生育歴に焦点を当てていることからも、この時期の原因論が推察される。神学にも法にも飽き足りない中で、報告書の執筆者たちは、犯罪者の経歴、とりわけ幼少期の家族解体・地域解体の中に犯罪の起源を見出したのである。この報告書を皮切りに、ほとんどの人々が子ども期の家族解体を成人後の犯罪と結びつけて解釈するようになった。また、反抗的な子どもに対してはニューイングランドでは厳しく対処することが入植当初から法律で定められていたが、このような子どもは、親が貧困で放任するからだとの社会意識がやはり十九世紀初頭には一般化する。

貧困と犯罪とは同根であり、表出される順序にこだわる必要はない。問題の根源が家族解体・地域解体の中に確認された以上、改善の方策は手中にあるも同然であった。また、人間の可塑性を仮定するなら、犯罪傾向の固まっていない少年の更生には、とりわけ確信がもてた。少年が腐敗・堕落に弱いとすれば、それだけ教育可能性も大きいはずであった。方策の一つは腐敗の根源を除去することであり、いま一つは、現存する腐敗した家庭・地域環境から少年を移し、隔離・保護することである。

「悪の温床」と化した刑務所を見限った改革者たちは、成人のために新構想の懲治監獄（penitentiary）を模索するとともに、処遇困難な成人犯罪者よりも可塑性が大きく改善の期待がもてる未成年犯罪者を刑務所から隔離・救出することへと関心を移行させた。例えば、ニューゲート刑務所の初代所長だったエディはニューヨーク少年保護院の設立に大きく貢献した。また、ボストン少年保護院の初代院長となったウェルズ師は、どんなに悪行をやっていようとも、十五歳未満の少年であれば更生できると確信していた。

他方、福祉の領域においても改革者たちは、従来から例外的に存在してきたようなイメージの救貧院に、成人と未成年者とを混住させることは不適当だと感じていた。「生ける者のための共同墓地」と化していた既存の救貧院では、子どもたちは大人の貧窮者、浮浪者、性病罹患者たちと無差別に接触することから、疫病や道徳的退廃の影響を強く受けていたからである。したがって、院内処遇を最優先に考えようとする際、肉親であろうとも親たる資格がないと判断すれば子どもを引き離すことに違和感を感じなかった彼らが、貧困児童に対して成人とは別の施設を望んだことはいうまでもない。

また、犯罪者に対して刑務所が多用されるようになってからは、刑務所は犯罪者以外の残余領域の逸脱者に対してもしばしば利用された。したがって、施設の貧困のゆえに浮浪少年が刑務所に収容されるということも多かった。浮浪少年を刑務所から救出することが、少年保護院設立運動の一つの目的であったゆえんである。

貧困者は、とりわけ浮浪者は、いずれは犯罪者になることが必定であるとの前提に立てば、彼らを刑務所よりはるかに人道的な少年保護院で処遇することに、何ら抵抗を感じなかったのも当然であろう。浮浪者を刑務所の苛酷な刑罰や救貧院の悲惨な状況から救出する代わりに、あらためて少年保護院の正当な対象者と規定したのである。

5　少年観の誕生

多産多死の時代に七歳が人生の重要な区切りであったことは、社会を超えて普遍的現象であった。ローマ法の伝統では、紀元六世紀までにはユスティニアヌス法典のもとで、刑事責任上の絶対的無能力を七歳までの幼児期と規定し、カソリックの教会法も同様に規定していた。イギリスでは、ノルマン人による征服（一〇六六年）以後、七歳未満の幼児については、犯罪責任はあるものの、有罪確定後の特赦は当然のこととして認められていた。日本でも律令時代から、七歳以下は刑事責任がないとされていた。

このように七歳が重要な意味をもった根拠として、人口学的要因を指摘できよう。それは当時の乳幼児死亡率の極端な高さである。医学が未発達で多産多死という時代にあって、死亡率の下げ止まる大きい区切りが七歳頃なのである。乱暴な表現をすれば乳幼児は人間と見なされず、現在の胎児的存在にとどまり、七歳頃からやっと人権の対象になりえたとでも云えようか。

では西洋文化において、七歳までの幼児観はどのようなものであったのだろうか。自然も人間も、すべて人知による統制の不可能なものとして、あるがままに受容しようとした宿命論的価値観のもとでは、とりわけ、植民地時代の精神を支配したカルヴィニズム的人間観を受け容れれば、人間の性質は生涯にわたって不変であり、したがって、大人と子どもとの間にも本質的な差はないことになる。また人の本性を変えようとする、いかなる行為も無意味となる。

しかし、自然主義的・科学的・合理主義的な啓蒙思想の受容、社会の世俗化によって、宿命論的人間観は衰退していく。啓蒙思想家ジョン・ロックは、医学と哲学に基づいて宗教的人間観に挑戦した。人間の肉体は何千年も前の人祖アダムの罪によって堕落させられた原罪を負うものではなく、人間の本性はタブラ・ラサ状態にあり、生得的に悪でも善でもあるわけではない。人間の性質は後天的な（歴史的な）経験によって作られるものである。ロックはこう主張することによって、本来的堕落という観念から子どもを救出したのである。白紙状態にまで戻された子ども観を前提に、ルソーは、子どもは不完全な大人という存在ではなく、子ども期はそれ自体として重要な時期だと考え、「子どもは動物でもなければ大人でもない、子どもでなければならないのだ」と主張した。

近代以前の家族は共同体の中に埋没し、個人は家族に埋没していたが、強固な共同体生活が解体し、徐々に世帯の輪郭が明確になってくる。次いで、プライバシー・感情・母性愛・家庭愛によって特徴づけられる、小規模の近代家族が誕生する。この過程で個人が析出されてくる。さらに近代化の過程で、乳幼児期の死亡率の改善と彼らへの愛着とが相互補強的に進行する。子どもは親にとっての生き甲斐として、また情緒的・愛情的満足の源泉として、大きい価値をもつようになってきたのである。

アメリカ社会は植民地時代においても既に近代家族の段階にあったといえるが、産業化とともに、都市を中心に新しいタイプの家族が出現する。一八二〇年ごろから、『女性の生き方』などの著書や雑誌が出現し、「女らしさ」が流行しはじめる。真の女性らしさは、敬虔・純潔・従順・家庭的、の四つの美徳で特徴づけられる。とりわけ母、妻としては家庭的であることが最も賞賛される美徳とされ、既婚女性は家庭に封じ込められることになる。アメリカの将来は、母によって育てられた男たちの出来いかんによると激励された家庭的な母親たちは、育児に新鮮な意義を見出すことになる。すでにカルヴィニズム的宿命論から解放され、子どもの人格形成が自分たちの努力のいかんによることを自覚していた母親にとって、育児は確かにやり甲斐のある事業となった。

次に、七歳以後の人生において、成人と未成年との区別が明確になってくる。社会が複雑化するにつれて、社会化のミニマム・エッセンシャルズも多くなり、一人前の社会成員になるまでの時期も長期化せざるを得ない。植民地時代の生活は、いわば荒野の一軒家での自然と戦いながらのそれであってみれば、社会的分業や隣人の援助などは期待できず、すべてを自給自足しなければならなかった。子どもは子どもなりにやるべき仕事が山積していた。子どもが親の職業を継承する限り、職業教育の教師は親であり、幼い頃から家庭内で働きながら技能を学んだ。しかし、生産のために高度の技能が求められるにつれて、熟練労働者として、より本格的な訓練が必要となり、子どもの経済的価値は消滅する。子どもは児童労働禁止法、最低賃金法によって生産の場から排除され、それに代わって、熟練労働者としての準備のために「学ぶ」ことが強制される。

学ぶべき第二の必修科目は、当該社会成員としてのコミュニケーション能力であろう。活字文化以前の社会では、話しことばを自由に駆使できるようになれば、一人前の社会生活が営めたであろう。しかし、印刷術の発明以来、活字文化が普及するにつれて、活字は一部特権知識人の独占物ではなくなってきた。活字が成人一般にまで開放された段階で、読み書きの能力をもつ大人と、能力のない子どもとの区別が明らかになってくる。活字文化にアプローチするには、まず、綴り・語彙・文法、等々を段階的に学習しなければならないからである。大人は、難易度に応じた学習内容を年齢ごとに子どもに課し、難解な表現や隠語、タブーなどの抽象的テクニックを用いて、さらには、書物を子どもの手の届かない本棚の上部や秘密の場所に隠すなどの具体的戦略によって、子どもも文化と一線を画すことが可能となった。活字運用能力をもつ大人と、習熟段階にある子どもとの区別が明らかになってくる。

ところで、産業化にともなう社会変動が激しくなってくると、世代間の断絶が露呈してくる。M・ミードは、社会変動と文化伝達との関係を論じて、変動の激しい社会での未来型文化では、若者こそがネイティブで親世代はイミグラント（今浦島）だと喝破した。産業化と同時に進行する都市化の過程で人口密度も高くなり、隣人を意識せざるを得なくなる。親達に反発する子ども世代は容易に同世代の仲間を見いだすことも可能になる。親子というタテの家族関係よりもヨコの連帯、若者文化の発生をみることにもなる。

こうして、成人とは区別された、依存しつつ学びながら大人への準備をする少年期という世代が明確化してくる。

6　制度の組み換え

少年観の成立によって、従来の刑罰、福祉といった領域別制度は、大人用と少年用という観点から組み替えられることになる。いわば図と地との反転の如く、タテの区切りが後景に退きヨコの区切りが強く認識されるようになったのである。刑務所と救貧院に収容されている者のなかから未成年者だけを救出して、彼らのための収容施設に統合していこうとする対象者の組み替え過程が始まる。こうして初の少年教護収容施設が創設され、そこへの収容者を規定するために、非行少年という概念がつくり出されたのである。新たな社会意識が制度を必要とするが、逆に制度が意識を規定する側面をも見逃すべきではなかろう。

ところで、この収容施設は House of Refuge と命名された。前時代の人々には、解体していない別の健全な家族を見出し、信頼できる雇主に預ける手段が可能であった。しかし急激な産業化・都市化のもとで、地理的移動は大きくなり、地域社会の安定は失われ、少年はしばしば親の監督下から離脱していった。女性や少年が工場労働者化することによって、従来の家父長家族内での人間関係も変質せざるをえない。全般的な家族機能の低下が進行し、工業化が親方＝徒弟関係を無意味化する中で、解体家族に代わる健全な家族や擬制家族を見出すことは極めて困難になってきた。そこで家族や雇主に代わる新しい施設が求められた。注意深く配慮された施設できびしい規則を課し、道徳的習慣を形成させ、いわば「堅固な鎧で少年を武装させて社会に送り出すこと」が、保護院設立を目指す改革者たちの意図であった。

図表2

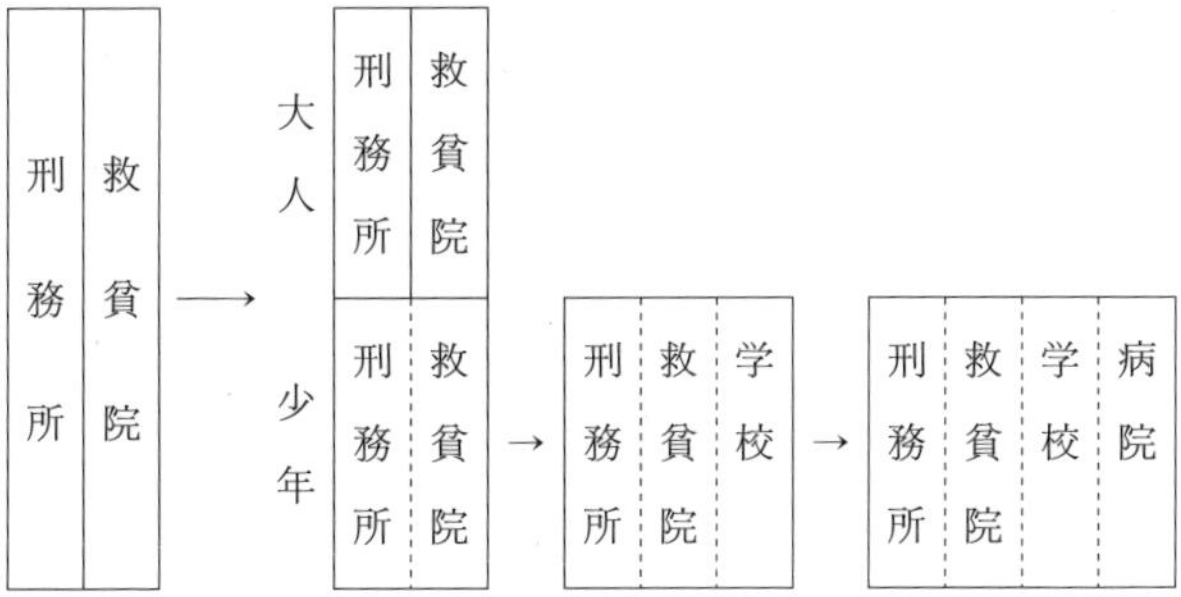

House of Refuge の house とは、健全な家族に匹敵する施設の意であろうし、また、腐敗・堕落した家族・地域から少年を救出し、緊急避難させる保護所が refuge と命名された所以であろう。この名称に、傲慢ともいうべき当時の改革者たちの自信、貧しい無能な親に代わる施設処遇への期待を読みとることができる。

7　結びに代えて

犯罪少年プラス浮浪少年として出発した非行少年の概念は、特に後者が次第に拡大されていく。まず、保護能力の欠ける親のもとにある子どもが、次いでその頃から立ち上がりつつあった学校制度の浸透とともに、学校教育の網の目からこぼれ落ちた不就学・怠学児童が、非行少年と規定される。少年教護収容施設に学校・教育モデルが付加されたのである。

更に遅れて今世紀に入ると、非行少年は病気治療の対象であるとする医療モデルが加味される。その点についてエピソード風に略述しておきたい（G. Gardner, William Healy, American Academy of Child Psychiaty, 11-1, 1972)。

一八六九年生まれのヒーリー（Willian Healy）は、九歳の時、ほとんど無一文の状態で、家族と共にイギリスからニューヨークに上陸、親戚に短期間滞在した後シカゴに移住する。中学校も正式に卒業せず、十四歳から一〇年にわたって銀行の雑用係として働くが、その間独学で学習を続けていた。銀行の友人を通じて知った倫理文化協会に通ううちにソルター牧師と出会う。ソルター師はハーバードの卒業であり、またハーバードの教授として既に名声を博していたジェームズ（William James）の姉（妹）と結婚していた。ヒーリーの才能を見抜いていたソルターの推薦で、中学中退の彼は二十四歳にしてハーバードの特別生となった。ジェームズの庇護を強く受けつつ、ハーバードの医学部からシカゴのラッシュ医科大に転じて一九〇〇年に学位を取得。しばらく開業していたが婦人科学に興味をもち、ノースウェスタン大学で講師となる。興味はさらに神経学に転じて、ドイツ・イギリスで研修。ウィーンではフロイトの新しいアイディアにも触れて一九〇七年、四十歳でシカゴに帰郷する。

他方、少年裁判所創設という役目を終えたシカゴ女性クラブ少年裁判所委員会の女性たちは一九〇六年、今度は少年保護協会を組織し、非行少年、とりわけ累犯者の原因究明に乗り出した。少年裁判所は多くの処遇困難な少年の問題に直面し、科学的調査研究の必要性を痛感していたからである。彼女たちは一九〇七年の少年裁判所の独立移転をきっかけに、非行少年の心理学的研究を支援することとし、ラスロップを議長とする委員会を作った。ラスロップはジェームズに相談をもちかけ、ジェームズはヒーリーを推薦、こうして、少年裁判所の審判決定に資すべく、ラスロップ理事長、ヒーリー所長のもとで、Juvenile Psychopathic Institute が一九〇九年に発足した。少年鑑別所の原型である。この施設は処遇機関であると共に、非行研究の戦略的拠点としても大きい役割を果たすことになる。

ヒーリーの活躍を知ったソーシャルワーカーや判事たちが、ハーバード大学夏期セミナーに彼を招待した。ヒーリーの影響はボストンにも及び、またその講義を、コロンビア大学ソーンダイクの助手をしていたブロンナー（Bronner）も聴講していた。ブロンナーは、後の彼の研究協力者かつ再婚相手である。ヒーリーとブロンナーのエネルギッシュなパイオニア的活躍によって、非行少年に、治療を必要としている病人という性格が付与された。

なお、ロンブローゾ的決定論を彷彿させるシカゴの「非行少年のための精神病理研究所」という施設名称に対しては、新しい領域に白紙状態で臨もう、個々の非行少年に即して経験的研究をしよう、と意気込んでいたヒーリー自身、違和感を持っていた。ヒーリーは一九一七年、ボストン少年裁判所初代判事であったベーカー判事の遺志に共鳴した友人たちによって設立された、少年裁判所附属「ベーカー判事財団」の初代所長に招かれ、ボストンに移籍する。この少年鑑別所的施設を拠点にして、医療モデルを確立することになる。

他方シカゴの施設は一九二〇年に「The Institute for Juvenile Research と名称変更した。一九二六年にシカゴ学派の社会学者ショウ（C. Shaw）を採用したのはこの施設であり、それ以後この研究所は社会学的研究の拠点ともなった。

このように、刑罰と福祉という二焦点をめぐるその後の展開は、アメリカの歴史においても、また日本その他、文化・社会の違いに応じても、その組合せの如何によるヴァリエーションがみられる。しかし、非行少年という概念は、その誕生以来、刑罰と福祉の化合物として発明されたものだという点は忘れるべきではなかろう。

〔付記〕本稿は、拙著『少年司法政策の社会学』東京大学出版会、一九九三年、を編集者の趣旨に沿って書き直したものである。

原因帰属の変遷

雑居状態の中で囚人の犯罪化がますます進行するという事態に直面した後のアメリカで、一八二〇年代に誕生した新しい懲治監獄では、囚人を更生させるためにさまざまな意欲的試みがなされた。その基本には、徹底的に隔離された沈思黙考の中でこそ更生は可能だとする認識があった。

ニューヨークのオーバーン制では、囚人たちの食事や労働は共同の場所でなされるが、その際にも会話を交わしたり、目配せすることを禁止した。その趣旨を徹底するために、囚人が作業場や食堂に移動する時には、彼らは両手を前方の囚人の肩（写真の場合は腰）に伸ばし、ナナメ下に視線を落しながら一列縦隊で行進するロック・ステップ方式（写真）が採用された。

完全独居方式のペンシルベニア制では、新受刑者を独居房へ連行するに当たって、彼が他の受刑者を見ることがないように、また受刑者たちに見られないように頭巾を被せるのが慣行であった。

ここから推定される犯罪原因は、犯罪者との視線の交換、つまり目を通じて伝播するという信念であったと考えられる。

いわゆる犯罪原因なるものは、時代と共に変化してきた。今のところは最も科学的知見だとされている原因とそれに基づく処遇についても、後の世代から見れば、一八二〇年代の頭巾を被せる実践と五十歩百歩だと評価されることになるのかもしれないとの、現在の「原因帰属」を相対化する視線も必要であろう。

ディフィカルト・ボーイの輝き
——あとがきにかえて

竹内　洋

英国の首相トニー・ブレアは、いまや全盛期のマーガレット・サッチャーをさえ凌ぐ国民的人気政治家である。「ニュー・ブリテン」などのキャッチ・フレーズづくりも巧みで、説得力ある演説のうまさには定評がある。ポピュリスト政治家という批判もあるが、長期政権の可能性が強い。

ブレアは、スコットランドのイートン校といわれるパブリック・スクール、フェテス校（エジンバラ）を経てオックスフォード大学を出ている。フェテスに在学したのは一九六六〜七一年である。ブレアは首相になってから、わたしが今日あるのは、特権的な教育のおかげであることは否定できないとしている。では、ブレアはこうした特権的教育のなかでの模範生だったのだろうか。模範生どころか、パブリック・スクールの問題児だったのである。

ブレアは、フェテスの生徒だったころバスケットボールのキャップテンだった。そのときの写真が残っている。他の生徒がいずれも短髪のときにかれだけは長髪である。学校の規則に反撥していた逸脱少年だったことが象徴されている。事実、下級学年のときは、学校から脱走さえしている。

学校が嫌いで嫌いでたまらなかったのである。

パブリック・スクールというと日本では理想の学校のように美化されているが、ブレアが寄宿生活をおくった六〇年代は、パブリック・スクールは旧態依然の学校であった。なかでもフェテスは守旧派パブリック・スクールだった。

当時のパブリック・スクールはプリフェクト・ファギング・システムといわれる生徒管理組織で運営されていた。プリフェクトというのは、上級学年の級長であり、ファグというのはプリフェクトの監督のもとに使い走りをする下級生である。ブレアは下級学年のときはファグとして、上級生の靴をみがいたり、トーストを焼いたりした。また、やりかたが拙かったり、素行がわるいとプリフェクトに殴られることも再三だった。また、当時のパブリック・スクールはいま以上に生活の細部にいたるまでの規則ずくめだった。髪の長さはもとより、ポケットに手をいれることが許される学年まで決まっていた。ブレアが嫌ったのは、プリフェクト・ファギング・システムそのものの理不尽な暴力性と根拠も知らされないで施行される学校の細部にわたる規則だった。

ブレアは、舎監や教師になぜこの規則があるのか、どうしてかとつぎつぎと質問をはなった。「昔からの規則だから」といった回答には満足しなかった。さらにパブリック・スクールの必須科目となっていた軍事教練(the Combined Cadet Force)も嫌悪し、必須期間を終えると、軍事教練のかわりに、ボランティア活動を選択した。もちろんそうした選択をする生徒は少数の変わり者しかいなかった。長髪にしたり、ネクタイをきちんと締めずだらしなくたらし、学校の権威に反抗した。舎監や校長、教師、そして模範生や模範生ぶっている同調主義者たちにとっては困り者の生徒

（difficult boy）だった。

しかし、こうしたブレアの逸脱と反抗も理解者にめぐまれなければ、退学などでおわってしまっただろう。ブレアにはエリック・アンダーソン先生（のちにイートンの校長に就任）という理解者がいた。アンダーソンは、ブレアが活躍した演劇の顧問でもあった。アンダーソンが新寮（アーニストン寮）の舎監になるとともに、ブレアもこの寮生となり、あたらしい寮風の建設に協力した。反撥と逸脱から革新への路が提供されたのである。しかし、ブレアはプリフェクトに選ばれることはなかった。最後まで模範生とはみなされなかったのである。

ブレアは「わたしの十代は、ひどいものだった」と後年語っているが、パブリック・スクールという特権的教育の中での優等生ではなく、むしろ問題児だったことに後年の輝きの源があったのではなかろうか。エリート教育機関をサバイブしたことによる自信にみちた態度物腰と同時に反撥と反抗で鍛えられた自由闊達さ。庶民感覚とひびきあうハビトゥスが培われたのである。良家の不良がいまや酸いも甘いもわきまえた大人になったような……。

学校教育における適応模範生はサバイバーでしかない。反撥し、逸脱し、反抗することにこそ青春の証しがある。問題児がすべて輝くわけではないが、なにから、どのように、どれだけずれるかに自己形成の鍵があるはずである。教育や教師の仕事に優等生や優等生もどきつまり役割人間の再生産以上の意味があるとしたら、こうした若気のいたりを含んだ若者のずれにどれほど寛容と支援のまなざし、そして誘導という育成の手をさしのべれるかにあるのではないだろうか。逸脱はシステムの攪乱と再編という社会学的問題であるとともに、創造的自己教育という教育学的問題でもあ

ツ氏と現教師デビッド・ケネディー氏のヒアリングをもとにしている）

る。（Rentoul, J. *Tony Blair*, Little, Brown and Company, 2001, Robert, P. *A Keen Wind Blows, Fettes College*, 1998, Sopel, J. *Tony Blair*, Michael Joseph, 1995.その他にフェテス校元教師フィリップ・ロバー

本書所収の論稿については、一部の人々からはかなり早く原稿をいただきながら、編集作業に手間取り刊行が大幅におそくなり、ご迷惑をおかけしてしまったことをお詫びしたい。しかし、力作がそろい編者としては自信をもって読者にお届けできる本になったとはおもう。巻末にはそれぞれの章についての参考文献と解説を付したが、さらに関連分野の研究をしたい読者の便宜を考えたからである。本書がきっかけになり、若者と逸脱をめぐる歴史社会学的研究がさらに進展することを祈りたい。最後になったが、寄稿された先生方と企画から編集まで根気よく伴走していただいた人文書院の谷誠二さんに謝意を表したい。

二〇〇二年二月

参考文献

第一章

磯田光一『左翼がサヨクになるとき』集英社、一九八六年
島田雅彦の小説『優しいサヨクのための嬉遊曲』には、「左翼」が「サヨク」、「革命家」が「ヘンカヤ」として登場する。旧世代の左翼のエートスを時代の空気として生きた著者は、島田のポスト大学紛争世代のこの「サヨク」小説を合わせ鏡に、近代日本における左翼とはなんであったのか、そして左翼をささえた水脈としての心情風景がいかなる意味で解体したのかを中野重治や蔵原惟人などの小説、評論をもとに分析している。
思想調査資料集成刊行会編『文部省思想局思想調査資料集成』全二八巻、日本図書センター、一九八一年
本論文で述べたように大正末から昭和初期は左傾学生の時代だった。左傾事件にからんで（学校で）処分を受けた学生のうち共産党員は六%と少ないが、同盟や学内左傾団体を入れると、八〇%がなんらかの組織に加盟していた。文部省は、こうした事態を憂慮し、一九二八（昭和三）年に専門学務局内に思想問題に対処する学生課を新設した（のちに学生部、思想局、教学局）。学生の思想善導をおこなう

とともに、一般学生の生活調査や左傾学生生徒調査も行なっている。本資料はその復刻版である。

竹内　洋『日本の近代12　学歴貴族の栄光と挫折』中央公論新社、一九九九年

旧制高等学校は近代日本の学歴貴族の製造本舗だった。こうした旧制高校がどのようにして誕生し、どのような学校文化をもち、そのことがどのようなエリートをつくっていったのかについて論述している。旧制高校の学生文化としての教養主義の誕生と展開、崩壊についても詳しく論じられ、一九六〇年代後半の大学闘争を教養主義の終焉という視点からとらえている。

竹内　洋『大学という病　東大紛擾と教授群像』中央公論新社、二〇〇一年

東京帝国大学経済学部は、一九一九（大正八）年に法科大学から分離独立した。しかし、マルクス主義教授と反マルクス主義教授、自由主義教授などがいりみだれ、派閥抗争が深刻化していく。こうした教授間の抗争を学生運動や時代の雰囲気などと相関させつつ豊富なデータとエピソードで描いている。左傾学生が生きた時代を知るために参考となるが、対象は戦前だけでなく、全共闘運動の時代まで引き伸ばされ、大学と大学知識人の歴史社会学としても興味深いとおもう。

多田道太郎編『現代日本思想大系18　自由主義』筑摩書房、一九六五年

満州事変（一九三一年）から二・二六事件の翌年（一九三七年）の間は自由主義の試練の時代だった。この時代に書かれた自由主義についての論文（河合栄治郎や清沢洌、広津和郎など）を所収している。自由主義は右からは容共、左からは体制派として攻撃され、気質的自由主義は平時には世間から軟弱や無責任として指弾されやすいが、そうした自由主義の強さと弱さを論じた「解説」は示唆に富む。

田村泰次郎『大学』美和書房、一九四七年

著者は、戦後、肉体文学の作家と呼ばれるようになったが、戦前は人民文庫などにも参加した。一種の自伝小説で、早大仏文に入学した一九二九（昭和四）年から一、二年の間、学校騒動や左傾活動で激

しく揺れるキャンパスの中で佐田信吾という学生を主人公に心理と行動が描かれている。昭和初期の左傾学生やそれをとりまく大学キャンパスや時代について知るうえで格好な小説である。最後に主人公がみいだした光明は、『肉体の門』などの著者の戦後の作品を予兆している。

鶴見和子「自己教育の場としての学生運動」『コレクション　鶴見和子曼荼羅』III、藤原書店、一九九八年

安保闘争に大学生としてどうコミットしたかによって、活動家、関心派、無関心派に分類し、計百名の面接調査をもとに書かれている。無関心派や関心派を比較集団にしながら活動家学生の家族や動機づけなどの特徴を析出している。戦前の左傾学生の非合理主義、秘密主義、依存主義に対して、戦後派の合理主義、開放主義、独立主義、戦前派のマルクス主義の一枚岩的アプローチと戦後派の折衷主義的アプローチなどの対照も見出されている。

宮下弘・伊藤隆・中村智子編著『特高の回想―ある時代の証言』田畑書店、一九七八年

特高（特別高等警察）は、一九一〇（明治四十三）年の幸徳秋水などの大逆事件以後、一般政治警察から分立され、社会主義・共産主義運動関係の取締りを行なってきたが、本書は、一九二九年から十数年にわたる特高体験が腹蔵なく語られている貴重な資料である。取調べや拷問についての実態を知ることができるだけでなく、右翼や左翼、そして転向が特高にどううつったかの叙述も興味深い。

安田常雄「マルクス主義と知識人」『岩波講座　日本通史第一八巻』岩波書店、一九九四年

日本のマルクス主義者はどのような人々だったのかという問題意識のもとに、マルクス主義を生き方のスタイルとして考察した論文である。マルクス主義へのコミットメントを傷つけられた人間の尊厳の回復やもうひとりの自分への転生などにみている。近代日本のマルクス主義的人間像は農本主義的人間像やファシズム的人間像と置き換え可能な特徴をもっていたことも指摘されている。

吉本隆明『藝術的抵抗と挫折』未来社、一九六三年
思想の回心である転向は、鶴見俊輔によって、「権力によって強制されたためにおこる思想の変化」（思想の科学研究会編『転向』上、平凡社、一九五九年）と定義されたが、著者は近代日本における転向は権力の強制などの力よりも、知識人の大衆からの孤立（感）が最大の条件だとする。したがって、転向は権力への思想的屈服や不服従の問題ではなく、日本の近代社会の構造を摑まえそこなったためにおこった知識人の間の思考変換だという。転向研究のパラダイム転換を促した画期的論考。

第二章

史学会編『日本歴史学界の回顧と展望』全二五巻、山川出版社、一九八七〜八八年
『史學雜誌』恒例の「回顧と展望」特集号を再編集した復刻版。歴史研究に新規参入する際の業界見取図として便利なだけでなく、戦後史学の定点観測記録としてそれ自体興味深い。例えば日本近現代は第十巻（一九四九〜七〇）と十一巻（一九七一〜八五・執筆者索引付）に収録されているが、一九七六年以降に設けられた「戦後史」の項目では、どこまでが戦後史か？　というキワドイ問題にも挑戦しており、歴史化作業の最前線が窺える。

スミス、H著、松尾尊兊・森史子訳『新人会の研究』東京大学出版会、一九七八年
東京帝国大学新人会に関して、戦前に刊行された菊川忠雄『学生社会運動史』（一九三一年）を超えるものが皆無というなかでの、事実上「はじめての本格的な実証研究」（『回顧と展望』）は、当事者たちが生存するギリギリの時期に、アメリカの日本研究者によって実現した。原著のタイトルは「Japan's First Student Radicals」。日本学生運動の源流を画定する第一級の古典に相応しく、新人会員名簿や参考文献案内が後進の研究を助けてくれる。

社史編纂委員会編『講談社の歩んだ五十年』講談社、一九五九年
かつて「岩波文化vs講談社文化」がインテリvs大衆の文化的断絶の象徴的表現とされる時代があったが、インテリだって実は講談社の雑誌を愛読していた。その講談社の、エピソード満載で門外漢にも「面白くてタメになる」超・社史。豊富な資料と聞き取り調査に基づき、大衆文芸研究の第一人者・木村毅の指揮の下に編集された本書は、一会社の枠を超えて、近代日本の文化的営為を制作現場から捉え返すノンフィクション作品として読める。
安藤勝一郎編『第三高等學校辯論部部史』第三高等學校辯論部、一九三五年
時には壮士まがいの野蛮な口舌の徒と白眼視され、時には時代の尖端的思想の体現者として憧憬を集める。明治以来の伝統をもつ学内団体のなかでも、弁論部ほどイメージと盛衰の振幅が大きかったものも珍しい。すでに衰退の途にあった昭和十年に刊行されたが、叙述のスタイルは、三高精神の守護神を任じる孤高の矜持からすれば意外なくらい冷静で分析的である。著名人が居並ぶ巻末の部員名簿は眺めるだけで想像力をかきたてられる。
坂田稔『ユースカルチュア史—若者文化と若者意識』勁草書房、一九七九年
幕末の志士、開化の書生から、六〇年代新左翼、七〇年代ニューヤング（死語?）までを網羅する全二〇章は、各時代の大人たちが眉をひそめた「今どきの若者」カタログ。「今どきの若い者はなどと口はばったきことを申すまじ…」とは、真珠湾攻撃のさい特殊潜航艦に乗り組み戦死を遂げた海軍士官について語った、連合艦隊司令長官山本五十六の言葉。金言として世上に喧伝されたという——「特攻隊」の章に出てくる例外的なエピソード。
内田義彦・塩田庄兵衛「知識青年の諸類型」『近代日本思想史講座IV　知識人の生成と役割』筑摩書房、一九五九年

青年期を過ごした時代背景により四つの特徴的な世代を抽出した知識人論の古典。「政治青年」「文学青年」「社会青年」「市民社会青年」の各類型に割かれたページ数が三〇頁・四頁・一〇頁・〇頁（予告のみ！）というアンバランスな構成にもかかわらず、実際に生まれた年で機械的に割り振ってみると納得の見取図が出来てしまう。戦後論壇で活躍する知識人の中核をなす市民社会青年の部分は未完のまま終わっており、続きは後世に託された形。

有馬学『「国際化」の中の帝国日本一九〇五～一九二四』中央公論新社、一九九九年

〈偉大な明治〉と〈激動の昭和〉の間に挟まれたブラックボックスとして、日本近現代史の中で最も論争的で通史が困難とされてきた時代を、一貫した問題意識に新旧の知見をバランスよく配合しながら立体的に描き出す。著者は政治史学者であるが、明治四十年代の雄弁青年の系譜を人物研究によって跡付けたり、一九二〇年代に発見された「社会」をめぐる言説空間の編成ないし変質の過程に着目するなど、その視点や手法は社会学にも近い。

横田順彌『明治の夢工房』潮出版社、一九九八年

従来の文学史研究ではほとんど無視されてきたという、明治・大正期のSF（奇想小説）作品の見直し作業の成果の一部（関連著作多数）。入手困難な古書が贅沢に使われているのは率直に羨ましく、あるいは「見直し作業」の継承・発展のために後世の研究利用への配慮を望みたくもなる。しかし本書の本領は、紹介されている明治冒険雑誌の記事や小説そのものがトンデモなく面白過ぎて、対象との距離感を誤らせるところにこそ発揮されるのかも。

猪瀬直樹『黒船の世紀―ガイアツと日米未来戦記』小学館、一九九三年／文春文庫、一九九八年

日米双方で未来戦記が流行し〈外圧〉と〈黄禍〉の疑心暗鬼が交錯する中、幻想が一人歩きして昭和十六年の開戦を招きよせる。世界史を舞台に展開する壮大なストーリーを徹底取材と緻密な考証により

「歴史研究者の度肝を抜く作品」（伊藤隆）にまで仕上げたノンフィクションの真骨頂。『ミカドの肖像』をはじめとする著者の仕事はいずれも比類なき好奇心と構想力と行動力に貫かれており、実は密かに意識している研究者も少なくないはず。

安東仁兵衛『戦後日本共産党私記』文春文庫、一九九五年

一九五〇年代、日本の若い左翼運動は二〇年代と並ぶ疾風怒涛（Sturm und Drang）の只中にあった。一九四八年の入党からゼネスト―全学連の結成、五〇年の共産党の分裂―党内のスパイ査問・リンチ事件の発生―東大細胞の崩壊、そして六全協―第七回党大会―六〇年安保闘争に至る流れを、東大退学処分戦後第一号の著者が自らの体験を下敷きに詳述。まさに「ここから文学がはじまるという意味での歴史的著述になっている」（辻井喬）。

第三章

唐澤富太郎『学生の歴史』創文社、一九五五年

学制以後現われた「学生」を、それ以前の昌平黌、藩校、私塾の学生生活から掘り起こし比較検証している。『当世書生気質』の登場人物が、硬派／軟派という後の旧制高校生の生活スタイルの枠組みに準拠して分類されているのはいささか無理はあるが、小論を書き起こすきっかけとなったものである。

武智鉄二『舞踊の芸』東京書籍、一九八五年／『伝統と断絶』（新装復刻）風塵社、一九八九年

「ナンバ」から行進へ、この視点から日本人の身体所作の近代化問題が盛んに扱われるようになったが、そのネタは本書にある。ただ、武智の言う、体操や唱歌の学校教育への導入に関して、明治政府が「農民の体位や行動の資質を、根本的に改変することによってのみ、近代軍隊にふさわしい能力を持った兵が得られるとの見通しに立って」の意図的なものであったのかどうかについては、彼の論拠はあい

まいである。

ダニング、E／シャド、K著『ラグビーとイギリス人』ベースボール・マガジン社、一九八三年（E. Dunning and K. Sheard, *Barbarians, Gentlemen, And Players*, Martin Robertson and Company Ltd., England, 1979）

民俗ゲームとしての「フットボール」は何故パブリック・スクールに取り入れられたのか、またそのことはパブリック・スクールの組織形式にどのように適合するものであったのか、についての考察である。また、貴族・ジェントリー階層に対するブルジョア階層の戦略という視点からの分析は興味深く、今後の同テーマの研究への示唆となる。

上林澄雄『日本反文化の伝統』エッソ・スタンダード石油、一九七三年

日本史を通じて何度となく起こる集団踊狂をモチーフに、社会変動との関わりを考察している。支配者に対する民衆の反文化（カウンター・カルチャー）という枠組みではあるが、美学的見地からの身体表現の分析など、随所にユニークで示唆に富む分析が展開され、教えられるところが多い。

柳田泉『若き坪内逍遙』（明治文学研究第一巻）春秋社、一九六〇年

坪内逍遙の生誕から上京、文学活動に従事するまでの伝記である。志を抱いた若者が上京することの意味、立身出世に込められた意味、知識階級と文学の関係など、近代黎明期の知識人誕生に関わる研究にとって生きた資料を提供してくれる。

橋南漁郎『大学学生遡源』日報社、一九一〇年

明治初期の「学生」となってしまった書生達の悲哀と活躍を、個々の人物のエピソードを紹介する形で綴られている。まるで三面記事を読むような面白味がある。希少本であり手に入りにくい。

福沢諭吉『福翁自伝』岩波文庫、一九七八年

同書は明治三十二年が初版である。以来、さまざまな出版社から版が重ねられてきているので、もはや解説の必要もない。小泉信三は「古今の自叙伝中最大の傑作」と書き、瀧川幸辰は同書を十数回読み留学の時にも携えて行ったという。

三宅雪嶺『大学今昔譚』我観社、一九四六年

「大学の今昔」(昭和十四年)、「雪嶺自伝」(昭和十一年)、「東京ところどころ」(昭和九年)の三篇で、随筆風の自叙伝である。『日本教育史基本文献・史料叢書』(大空社、一九九一年)にも収められている。

山下信良・今野敏彦『近代教育の天皇制イデオロギー』新泉社、一九八七年

遠足・修学旅行、運動会、試験など明治期の学校行事を考察している。詳細な資料を収集しているので充分資料的価値はあるが、論旨は「天皇イデオローグを核とする国家主義教育」との関連性を強調するだけの単純な議論である。批判的読解をするのに格好な資料集といった位置付けか。

白幡洋三郎『花見と桜』PHP新書、二〇〇〇年

群桜・飲食・群集の三要素が揃ったお花見の習俗を、近世江戸の都市論を中心に、文学や社会心理学まで幅広く視野に入れて考察しようとしている野心的小品。

第四章

唐沢富太郎『女子学生の歴史』木耳社、一九七九年

日本最初の女子留学生、初期のハイカラ高等女学校から戦後の女子学生まで女子学生の歴史を、制度史の面からだけでなく生活史やさまざまなエピソードを豊富に用いながら論述した著書。「海老茶式部」の始まりや恋愛と堕落の関係、女学生と思想問題などの記述も多く、資料としても興味深い。

小山静子『良妻賢母という思想』勁草書房、一九九一年
　良妻賢母思想が果たした歴史的・社会的意味を論じた研究。制度、カリキュラム、社会的文脈などの分析から、女学校教育における良妻賢母思想が、家庭運営を通じて国家に寄与するという意味で女性の地位向上を促進する反面、性別役割分業による女性の家庭への封じ込めにもつながったと論じている。
佐伯順子『「色」と「愛」の比較文化史』岩波書店、一九九八年
　「虚実皮膜のあわい」で恋を遊ぶ近世的な「色」の時代から、近代的自我を前提とした「愛」への変化を、明治の文学作品を分析しながらその精神構造の変化を辿った比較文学研究。作品論、作家論が中心になってはいるが、文学研究を文化研究の中に位置づけた刺激的な著書である。
『日本婦人問題資料集成』ドメス出版、一九七六〜一九八〇年
　女性にとっての近代がどのようなものであったのかを知る上で、関連する資料をさまざまな角度から収集し収録した重要な資料集である。全一〇巻の内容は、人権、政治、労働、教育、家族制度、保健・福祉、生活、思潮（上）・（下）、文献・年表・資料である。
斎藤美奈子『モダンガール論』マガジンハウス、二〇〇〇年
　女性の近代の歩みを「進歩史観」や「抑圧史観」からではなく、自らの出世欲望を充足するべく奮闘してきた過程、つまり「欲望史観」から読み直そうとした著書。こうした視点から、戦前の女学生、職業婦人、専業主婦、戦後のOL、キャリア・ウーマンなどの生態がそれぞれ置かれた状況のなかで戦略的に行動し、自らの職業や将来を選択する存在として描き出されている。
高等女学校研究会『高等女学校資料集成』一〜一七巻、別巻一、大空社一九八九〜一九九〇年
　高等女学校の成立とその後の展開過程について、関係法令、高等女学校長会議要項・要録、学校一覧、修身教科書などの資料の他、高等女学校に関する各種の統計を収録した資料集成。別巻の『高等女学校

の研究』では、集成された資料の解説を兼ねて高等女学校の成立・展開過程がまとめられている。
本田和子『女学生の系譜』青土社、一九九〇年
明治の女学生を、近代化の記号として読み解こうとした試み（女学生のイコノロジー）。女学生のヘアスタイルや服装、ことば、恋愛イメージなど女学生が体現するさまざまな記号を解読していく中で、非制度的な存在である若い娘が近代的制度の中に組み込まれつつも、社会からは期待されず宙づりにされ、囲いこまれていくことが示されていく。独特の色彩をもった女学生文化のイメージが伝わってくる。
深谷昌志『良妻賢母主義の教育』黎明書房、一九六六年
明治三十年代から大正初期にかけて日本の女子教育の柱として確立した良妻賢母思想の浸透・定着の過程を丹念に辿り、戦前の女子教育の性質を明らかにした研究。高等女学校教育について教育社会学からアプローチしたまとまった研究のひとつである。
星野すみれ『現代女学生宝鑑』日本図書センター、一九九二年
本書は、女学生のための学生生活、勉強、交際、作法の心得や新職業の案内から、西洋料理、手紙、裁縫、化粧法といった日常生活の手引きまで、時代の先端にある女性としての女学生の近代的生活を指南した書である。良妻賢母主義に水路づけられたハイカラ文化の範囲がうかがえる。
村上信彦『明治女性史』全四巻、理論社、一九六九〜一九七二年
女性史、女性風俗史に造詣の深い著者による明治の女性の思想や生活、風俗の変化がたどられた著作。開化の女性の生活から職業と労働、新しい女性の登場までさまざまな資料をもとに記述されている。中巻前篇には、明治二十年代における女学生バッシングの状況やその背景について詳しく述べられている。

第五章

宮本常一他監修『日本残酷物語』全五巻、平凡社、一九九五年

近代日本の貧困や抑圧の事例が、これでもかというほど紹介されている。「昔あったこと」というのではなく、かってこういう状態だった日本の社会が、いつごろどのように変化して今のようになったのかという点に思いをはせながら読むと、近現代の社会史に対する興味・関心がひとりでに湧いてくる。ただし、時期が特定されていない記述の箇所が少なくないので注意が必要である。原著は、一九五九〜六〇年に同じ平凡社から出版された。

渡辺京二『逝きし世の面影』葦書房、一九九八年

幕末・明治初期に日本を訪れた外国人が書き残したもの（未邦訳のものを含めて）を丁寧に読み込んでいって、近代化以前の日本の庶民の生活の諸相を浮き彫りにしている。貧しくつつましいけれどもそれなりに豊饒であった、庶民の日常世界がみごとに描き出されている。来日外国人の目から見た幕末・明治日本についてはさまざまな類書はあるが、本書は特に深みがあるし、何よりも面白い。

赤松啓介『夜這いの性愛論』明石書店、一九九四年

「夜這いといえば、赤松啓介氏」というぐらい、著者は夜這いについてたくさん書いて（語って）きたのだが、本書はその中でも読みやすいものの一つ。〈近代〉のイデオロギーを批判するフェミニストと波長が合って、九〇年代に赤松啓介ブームがあったが、その中の一冊。自らの体験を交えた著者（一九〇九年生まれ）の語りは痛快である。性におおらかだった時代の雰囲気がよくわかる。

高橋是清『高橋是清自伝』上・下二冊、中公文庫、一九七六年

一八五四（安政元）年に生まれ、蔵相在任中の一九三六（昭和十一）年に、二・二六事件で殺された、かの有名人の自伝。若い頃米国で身売り契約にわけもわからず署名して窮地に陥ったり、帰朝後、放蕩

三味で芸者のヒモになったり、妙な山師に引っかかって莫大な損失をしたりと、波瀾万丈の人生を送っている。社会史を始める学生には、有名・無名の多くの自伝を読むよう勧めている。本書は特にお勧め。

鮎川潤『少年犯罪』平凡社新書、二〇〇一年

近現代の少年犯罪史をコンパクトにまとめた一冊。社会学者として非行研究を続けてきた著者ならではの手際のよい整理で、現在の非行をどう位置づけるかという点でも考えさせられる。「現代の青少年は昔に比べて非常に危険になっている」と思っている人は、ぜひこの本を読んで、自分の考えを見直してほしい。

ギリス、J・R著、北本正章訳『〈若者〉の社会史』新曜社、一九八五年

ヨーロッパ社会における若者の社会史を概観できる。若者は、社会に適応すべき存在である一方で、時代の変化を敏感に察知し、時代を先取りする存在でもある。その意味では、古い価値に対する彼らの逸脱や反逆は、歴史的な視点から見ると、いろいろなことを考えさせてくれる素材に満ちている。やや訳文がこなれていないが、頑張って読む価値は大きい。

広田照幸『日本人のしつけは衰退したか』講談社現代新書、一九九九年

近現代の日本社会におけるしつけの変化をたどって、「家庭の教育力は低下している」「その結果、青少年の凶悪犯罪の増加を生み出している」といった見方が、誤っていることを主張している。二番目の論点については、広田照幸『教育言説の歴史社会学』（名古屋大学出版会、二〇〇一年）第十一章「〈青少年の凶悪化〉言説の再検討」で、より詳しく展開されている。

第六章

竹内利美・谷川健一編『日本庶民生活史料集成』第二一巻、三一書房、一九七九年

この第二一巻には、明治期における盆踊り禁止に関する各府県の布達がすべて収録されている。布達の内容の中には、禁止の理由を詳細に述べているものからただ禁止するということだけを述べているものなどさまざまであり、府県による関心や禁止の度合いの温度差が感じられる。

平山和彦『合本　青年集団史研究序説』新泉社、一九八八年

明治から昭和初期までを中心とする若者組および青年団の歴史研究。第一部では若者組について実態に即して詳細に論じられ、第二部では「官製の青年団」の組織や実態、第三部では自主的青年団について述べられている。詳細な内容ではあるが、論旨は明快でわかりやすい。

天野藤男『鎮守の森と盆踊』文原堂書店、一九一七年

元内務省官僚で地方改良運動の推進者の一人であった著者による地方改良の考え方と実践が述べられた著書。前半では地方改良の目的や方針が述べられ、後半でその柱のひとつである盆踊りについて、その起源や経緯、官製の青年団の主導による改良された盆踊りの実例などが詳しく紹介されている。

雑誌『斯民』報徳會、一九〇六―一九四六年

地方改良運動の理念や目的、実践などについて知ることができる雑誌。地方における娯楽の意味と意義が繰り返し論じられ、その中で各都道府県における盆踊りの改良・改善や具体例などがよく取り上げられている。

バフチン、M著、川端香男里訳『フランソワ・ラブレーの作品と中世ルネッサンスの民衆文化』せりか書房、一九八八年

フランソワ・ラブレーの作品世界の解読を中心としながら、聖と俗、上と下などの境界が取り払われ渾然となる世界（カーニバル的世界）の中に、創造性と可能性を蓄積したエネルギーを見出す独自のルネッサンス論を展開した。祝祭と象徴秩序の問題を考える上で刺激的な著作である。

川村邦光「若者の〝力〟と近代日本―若者組の解体と再編―統合」田中雅一編『暴力の文化人類学』京都大学学術出版会、一九九八年
　地域の地縁的・自発的・拘束的な結合であった若者組が明治以降徐々に解体し、それに代わって国民的・義務的・強制的な集合へと再編・統合されていく過程を、若者の「力」の変化としてたどった論文。この中には、そうした変化の例として明治期における盆踊りの禁止についても取り上げられており、盆踊りに関する研究の中で本章の関心に最も近い論文である。

第七章

坪内逍遙（春廼屋朧）『淑女亀鑑　交際之女王』金櫻堂、自由閣（東京）二社合同刊行、一八八七年
　翻訳小説である。この著作は、恐らく近代日本で最初に「交際」をその題目とした小説である。その内容は、ジャン・マリー・フリッポンというフランス革命時のジロンド党のパトロンの物語で、たんなる翻訳というより、翻案に近いものと解釈できる。逍遙がその当時、欧米の「交際」をどのように見ていたのかということを理解する資料としては興味深いものである。
福沢諭吉『男女交際論』
　一八八六（明治十九）年五月二十六日から六月三日まで、八回にわたって、『時事新報』社説として連載され、同月単行本として出版された。「日本婦人論」などと同系列の女性解放を志向した論説である。また「男女交際」ということばを普及させた最初の著作でもある。
福沢諭吉『男女交際余論』
　『男女交際論』に続いて、一八八六（明治十九）年六月二十三日から二十六日まで同紙社説として四回連載された論説である。内容的には主に女性の経済的自活を推奨するものとなっている。

『女学雑誌』

一八八五（明治十八）年七月二十日に第一号が創刊され、一八九四（明治二十七）年二月十五日発行の第五二六号で廃刊される。第二四号以降、明治女学校校長巌本善治が編集人であり、一般誌としても多く購読された。その執筆陣は、若松賤子、中島湘煙、北村透谷、島崎藤村、星野天知などの著名な知識人が論陣をはり、男女平等に関する思想の普及に努めた。この時期の男女交際論や女性解放論などについては、最重要資料の一つである。

『丁酉倫理会講演集』（一一号から、「丁酉倫理会倫理講演集」）

一九〇〇（明治三十三）年五月に第一輯を発行し、第一〇輯【一九〇三（明治三十六）年一月】、第一一輯【同年二月】、第五一九輯【一九四六（昭和二十一）年】まで、大日本圖書出版から刊行される。創立の事情は、本文にも触れたので割愛するが、その評価については、欧米の哲学者・倫理学者による倫理運動からの影響を受け、新旧思想の狭間で混迷する国民道徳を確立すべく、当時の日本の学者集団が開始した実践的な倫理運動の基盤創出が丁酉倫理会発足の意義であると「哲学雑誌」（哲学会「哲学雑誌　第一四巻第一五四号」明治三十二年十二月十日）は述べている。この資料は、明治から昭和にかけての知識人の道徳観ないし倫理観を知るために重要なものである。

『婦人新報』（『東京婦人矯風会雑誌』『婦人矯風会雑誌』）

婦人矯風会の機関誌である『東京婦人矯風会雑誌』は、日本最初期のキリスト教女性ジャーナリズムとして一八八八（明治二十一）年四月にその創刊号を発行する。それ以後、誌名を「婦人矯風会雑誌」、「婦人新報」と換え、現在まで継続している。

婦人矯風会は、アメリカに婦人禁酒会が一八七四年に結成されたことに端を発し、この活動が世界各地に広まったものである。日本では、矢島楫子が会頭となり一八八三（明治十六）年に東京婦人矯風会が設立される。この会においては、禁酒だけでなく、平和と純潔を加えた三目標を唱っていた。そのため、この雑誌には男女交際関係の記事が多く見られ、参考資料としては大いに役立つ。

佐藤竹蔵『女学生』南風館（東京）、一九〇一年

「女学生」批判の書。その内容は、「良妻賢母」を理想に掲げ、当時の「女流ハイカラー」や「オールドメイド」つまり現在で言うオールドミスを非難している。この時期の「女学生」観の典型的なものの一つである。

正岡藝陽『理想の女学生』岡島書店（大阪）、一九〇三年

当時新聞などで騒がれた女学生堕落問題について書かれた著作である。その内容は女学生およびその父兄への忠告が大部分を占めるが、世界各国の女学生との比較など興味深い記事も多い。

ロッコ、E著、山崎忠興抄訳『貴女紳士　交際の栞—一名西洋遊戯の鑑』金港堂（東京）、一八八七年

その内容は、鹿鳴館時代を象徴する西洋的交際法である。歩行法・直立法など身体操行および舞踏法の解説がその大半を占めている。

江口唱編『国民必携　交際之栞』進化堂（佐賀）、一八九八年

起居振る舞いや礼儀作法のハウツー本。なかに、海水浴や講演会への招請状の書き方、公文書の作り方などの用例がある。

第八章

「あかい三角形」編集委員会編『あかい三角形　回想の水戸高女』一九八〇年

一九四四年に水戸高等女学校に入学し、第二次世界大戦期間に中学校生活を送った同窓生たちが、在学時代を振り返って当時の学校生活を記録した文集。

アルヴァックス、M著、小関藤一郎訳『集合的記憶』行路社、一九八九年
　個人の記憶を社会の集合的記憶としてとらえ、その記憶が社会的枠によって回顧、再生されることを総合的に分析した書。
岡野薫子『太平洋戦争下の学校生活』平凡社、二〇〇〇年
　一九四一年に調布高等女学校に入学した著者が、当時の社会状況、学校生活のなかでいかに愛国少女になっていったかの自分史を綴る。さらに卒業して四十年が経過した級友にアンケートを実施し、在学時代を回想させ、当時の学校生活を記録した書物。
ギデンス、A著、松尾精文、小幡正敏訳『近代とはいかなる時代か？』而立書房、一九九六年
　近代のあり方を時間、空間、抽象的システムなどを通して分析し、ポスト・モダンの秩序との比較を通して、モダニティの帰結を解明した書物。
デーヴィス、F著、間場寿一・荻野美穂・細辻恵子訳『ノスタルジアの社会学』世界思想社、一九九〇年
　人が過去を好ましいとみることをノスタルジアとみなし、ノスタルジックな感情の現象を社会的、心理的にとらえ分析した書物。
黄順姫『日本のエリート高校』世界思想社、一九九八年
　エリート高校を十一年間の調査を通して、学校を通り巻く地域社会、同窓会、教育政策、社会変動と、学校内の生徒、教師の相互作用の、マクロ－ミクロの観点からとらえ、学校文化の創出、断絶、再生産のあり方を分析した書物。
黄順姫「学校体育における身体文化の多重性と両義性」杉本厚夫編『体育教育を学ぶ人のために』世界思想社、二〇〇一年
　第二次世界大戦中の旧制中学校の学校生活を通して、教育政策による表舞台に存在する国粋主義、皇

国思想と、伝統として舞台裏に存在する自由主義、教養重視の文化との象徴的闘争による、学校的身体文化の構造と行為を分析した書。

ブルデュー、P著石井洋二郎訳『ディスタンクシオンI』新評論、一九八九年
　フランスにおいて人々の有する趣味を、それが形成される社会的・文化的階層の条件づけ、社会空間におけるそれらの象徴闘争、さまざまな戦略を駆使した再生産様式などを分析した書物。

第九章

竹中暉雄『エーデルヴァイス海賊団―ナチズム下の反抗少年グループ』勁草書房、一九九八年
　エーデルヴァイス海賊団に関する唯一の邦文研究書。ドイツの文書館での資料調査に基づく優れた実証研究。先行研究や論争も明快に整理紹介されている。このテーマの必読書。ただし、「反抗少年」をナチズムとの関係に限って理解することへの違和感は本稿執筆の動機となった。

Detlev Peukert, *Die Edelweißpiraten*; Protestbewegungen jugendlicher Arbeiter im Dritten Reich: Eine Dokumentation, Köln, Bund-Verlag, 1983.（『エーデルヴァイス海賊団―第三帝国における青年労働者抵抗運動』）
　「下からの社会史＝日常史」からナチズム像の再構築を手がけたデートレフ・ポイカートの記念碑的資料集。デュッセルドルフを中心に大量の文書館資料が収録されており、その資料が海賊団の実像を浮かび上がらせる。なお、ポイカートの教授資格請求論文 *Grenzen der Sozialdisziplinierung*. Aufstieg und Krise der deutschen Jugendfürsorge 1878 bis 1932. Köln, Bund-Verlag, 1986（『社会的規律化の限界―ドイツ青少年保護の興隆と危機　一八七八～一九三二年』）も海賊団の前史を知る上で重要な著作。

ポイカート、D著、木村靖二・山本秀行訳『ナチス・ドイツ―ある近代の社会史』三元社、一九九一年

第三帝国史における青年問題の位置付けを知る上で必読書。第八章「青少年の動員と不服従」で、海賊団が中心的に論じられている。同じ著者による概論として、リチャード・ベッセル編（柴田敬二訳）『ナチ統治下の民衆』（刀水書房一九九〇年）第三章「第三帝国の若者たち―制服とドロップ・アウト」もある。

Alfons Kenkmann, *Wilde Jugend*; Lebenswelt großstädtischer Jugendlicher zwischen Weltwirtschaftskrise, Nationalsozialismus und Währungsreform, Essen, Klartext, 1996（『非行青年―世界恐慌からナチズムを経て通貨改革までの大都市青年の生活世界』）

ポイカートの指導下で開始された浩瀚な博士論文をまとめた著作。ワイマール共和国期の一九三〇年から第三帝国期・占領期を経てドイツ連邦共和国が成立する一九四八年までを、【A】ナチ党支配の確立まで（一九三〇―三六年）、【B】第三帝国の「合意期」（一九三七―四一年）、【C】スターリングラードから通貨改革まで（一九四二―四八年）の三期に分け、非行青年サブカルチャーの連続性に光を当てている。こうしたサブカルチャー研究と対照的な古典的アプローチとしては、海賊団現象をブント青年運動や労働者文化活動の延長として評価する Arno Klonne, *Jugend in Dritten Reich*, Die Hitler-Jugend und ihre Gegner, Müünchen, DTV, 1990（『第三帝国の青年―ヒトラー・ユーゲントとその敵対者』）が代表的。

原田一美『ナチ独裁下の子どもたち―ヒトラー・ユーゲント体制』講談社選書メチエ、一九九九年

エーデルヴァイス海賊団が抵抗したヒトラー・ユーゲント体制を多角的に論じた社会史。本稿が依拠したケンクマンの著作など最新の研究成果が利用され、第五章「反抗する若者たち」で海賊団の実像を「逸脱」行動として描いている。著者は、あとがきで「もしこの時代のドイツに生きていたら、真面目

なドイツ女子青年団員になっていただろう」と述べているが、この視線に私も全面的に賛同する。ナチズムの教化力の範囲と強度を過大評価しているエリカ・マン『野蛮人の学校』（一九三八年＝邦訳『ナチズム下の子供たち―家庭と学校の崩壊』法政大学出版会一九九八年）との読み比べを薦めたい。なお、同氏訳のノルベルト・フライ「第三帝国における青少年教育―強化・伝統・反抗」山口定他編『歴史とアイデンティティ―日本とドイツにとっての一九四五年』思文閣出版一九九三年も参照。

山下公子『ヒトラー暗殺計画と抵抗運動』講談社選書メチエ、一九九七年

標準的な反ナチ抵抗運動の概説書。第四章六節「若者たち」で海賊団についても言及がある。「ヒトラー・ユーゲントによる生活支配がなければ、〈徒党〉を組んで乱暴を働いたり、盗みをしたりすることなどけっしてなかった少年たちも含まれていたと考えられる」（二〇六頁）は、一見常識的で妥当な記述である。しかし、その「常識」は、戦前・戦後のより長いタイムスパンにおいて検証される必要があろう。

竹内真一『青年運動の歴史と理論』大月書店一九七六年

ドイツ近代史における「青年運動」つまりワンダーフォーゲル運動やブント運動から、共産主義青年運動、ヒトラー・ユーゲントまでを「資本主義社会における〃失われた世代〃の問題」として幅広く概観している。ソビエトやアメリカなど各国の青年運動史も要約されている。ポイカート登場以前の旧パラダイムの単純さをよく示している。

田村栄子「ドイツ近現代史における青年世代―一八一八―一九六八」『佐賀大学文化教育学部研究論文集』第四集第二号、二〇〇〇年

十九世紀初頭のブルシェンシャフト運動から二〇世紀後半の学生反乱まで長期的視野からドイツ青年研究を整理した力作。欧米の主要な研究について概観することができる。なお、同じ著者による『若き

教養市民層とナチズム—ドイツ青年・学生運動の思想の社会史』名古屋大学出版会一九九六年では、エリート青年の運動と思想に関する優れた分析がなされている。

川手圭一「世紀転換期におけるドイツの下層青少年—〝ハルプシュタルケ（非行青少年）〟の発見」『東京学芸大学紀要　三部門』四七号、一九九六年、同「ヴァイマル共和国における〈青少年問題〉—ハンブルクの青少年保護をめぐって」『現代史研究』四〇号、一九九四年

わが国におけるドイツ青年史研究者が、「教育万能の夢が教育困難者の排除に向かう道筋」（ポイカート・テーゼ）をハンブルグの事例で検証した好論文。Detlev Peukert, Die Halbstarken, Protestverhalten von Arbeiterjugendlichen zwischen Wilhelminischem Kaiserreich und Ära Adenauer, in: Zeitschrift für Pädagogik, 30. Jg. 1984, Nr. 4. も参照。

高橋秀寿『再帰化する近代—ドイツ現代史試論　市民社会・家族・階級・ネイション』国際書院・一九九七年

現代社会論の視座からドイツ近現代史を再構築しようとする意欲作。第五章「階級」では、今日のスキンヘッドにまで射程をのばし、プロレタリア・ミリューとの関係でストリート・ギャングの系譜を社会学的に考察している。

第十章

Farge, A. et Foucault, M.: *Le Désordre des Familles des Archives de la Bastille au XVIIIe siècle*. Gallimard, 1982.

アルレット・ファルジュとミシェル・フーコーによるこの著書は、バスティーユに集められていた違警罪に関する資料—フランス革命期に散逸し、アルスナル図書館に保存されていたいわゆるバスティー

ュ史料の中から、家族による封印令状の請願書およびこれに関連する史料を収録したものである。これらの史料は、アンシャンレジーム期のパリの民衆階級の日常生活を知るうえでも重要である。またファルジュとフーコーによるこれらの史料の解説は、封印令状の研究として基本的なものである。

Quêtel, F.: De par Roi, Essai sur les lettres de cachet, Privat, 1981.

ケテルのこの著書は、家族による請願された封印令状に限定せず、政治的、宗教的な理由などで請願された封印令状一般に関して論じている。特に、その曖昧な起源、監禁の対象となった人々とその変化、パリ警察長官など監禁を命じる機構の歴史、監禁の場所など、監禁の費用、監禁の年月など、封印令状の多様な側面が多彩な史料を用いて論じられている。

Emmanuelli, F.-X.: Ordre du Roi et lettre de cachet en Provence, Revue histrique, n. 512, 1974.

エマンニュエリのこの論文は、プロヴァンス地方で出され一七四五年から一七八九年の間に出された封印令状の中で、特に家族から出された請願書を対象にした綿密な実証研究である。監禁の場所・施設、監禁を請願された人々の出身階層や年齢や性別、また監禁の理由、監禁の期間などが克明に調査されている。パリという政治的にも経済的にも中心であった大都市の家族を対象としたファルジュ／フーコーの研究とは、若干異なる結果が出ていて興味深い。

坂上孝著『近代的統治の構造』岩波書店、一九九九年

この著書は、近代的統治の成立過程を、知識と社会秩序との関係に焦点をあてて、近代的統治の形成過程を論じた歴史研究である。その第四章「父権と家族の秩序」で、封印令状の歴史が的確に論じられている。著者によれば、十八世紀は、私生児・捨て子の増加などと並んで封印令状が多発されるが、そこに家族秩序の動揺をみることができるという。フランス革命は、旧来の絶対的な家長権を軸とする家族秩序から絶対的な家長権を市民的関係に近い関係に基づく家族秩序に変革しようとした。家族は良き

共和国市民を育てるための装置として位置づけられるのである。

ハント、L著、西川長夫・平野千果子・天野智恵子訳『フランス革命と家族ロマンス』平凡社、一九九九年（Lynn Hunt: *The Family Romance of the French Revolution*, Univ, of California Press, 1992）

アンシャンレジーム期の父親の理想像の変化と国王の権威の失墜の関係については、本書が詳しい。新しい「政治文化」の創造という視点によって、フランス革命史研究に新たな光を投げかけた歴史家によるこの著書は、家族ロマンス（「革命期の政治の底にひそむ家族秩序に関する集団的、無意識的なイメージ」）という概念を用いて、フランス革命が、家父長制を基礎とする王制を倒し、兄弟をモデルとした新しい秩序を構想しようとしたことの意味と、それが何をもたらしたかをを論じている。

シャルチエ、R著、松浦義弘訳『フランス革命の知的起源』岩波書店、一九九四年（Roger Chartier, *The Cultural Origins of the French Revolution*, 1991）

この著書は、表象システムの変化や新たな政治文化の創出という観点から、フランス革命を可能にした条件を検討した革命研究である。こうした立場から、第六章「王の非神聖視?」では、王の身体についての表象の変化や儀礼・儀式などの変容などの検討を通して、王と民衆が切り離されていく過程が論じられている。

柴田三千雄著『パリのフランス革命』東京大学出版会、一九八八年

本書は、近代国民国家の形成が伝統的な民衆世界をいかに変容させていったかを、革命期のパリを対象として論じたものである。その第一章では、革命前夜のパリの住民構成、住民の生きる空間、彼らの社会的結合関係などが論じられ、封印令状の舞台となる民衆の世界の実状を知ることができる。

カントーロヴィチ、E・H著、小林公訳『王の二つの身体―中世政治神学研究』平凡社、一九九二年（*Ernst H. Kantorowicz*, *The King's Two Bodies*, A study in Mediaeval Political Theology, 1957）

カントーロヴィチは、本書でヨーロッパにおける国王二体論（王は自然的身体と政治的身体を併せ持つ）の歴史を描いている。特に絶対王制期において、王の自然的身体からに独立した政治的身体が、近代国家の政治形態の基礎となっていく、つまり国王二体論という虚構が議会制のような近代民主制を準備したという説は魅力的である。

ブロック、M著、井上泰男・渡邊昌美共訳『王の奇跡―王権の超自然的性格に関する研究　特にフランスとイギリスの場合』刀水書房、一九九八年（Marc Bloch, *Les Rois Thaumaturges*, Étude sur le caractère surnaturel attribué à la puissance royale particulièrement en France et angleterre, Armand Colin, 1961）

マルク・ブロックのこの著書は、王はその手で触れるだけで病気（特に瘰癧）を癒す力をもつという、中世以来民衆が抱いた観念の歴史を描いている。この観念は、また同時に王が聖性を備えた特別な存在であることを保証するものであった。ロイヤルタッチの歴史は、「宗教的なものから魔術的なものに至るまで何段階にもわたる王の観念」を示すものであり、王という現象が単に政治の問題だけに収斂するのではないことが理解される。

松島鈞著『フランス革命期における公教育制度の成立過程』亜紀書房、一九六八年

フランス革命期の公教育思想については、本書が詳しい。啓蒙期からフランス革命期に出現した多様な公教育観を分析し、自由主義的知育主義的公教育思想と統制主義的訓育主義の公教育思想の二つの立場が存在したことが解明されている。この二つの立場とその対立は、今日でも姿を変えて存在しており、著者の視点は、公教育を考える際きわめて有効であると思われる。なお小論でふれたミラボーの「公教育論」（ただしこれは遺稿による）についても論じられているが、その特色は「教育事業に対する完全な個人の自由参加を骨子」とする徹底した自由主義であったことが示されている。

第十一章

Rothman, D., *The Discovery of the Asylum*, Little, Brown and Company, 1971.

十九世紀前半は福祉、刑事政策、精神医療それぞれの領域で、救貧院、孤児院、刑務所、少年院、精神病院といった収容施設化政策がほぼ同時的に採られた時代である。本書はアメリカ歴史学会賞を受賞した名著であり、道徳起業家たちの善意に溢れた壮図が、長期的には意図せざる結果をもたらす皮肉を歴史に即して明らかにしている。

Pickett, R., *House of Refuge*, Syracuse Univ. Press, 1969.

アメリカ最初の少年教護収容施設、ニューヨーク少年保護院の設立に至るまでの経過、母体となった団体、州政府の支持を取り付けるまでの戦略、初代院長、その後の展開などを克明に追求。非行少年を改善更生させるための試行錯誤的実験がもたらした帰結についても冷静に評価している。

Brenzel, B., *Daughters of the State*, The MIT Press, 1983.

一八五六年に北米で最初に開設された非行少女のための収容施設、マサチューセッツ州立ランカスター女子授産学校の創設の経緯とそれ以後の五十年間を辿る。設立の背景、収容少女、処遇プログラムなどを克明に記述。社会の変化とともに、保護を目指した改革者たちの意図が厳罰化へと変質する過程を描き出している。

Domes., *A Little Commonwealth*, Oxford Univ. Press, 1970.

メイフラワー号で渡ったピルグリムたちによって建設されたプリマス植民地での日常的な地域生活・家族生活を、衣類や家財道具、さまざまな法律や規則に注目するなど、ユニークな手法を用いて描写している。本稿で扱った時代に先立つ植民地時代の家族構造や育児の様子、子ども観を見ることができる。

Mennel, R., *Thornes & Thistles* : Juvenile Delinquents in the United States, 1825-1940. The Univ. Press

of New England, 1973.
後掲の Bremner, R. H. 編の資料集の執筆にも参画した著者は、豊富な資料に基づき、それぞれの時代における社会意識と非行対策との関連に焦点を当てる。一八二五年の少年保護院に始まり、矯正学校、非行の科学的説明、収容施設による保護の危機と変質、少年裁判所の創設、一九四〇年当時までの非行理論、という章だてになっている。

プラット。A著、藤本哲也・河合清子訳『児童救済運動―少年裁判所の起源』中央大学出版部、一九八九年

原著 *Child Savers*: The Invention of Delinquency, The Univ. of Chicago Press, 1969 は APlatt の学位請求論文でもあり、その初版は一九六九年、著者がまだ二十歳代に出版されている。ラベリング論的視点をもった代表的著作の一つである。世界で最初と言われるシカゴ少年裁判所創設に至る経過を、博愛主義者たちの人道的努力という通俗的解釈とは違った、社会学的視点から詳細に論じている。

サザランド、E・H／クレッシー、D・R著、平野龍一監訳『アメリカの刑事司法』有信堂、一九八四年

Differential Association Theory で著名な E. H. Sutherland の名著は、弟子の D. R. Cresscy が増補改訂しつつ版を重ねてきた。翻訳は Criminology (Tenth Edition, 1978), Part Two の部分である。アメリカ刑事政策全般の歴史と現状、その中での少年司法政策の位置づけが理解できる。

Sutton, J., *Stubborn Children*, Univ. of California Press, 1988.
副題に Controlling Delinquency in the U. S. 1640-1981 とあるように、植民地時代から現代に至る変化を、歴史史料と統計的手法を用いて概観。一八二〇年代の少年保護院創設、一八九九年のシカゴ少年裁判所の設立、一九七〇年代の4D政策という大きい節目に注目しながら、ネット・ワイドニングの過程を辿り、それらの政策が犯罪予防と犯罪少年の更生に寄与したのかと問題提起。

Bremner, R. H., ed., *Children and Youth in America*, Vol. 1, 2, 3, Harvard Univ. Press, 1970, 71, 74.
植民地時代から一九七三年までの児童青少年に関する法律、規定、公共政策などについての、編年スタイルの網羅的歴史資料。地方・州・連邦それぞれのレベルでの政府、民間団体などの活動記録、私的な日記や手紙などの未公開の資料も。家族生活、学校教育、児童労働、児童福祉、非行、精神衛生、等について長期的変化を知るのに貴重な文献。
徳岡秀雄『少年司法政策の社会学―アメリカ少年保護変遷史』東京大学出版会、一九九三年
植民地時代から一九八〇年代末までの刑事政策・少年司法政策の通史。百年単位での社会意識の変化を知ることができる。全体の記述そのものを、意図的行為の意図せざる結果という社会学的視点で貫いており、また、犯罪を説明する理論を社会・文化的文脈の従属変数と位置づけて解説している。

編者・執筆者略歴

【編者】

稲垣恭子（いながき・きょうこ）
一九五六年広島県生れ。一九八三年京都大学大学院教育学研究科博士課程中退。現在、京都大学大学院教育学研究科助教授（教育社会学）。
著訳書に『文化伝達の社会学』（共著、世界思想社、二〇〇一）、『フーコーと教育』（監訳、勁草書房、一九九九）、『教育現象の社会学』（共著、世界思想社、一九九五）など。

竹内　洋（たけうち・よう）
一九四二年新潟県生れ。一九七三年京都大学大学院教育学研究科博士課程修了。現在、京都大学大学院教育学研究科教授（教育社会学）。
著書に『日本の近代12　学歴貴族の栄光と挫折』（中央公論新社、一九九九）、『大学という病』（中央公論新社、二〇〇一）ほか。

【執筆者】（編者を除いて執筆順）

井上義和（いのうえ・よしかず）
一九七三年長野県生れ。現在、京都大学大学院教育学研究科博士後期課程在学中。

論文に「文学青年と雄弁青年――「明治40年代」からの知識青年論検討」（『ソシオロジ』一四〇号、二〇〇一）など。

井上好人（いのうえ・よしと）
一九五九年滋賀県生れ。滋賀県内の公立中学校教諭を経て、一九九九年京都大学大学院教育学研究科修了。現在、金沢星稜大学助教授。
主要論文に「明治文学者の出自とライフコース」（『金沢経済大学論集』一九九九）、「身体観からみた「兵式体操」・「行軍」の導入」（同、二〇〇〇）など。

広田照幸（ひろた・てるゆき）
一九五九年広島県生れ。一九八八年東京大学大学院教育学研究科博士課程修了。現在、東京大学大学院教育学研究科助教授。
著書に『教育言説の歴史社会学』（名古屋大学出版会、二〇〇一）、『日本人のしつけは衰退したか』（講談社現代新書、一九九九）など。

中村隆文（なかむら・たかふみ）
一九五三年神戸生れ。京都大学大学院教育学研究科博士課程修了後、九八年京都大学博士（教育学）を取得。現在、神戸女子大学文学部教授。
著書に『「視線」からみた日本近代――明治期図画教育史研究』（京都大学出版会、二〇〇〇）など。

黄　順姫（ふぁん・すーひー）
一九五八年韓国生れ。現在、筑波大学社会科学系助教授。博士（社会学）。教育社会学・文化社会学・スポーツ社会学専攻。
著書に『エリート教育と文化』（培英社、韓国、一九九四）、『日本のエリート高校』（世界思想社、一九九八）など。

佐藤卓己（さとう・たくみ）
一九六〇年広島県生れ。一九八九年京都大学大学院文学研究科博士課程単位取得退学。京都大学博士（文学）。現在、国際日本文化センター助教授。
著書に『大衆宣伝の神話』（弘文堂、一九九二）、『現代メディア史』（岩波書店、一九九八）など。

喜名信之（きな・のぶゆき）
一九五二年愛知県生れ。一九八三年筑波大学大学院博士課程退学。現在、滋賀大学教育学部教授。
論文に「十七世紀後半におけるシヴィリテ教育批判について」（フランス教育学会紀要、第九号）、訳書にS・ボール『フーコーと教育』（勁草書房、一九九九）など。

徳岡秀雄（とくおか・ひでお）
一九四一年京都府生れ。一九六四年京都大学大学院教育学部卒業。現在、京都大学大学院研究科教授。
著書に『社会病理の分析視角』（東京大学出版会、一九八七）、『少年司法政策の社会学』（東京大学出版会、一九九三）、『社会病理を考える』（世界思想社、一九九七）など。

ISBN4-409-24066-8 C3037

不良《ふりょう》・ヒーロー・左傾《さけい》
―教育と逸脱の社会学―

二〇〇二年四月一〇日　初版第一刷印刷
二〇〇二年四月一五日　初版第一刷発行

編者　稲垣恭子
　　　竹内洋

発行者　渡辺睦久

発行所　人文書院
〒六一二-八四四七
京都市伏見区竹田西内畑町九
電話〇七五・六〇三・一三四四
振替〇一〇〇〇-八-一一〇三

印刷　創栄図書印刷株式会社
製本　坂井製本所

http://www.jimbunshoin.co.jp/